Projet OCDE/G20 sur l'érosion de la base d'imposition et le transfert de bénéfices

Prévention de l'utilisation abusive des conventions - Rapport d'examen par les pairs sur le chalandage fiscal

CADRE INCLUSIF SUR LE BEPS : ACTION 6

OCDE
DES POLITIQUES MEILLEURES POUR UNE VIE MEILLEURE

Ce document, ainsi que les données et cartes qu'il peut comprendre, sont sans préjudice du statut de tout territoire, de la souveraineté s'exerçant sur ce dernier, du tracé des frontières et limites internationales, et du nom de tout territoire, ville ou région.

Merci de citer cet ouvrage comme suit :
OCDE (2019), *Prévention de l'utilisation abusive des conventions - Rapport d'examen par les pairs sur le chalandage fiscal : Cadre inclusif sur le BEPS : Action 6*, Projet OCDE/G20 sur l'érosion de la base d'imposition et le transfert de bénéfices, Éditions OCDE, Paris.
https://doi.org/10.1787/9789264312401-fr

ISBN 978-92-64-31239-5 (imprimé)
ISBN 978-92-64-31240-1 (pdf)

Série : Projet OCDE/G20 sur l'érosion de la base d'imposition et le transfert de bénéfices
ISSN 2313-2620 (imprimé)
ISSN 2313-2639 (en ligne)

Les données statistiques concernant Israël sont fournies par et sous la responsabilité des autorités israéliennes compétentes. L'utilisation de ces données par l'OCDE est sans préjudice du statut des hauteurs du Golan, de Jérusalem-Est et des colonies de peuplement israéliennes en Cisjordanie aux termes du droit international.

Crédits photo : Cover © ninog – Fotolia.com

Les corrigenda des publications de l'OCDE sont disponibles sur : *www.oecd.org/about/publishing/corrigenda.htm*.

Avant-propos

L'intégration des économies et des marchés nationaux a connu une accélération marquée ces dernières années, mettant à l'épreuve le cadre fiscal international conçu voilà plus d'un siècle. Les règles en place ont laissé apparaître des fragilités qui sont autant d'opportunités pour des pratiques d'érosion de la base d'imposition et de transfert de bénéfices (BEPS), appelant une action résolue de la part des dirigeants pour restaurer la confiance dans le système et faire en sorte que les bénéfices soient imposés là où les activités économiques sont réalisées et là où la valeur est créée.

À la suite de la parution du rapport intitulé Lutter contre l'érosion de la base d'imposition et le transfert de bénéfices en février 2013, les pays de l'OCDE et du G20 ont adopté en septembre 2013 un Plan d'action en 15 points visant à combattre ces pratiques. Les 15 actions à mener s'articulent autour de trois principaux piliers : harmoniser les règles nationales qui influent sur les activités transnationales, renforcer les exigences de substance dans les standards internationaux existants, et améliorer la transparence ainsi que la sécurité juridique.

Après deux ans de travail, des mesures en réponse aux 15 actions ont été présentées aux dirigeants des pays du G20 à Antalya en novembre 2015. Tous ces rapports, y compris ceux publiés à titre provisoire en 2014, ont été réunis au sein d'un ensemble complet de mesures, qui représente le premier remaniement d'importance des règles fiscales internationales depuis près d'un siècle. La mise en œuvre des nouvelles mesures devrait conduire les entreprises à déclarer leurs bénéfices là où les activités économiques qui les génèrent sont réalisées et là où la valeur est créée. Les stratégies de planification fiscale qui s'appuient sur des règles périmées ou sur des dispositifs nationaux mal coordonnés seront caduques.

La mise en œuvre est désormais au centre des travaux. L'application des mesures prévues passe par des modifications de la législation et des pratiques nationales ainsi que des conventions fiscales. La négociation d'un instrument multilatéral visant à faciliter la mise en œuvre des mesures liées aux conventions a abouti en 2016, et plus de 75 80 pays sont couverts par cet instrument multilatéral. Son entrée en vigueur le 1er juillet 2018 ouvrira la voie à une mise en œuvre rapide des mesures liées aux conventions. Les pays de l'OCDE et du G20 ont également décidé de poursuivre leur coopération en vue de garantir une application cohérente et coordonnée des recommandations issues du projet BEPS et de rendre le projet plus inclusif. La mondialisation exige de trouver des solutions de portée mondiale et de nouer un dialogue mondial qui va au-delà des pays de l'OCDE et du G20.

Une meilleure compréhension de la manière dont les recommandations issues du projet BEPS sont mises en pratique pourrait limiter les malentendus et les différends entre États. Une attention accrue portée à la mise en œuvre des actions et à l'administration de l'impôt pourrait être bénéfique tant pour les États que pour les entreprises. Enfin, des solutions sont proposées pour améliorer les données et les analyses, ce qui permettra d'évaluer et de quantifier régulièrement l'impact des mécanismes d'érosion de la base d'imposition et transfert de bénéfices et les effets des mesures issues du projet BEPS appliquées pour lutter contre ces pratiques.

De ce fait, l'OCDE a établi le Cadre inclusif sur le BEPS, rassemblant sur un pied d'égalité tous les pays et juridictions intéressés et engagés dans le Comité des affaires fiscales et ses organes subsidiaires. Le Cadre inclusif, qui compte déjà plus de 120 membres, contrôle la mise en œuvre des standards minimums à travers des examens par les pairs, et finalise actuellement l'élaboration de normes pour résoudre les problèmes liés au BEPS. En plus des membres du projet BEPS, d'autres organisations internationales et organismes fiscaux régionaux sont engagés dans les travaux du Cadre inclusif, et les entreprises et la société civile sont également consultées sur différentes problématiques.

Ce rapport a été approuvé par le Cadre inclusif sur le BEPS le 24 janvier 2019 et préparé pour publication par le Secrétariat de l'OCDE.

Table des matières

Sigles et abréviations

BEPS	Érosion de la base d'imposition et transfert de bénéfices
CAF	Comité des affaires fiscales
CARICOM	Communauté des Caraïbes
COP	Critère des objets principaux
G20	Le Groupe des Vingt
GT1	Groupe de travail n° 1 du Comité des affaires fiscales sur les conventions fiscales et les questions connexes
IM	Instrument multilatéral : formellement la Convention multilatérale pour la mise en œuvre des mesures relatives aux conventions fiscales pour prévenir l'érosion de la base d'imposition et le transfert de bénéfices
LOB	Règle de limitation des avantages
OCDE	Organisation de Coopération et de Développement Économiques
UE	Union européenne

Résumé

Contexte

L'Action 6 du projet OCDE/G20 sur l'érosion de la base d'imposition et le transfert de bénéfices (BEPS) mentionne l'utilisation abusive des conventions fiscales et, en particulier, le chalandage fiscal comme l'une des principales sources de préoccupation dans le domaine de l'érosion de la base d'imposition et du transfert de bénéfices. Les contribuables qui se livrent au chalandage fiscal et à d'autres stratégies d'utilisation abusive des conventions portent atteinte à la souveraineté fiscale en réclamant l'avantage de conventions dans des situations où ces avantages ne devraient pas être accordés, ce qui prive les pays de recettes fiscales.

L'un des quatre standards minimums établis à l'issue du projet BEPS concerne la lutte contre le chalandage fiscal, et les juridictions se sont engagées à inclure dans leurs conventions fiscales des dispositions visant à offrir un niveau minimum de protection contre le chalandage fiscal. Elles ont également reconnu qu'une certaine souplesse dans l'application du standard minimum de l'Action 6 est requise, car ces dispositions doivent être adoptées au niveau bilatéral et adaptées aux circonstances propres à chaque pays.

Parallèlement, l'Action 15 du Plan d'action sur le BEPS prévoyait l'élaboration d'un instrument multilatéral (IM) destiné à mettre en œuvre les mesures relatives aux conventions fiscales pour prévenir le BEPS. L'IM est le principal vecteur par lequel les juridictions appliquent le standard minimum relatif au chalandage fiscal. La signature de l'IM n'est pas en soi un standard minimum, mais l'IM est supposée offrir un moyen efficace de mettre en œuvre le standard minimum établi par l'Action 6 pour les juridictions qui s'engagent à appliquer le standard minimum par le biais de la règle du critère des objets principaux (COP).

Conduite et résultats de l'examen

Le premier examen par les pairs couvre 116 juridictions, qui ont toutes dressé des listes répertoriant leurs conventions fiscales complètes sur le revenu en vigueur le 30 juin 2018. Ces listes indiquaient si, à cette date, chacune de ces conventions contenait les dispositions visées par le standard minimum, à savoir un préambule conforme et la ou les dispositions anti-abus nécessaires.

Chaque liste précisait également si les conventions non conformes faisaient l'objet d'un « instrument de mise en conformité » ayant pour effet d'appliquer le standard minimum dans cette convention (par exemple, en étant notifiées aux fins de l'IM ou soumises à un protocole bilatéral portant modification signé mais non encore entré en vigueur).

Étant donné que les dispositions de l'IM n'avaient pas pris effet au moment du premier examen par les pairs, pratiquement aucune des conventions examinées pour ce rapport n'est encore conforme au standard minimum. Toutefois, le rapport reconnaît les progrès substantiels accomplis par les juridictions en 2017 et 2018 vers la mise en œuvre du standard minimum.

L'examen par les pairs révèle que les membres du Cadre inclusif ont, dans leur grande majorité, commencé à traduire leur engagement vis-à-vis du chalandage fiscal en actions concrètes et s'emploient à modifier leur réseau de conventions. Au total, le 30 juin, 82 juridictions comptaient un certain nombre de conventions déjà conformes au standard minimum ou qui faisaient l'objet d'un instrument de mise en conformité et qui seront donc bientôt conformes.[1]

Le premier examen par les pairs illustre l'efficacité avec laquelle l'IM met en œuvre les mesures relatives aux conventions fiscales pour prévenir le BEPS. Il constitue de loin l'outil préféré par les membres du Cadre inclusif pour mettre en application le standard minimum. La majorité des juridictions qui ont signé l'IM ont inclut la quasi-totalité de leurs conventions à leur liste de conventions notifiées aux fins de l'IM.

Conclusion et prochaines étapes

Le chapitre 4 du rapport souligne l'utilité de l'IM et encourage les juridictions qui ne l'ont pas encore signé, mais qui sont en mesure de le faire, à adhérer à l'IM.

Ce chapitre rappelle également aux juridictions le processus décrit dans le Document d'examen par les pairs qui les autorise à résoudre les problèmes de mise en œuvre du standard minimum qu'elles sont susceptibles de rencontrer.

Ce chapitre rappelle que l'objectif de l'Action 6 du BEPS était de mettre un terme au chalandage fiscal, et souligne les travaux accomplis au titre de l'Action 11 qui pourraient faciliter l'interprétation des données agrégées et ventilées par juridiction qui seront réunies dans les futurs rapports d'examen par les pairs.

En conclusion, ce chapitre fait observer que le prochain exercice d'examen par les pairs sera lancé au premier semestre de 2019 et que la méthodologie employée pour effectuer l'examen sera réexaminée en 2020.

Notes

[1] Sept autres juridictions sont dépourvues de conventions fiscales complètes et ne sont donc pas incluses dans le champ de cet exercice.

Chapitre 1. Contexte du standard minimum de l'Action 6

Explication du chalandage fiscal

1. Ces dernières décennies, les conventions fiscales bilatérales conclues par de très nombreuses juridictions dans le monde ont permis d'empêcher une double imposition préjudiciable et de lever les obstacles aux échanges internationaux de biens et de services, ainsi qu'aux mouvements de capitaux, de technologies et de personnes. Néanmoins, ce réseau étendu de conventions fiscales a aussi donné lieu à des mécanismes de « chalandage fiscal ».

2. Ainsi que l'explique le rapport final sur l'Action 6 (OCDE, 2015[1]), le chalandage fiscal désigne habituellement le fait pour une personne de tenter de bénéficier indirectement des avantages prévus par une convention conclue entre deux États sans être résident de l'un de ces États (OCDE, 2015[2])[1].

3. Le chalandage fiscal est dommageable pour plusieurs raisons, et notamment :

- Les avantages négociés entre les parties à une convention sont économiquement étendus aux résidents d'une juridiction tierce selon des modalités qui ne correspondaient pas à l'intention des parties. Le principe de réciprocité est donc violé et l'équilibre des concessions effectuées par les parties s'en trouve perturbé ;
- Le revenu peut échapper totalement à l'impôt ou faire l'objet d'une imposition inadéquate selon des modalités qui n'étaient pas voulues par les parties ; et
- La juridiction de résidence du bénéficiaire ultime du revenu est moins incitée à conclure une convention fiscale avec la juridiction de la source parce que les résidents de la juridiction de résidence du bénéficiaire ultime peuvent recevoir indirectement des avantages de la juridiction de la source sans obligation pour la juridiction de résidence d'accorder des avantages réciproques.

Tentatives précédentes de traiter le problème du chalandage fiscal

4. Les préoccupations soulevées par le chalandage fiscal ne sont pas nouvelles. Par exemple, en 1977, le concept de « bénéficiaire effectif » a été introduit dans les articles relatifs aux dividendes, intérêts et redevances du Modèle de Convention fiscale de l'OCDE afin de préciser la signification des termes « payés à » et de traiter les situations simples de chalandage fiscal dans lesquelles les revenus sont versés à un résident intermédiaire d'un pays signataire de la convention qui n'est pas considéré comme le bénéficiaire de ce revenu à des fins d'imposition (tel qu'un agent ou un mandataire) (OCDE, 2017[3])[2].

5. En 1977, les Commentaires sur l'article 1 du Modèle de l'OCDE (OCDE, 1977[4])ont également été mis à jour en vue d'inclure une section consacrée à l'usage incorrect des conventions fiscales (OCDE, 1977[4])[3]. En 1986, le Comité des affaires

fiscales (CAF) a publié deux rapports : *Les conventions préventives de la double imposition et l'utilisation des sociétés écran* (OCDE, 2015[5])*et Les conventions préventives de la double imposition et l'utilisation des sociétés relais* (OCDE, 2015[6]). En 2002, le Comité a publié le rapport *La limitation du droit aux avantages des conventions fiscales* (OCDE, 2015[7]). Les Commentaires sur l'article 1 ont été enrichis à plusieurs occasions, notamment en 2003, avec l'ajout de divers exemples de dispositions dont les pays pouvaient s'inspirer pour lutter contre le chalandage fiscal.

6. L'examen des pratiques des juridictions montre qu'elles ont tenté de résoudre les problèmes de chalandage fiscal par le passé en suivant diverses approches. Certaines ont eu recours à des règles anti-abus spécifiques fondées sur la nature juridique, la propriété et les activités générales des résidents d'une juridiction partie à une convention fiscale[4]. D'autres ont privilégié une règle anti-abus de portée plus générale faisant référence à l'objet principal des montages ou des transactions.

Le BEPS et chalandage fiscal

7. Le Plan d'action concernant le BEPS (OCDE, 2013[8]), élaboré par le CAF et validé par les dirigeants des pays du G20 en septembre 2013 (G20 Research Group, 2013[9]), identifiait 15 actions à engager pour apporter une réponse aux pratiques d'érosion de la base d'imposition et de transfert de bénéfices (BEPS). Il mentionnait l'utilisation abusive des conventions fiscales et, en particulier, le chalandage fiscal comme l'un des plus importants sujets de préoccupation dans le domaine de l'érosion de la base d'imposition et du transfert de bénéfices.

8. L'Action 6 (Empêcher l'utilisation abusive des conventions fiscales) du Plan d'action concernant le BEPS prévoyait la mise au point de dispositions dans les conventions visant à empêcher l'octroi des avantages des conventions fiscales lorsque les circonstances ne s'y prêtent pas. En parallèle, l'Action 15 du Plan d'action concernant le BEPS analysait la possibilité d'élaborer un instrument multilatéral en vue de déployer les mesures BEPS relatives aux conventions fiscales « permettant aux juridictions qui le souhaitent de mettre en œuvre les mesures mises au point dans le cadre des travaux relatifs au Projet BEPS et de modifier les conventions fiscales bilatérales ».

9. Après deux années de travaux, le CAF, réunissant les pays de l'OCDE et du G20 œuvrant sur un pied d'égalité, a produit l'Ensemble final des rapports BEPS (OCDE, 2016[10])[5], qui a été entériné par le Conseil de l'OCDE et par les dirigeants du G20 en novembre 2015.

10. Les juridictions sont convenues que quatre mesures BEPS constitueraient des standards minimums d'application obligatoire. Le rapport sur l'Action 6 décrit l'un de ces standards minimums, à savoir que les juridictions s'engagent à inclure dans leurs conventions fiscales des dispositions portant sur le chalandage fiscal visant à garantir une protection minimale contre l'utilisation abusive des conventions.

11. Le but ultime des travaux sur l'Action 6 n'est pas simplement d'obtenir l'insertion de dispositions contre le chalandage fiscal dans les conventions fiscales ; c'est de mettre fin au chalandage fiscal proprement dit. Il n'entre pas dans le champ de cet exercice de suivi de déterminer dans quelle mesure la mise en œuvre du standard minimum a eu un impact sur le chalandage fiscal, et il est trop tôt pour le faire. Toutefois, les travaux prévus par le rapport sur l'Action 11 du BEPS (Mesurer et suivre les pratiques de BEPS) (OCDE, 2015[11]) tenteront d'estimer les effets des mesures élaborées à la faveur de l'Action 6 pour combattre l'utilisation abusive des conventions (OCDE, 2015[11])[6].

12. Au stade actuel, les lecteurs doivent toutefois se montrer prudents dans l'interprétation des résultats de l'examen. Par exemple, une juridiction qui a accompli certains progrès vers la mise en œuvre du standard minimum peut toujours poser un risque de chalandage fiscal plus élevé qu'une juridiction qui (par exemple) n'a pas signé l'IM (OCDE, 2016[11]) et n'a donc fait pratiquement aucun progrès, lorsqu'on prend en compte d'autres faits et circonstances propres aux deux juridictions ainsi que les dispositions de leurs conventions préexistantes. De la même manière, une convention où manquerait uniquement la version actualisée du préambule peut présenter un risque négligeable d'être utilisée à des fins de chalandage fiscal même si elle ne met pas pleinement en œuvre le standard minimum.

13. En outre, il convient d'opérer une distinction entre une juridiction qui a fait tout ce qui est en son pouvoir pour aligner ses conventions fiscales sur le standard minimum et une juridiction qui s'en est abstenue. Une juridiction faisant partie du premier groupe pourrait, par exemple, avoir signé l'IM, dressé la liste de toutes ses conventions et solliciter activement ses partenaires en vue d'engager des négociations bilatérales en cas d'absence d'appariement aux fins de l'IM. Une juridiction appartenant au second groupe pourrait néanmoins réfléchir aux mesures à prendre ou s'en remettre à des approches bilatérales pour modifier ses conventions. Au fil du temps, les données recueillies mettront en lumière les différences de progrès entre elles. Cette année marquant le début du processus, ces différences ne se manifestent pas, de sorte qu'il faut être prudent lorsqu'on compare deux juridictions.

Le standard minimum établi par l'Action 6

14. Le standard minimum relatif au chalandage fiscal impose aux juridictions d'inclure deux éléments dans leurs conventions fiscales : une déclaration explicite sur la volonté d'éliminer la double imposition sans créer de possibilités de non-imposition (généralement dans le préambule) et l'une des trois méthodes permettant de résoudre le problème du chalandage fiscal.

15. Le standard minimum ne précise pas comment ces deux éléments doivent être mis en œuvre (via l'IM ou des instruments portant modification). Il reconnaît toutefois que ces dispositions doivent être adoptées au niveau bilatéral et qu'une juridiction sera tenue d'appliquer le standard minimum lorsqu'un autre membre du Cadre inclusif le lui demande.

La déclaration explicite

16. Comme indiqué aux paragraphes 22 et 23 du rapport final sur l'Action 6, les juridictions se sont engagées à inclure dans leurs conventions fiscales une déclaration explicite indiquant que leur intention commune est d'éliminer la double imposition sans créer de possibilités de non-imposition ou d'imposition réduite résultant de comportements de fraude ou d'évasion fiscale, en particulier par le recours à des mécanismes de chalandage fiscal. La disposition suivante figure désormais dans la version 2017 du Modèle de Convention fiscale :

Entendant conclure une Convention pour l'élimination de la double imposition en matière d'impôts sur le revenu et sur la fortune sans créer de possibilités de non-imposition ou d'imposition réduite par l'évasion ou la fraude fiscale (y compris par des mécanismes de chalandage fiscal destinés à obtenir les allégements prévus dans la présente Convention au bénéfice indirect de résidents d'États tiers)

Trois méthodes pour traiter le chalandage fiscal

17. Les juridictions se sont également engagées à concrétiser leur « intention commune » en intégrant des dispositions dans leurs conventions sous l'une des trois formes suivantes :

1. un critère des objets principaux (COP) équivalent au paragraphe 9 de l'article 29 du Modèle de Convention fiscale de l'OCDE de 2017, accompagné d'une version simplifiée ou d'une version détaillée de la règle de la limitation des avantages (LOB) figurant aux paragraphes 1 à 7 du Modèle de l'OCDE de 2017 ; ou
2. le critère des objets principaux uniquement ; ou
3. une version détaillée de la règle de la limitation des avantages complétée par un mécanisme (sous la forme d'un critère des objets principaux limité aux mécanismes de relais ou de règles législatives ou jurisprudentielles anti-abus nationales aboutissant à un résultat similaire) permettant de viser les mécanismes de relais qui ne sont pas déjà traités dans les conventions fiscales.

L'obligation de mettre en œuvre le standard minimum

18. Le rapport sur l'Action 6 reconnaît qu'une « certaine souplesse dans l'application de la norme minimale est requise, car ces dispositions doivent être adaptées à la situation spécifique du pays et aux circonstances qui entourent la négociation des conventions bilatérales ». En particulier :

- une juridiction est tenue d'appliquer le standard minimum dans une convention uniquement si un autre membre du Cadre inclusif le lui demande ;
- les modalités de cette application (l'une des trois options proposées) doivent être approuvées (une solution ne peut pas être imposée) ; et
- l'obligation d'adopter dans les conventions bilatérales des mesures qui mettent en œuvre le standard minimum ne doit pas être interprétée comme l'obligation de conclure de nouvelles conventions ou de modifier des conventions existantes dans un délai prescrit.

Suivi de la mise en œuvre du standard minimum

19. Le rapport sur l'Action 6 reconnaissait que l'adhésion à l'instrument multinational n'étant pas obligatoire (voir la section suivante) et les juridictions ayant probablement des préférences différentes quant à la façon de se conformer au standard minimum, il serait nécessaire d'opérer un suivi de la mise en œuvre du standard minimum.

L'instrument multilatéral

20. Le rapport provisoire sur l'Action 15 (OCDE, 2015[12]) concluait qu'un instrument multilatéral unique permettant aux juridictions de modifier rapidement toutes leurs conventions fiscales bilatérales en vue de mettre en œuvre les mesures du BEPS ayant trait aux conventions fiscales était souhaitable et possible, et que les négociations s'y rapportant devraient être rapidement engagées. Aussi, la constitution d'un groupe ad hoc pour l'élaboration d'un IM (le Groupe ad hoc) a été approuvée par le CAF et entérinée par les ministres des Finances et gouverneurs des banques centrales des pays du G20 en février 2015.

21. Le 24 novembre 2016, le Groupe ad hoc, constitué d'une centaine de membres œuvrant sur un pied d'égalité, a adopté formellement le texte de l'IM, marquant une étape décisive dans la mise en œuvre du standard minimum sur le chalandage fiscal. Le 30 juin 2018, l'IM couvrait 78 juridictions membres du Cadre inclusif. Ces juridictions se sont toutes engagées à appliquer le standard minimum au moyen de la règle du critère des objets principaux.

La signature de l'IM ne fait pas partie du standard minimum et, pour diverses raisons pratiques, stratégiques et juridiques, certains membres du Cadre inclusif ont choisi de s'en abstenir ou ne l'ont mis en œuvre que pour une partie de leurs conventions fiscales. Néanmoins, la plupart des juridictions qui ont signé l'IM ont notifié la quasi-totalité de leurs conventions (OCDE, 2016[11]) [7].

Le Cadre inclusif

22. Le Cadre inclusif sur le BEPS a été mis en place en 2016 en vue d'accélérer le déploiement de l'Ensemble final BEPS selon des modalités cohérentes. Il est ouvert à toutes les juridictions intéressées. En tant que membres du Cadre inclusif, les juridictions collaborent sur un pied d'égalité afin d'élaborer des normes relatives aux problématiques de BEPS et d'examiner et de suivre la mise en œuvre de l'Ensemble final BEPS. Depuis son lancement, le Cadre inclusif a mis au point un processus de suivi des quatre standards minimums. En avril 2017, ainsi que le prévoyait le rapport sur l'Action 6, il a approuvé les termes de référence et la méthodologie de l'examen de la mise en œuvre du standard minimum relatif au chalandage fiscal, ce dont rend compte le « Document d'examen par les pairs » diffusé en mai 2017 (OCDE, 2017[13]).

Notes

[1] Voir le paragraphe 17 du rapport *Empêcher l'octroi inapproprié des avantages des conventions fiscales, Action 6 - Rapport final 2015*. Comme le rapport l'indique, les cas dans lesquels un résident de l'État contractant où le revenu a sa source tente d'obtenir des avantages au titre d'une convention (par exemple, par un transfert de résidence vers l'autre État contractant ou en recourant à une entité établie dans cet autre État) pourraient également être considérés comme constituant une forme de chalandage fiscal.

[2] Voir le paragraphe 2 des articles 10 et 11 et le paragraphe 1 de l'article 12.

[3] Voir les paragraphes 7 à 10 des Commentaires sur l'article 1 du *Model Double Taxation Convention on Income and Capital 1977.*

[4] Les dispositions sur la limitation des avantages généralement contenues dans les conventions conclues par les États-Unis en sont le meilleur exemple.

[5] En octobre 2015, le CAF, incluant les pays de l'OCDE et du G20 œuvrant sur un pied d'égalité, a produit l'Ensemble final des rapports BEPS, présenté sous la forme de rapports portant sur chacune des 15 actions, accompagné d'un *Projet BEPS - Exposé des actions 2015*. L'Ensemble final BEPS donne aux États et aux économies les outils dont ils ont besoin pour garantir l'imposition des bénéfices là où s'exercent réellement les activités économiques qui génèrent ces bénéfices et là où la valeur est créée, tout en offrant aux entreprises une sécurité accrue grâce à la réduction du nombre de différends relatifs à l'application des règles fiscales internationales et à une harmonisation des obligations de conformité.

[6] *Mesurer et suivre les données relatives au BEPS, Action 11 - Rapport final 2015*, p. 231.

[7] Conformément à l'article 2 de l'IM, un accord ne peut être modifié par l'IM que si les Parties à cet accord ont formulé une notification au Dépositaire indiquant que cet accord est un accord qu'elles souhaitent voir visé par l'IM.

Références

G20 Research Group (2013), *G20 Leaders' Declaration*, http://www.g20.utoronto.ca/2013/2013-0906-declaration.html (accessed on 04 February 2019). [9]

OCDE (2017), *BEPS Action 6 : Empêcher l'utilisation abusive des conventions fiscales lorsque les circonstances ne s'y prêtent pas : Documents pour l'examen par les pairs*, http://www.oecd.org/fr/fiscalite/conventions/beps-action-6-empecher-utilisation-abusive-conventions-fiscales-documents-examen-par-les-pairs.pdf (accessed on 04 February 2019). [13]

OCDE (2017), *Modèle de Convention fiscale concernant le revenu et la fortune : Version abrégée 2017*, Éditions OCDE, Paris, https://dx.doi.org/10.1787/mtc_cond-2017-fr. [3]

OCDE (2016), *Convention multilatérale pour la mise en oeuvre des mesures relatives aux conventions fiscales pour prévenir l'érosion de la base d'imposition et le transfert de bénéfices*, http://www.oecd.org/fr/fiscalite/conventions/convention-multilaterale-pour-la-mise-en-oeuvre-des-mesures-relatives-aux-conventions-fiscales-pour-prevenir-le-BEPS.pdf (accessed on 04 February 2019). [11]

OCDE (2016), *Projet BEPS - Exposé des actions 2015*, Projet OCDE/G20 sur l'érosion de la base d'imposition et le transfert de bénéfices, Éditions OCDE, Paris, https://dx.doi.org/10.1787/9789264263772-fr. [10]

OCDE (2015), *Empêcher l'octroi inapproprié des avantages des conventions fiscales, Action 6 - Rapport final 2015*, Projet OCDE/G20 sur l'érosion de la base d'imposition et le transfert de bénéfices, Éditions OCDE, Paris, https://dx.doi.org/10.1787/9789264278035-fr. [2]

OCDE (2015), *L'élaboration d'un instrument multilatéral pour modifier les conventions fiscales bilatérales, Action 15 - Rapport final 2015*, Projet OCDE/G20 sur l'érosion de la base d'imposition et le transfert de bénéfices, Éditions OCDE, Paris, https://dx.doi.org/10.1787/9789264248588-fr. [12]

OCDE (2015), *Mesurer et suivre les données relatives au BEPS, Action 11 - Rapport final 2015*, Projet OCDE/G20 sur l'érosion de la base d'imposition et le transfert de bénéfices, Éditions OCDE, Paris, https://dx.doi.org/10.1787/9789264282711-fr. [1]

OCDE (2015), "R(17). La limitation du droit aux avantages des conventions fiscales", in *Modèle de Convention fiscale concernant le revenu et la fortune 2014 (Version complète)*, Éditions OCDE, Paris, https://dx.doi.org/10.1787/9789264239142-110-fr. [7]

OCDE (2015), "R(5). Les conventions préventives de la double imposition et l'utilisation des sociétés écran", in *Modèle de Convention fiscale concernant le revenu et la fortune 2014 (Version complète)*, Éditions OCDE, Paris, https://dx.doi.org/10.1787/9789264239142-98-fr. [5]

OCDE (2015), "R(6). Les conventions préventives de la double imposition et l'utilisation des sociétés relais", in *Modèle de Convention fiscale concernant le revenu et la fortune 2014 (Version complète)*, Éditions OCDE, Paris, https://dx.doi.org/10.1787/9789264239142-99-fr. [6]

OCDE (2013), *Plan d'action concernant l'érosion de la base d'imposition et le transfert de bénéfices*, Éditions OCDE, Paris, https://dx.doi.org/10.1787/9789264203242-fr. [8]

OCDE (1977), *Model Double Taxation Convention on Income and Capital 1977*, Éditions OCDE, Paris, https://dx.doi.org/10.1787/9789264055919-en. [4]

Chapitre 2. Conduite de l'examen par les pairs de l'Action 6 portant sur le chalandage fiscal

Termes de référence de l'examen

23. Les termes de référence de l'examen découlent de l'articulation du standard minimum énoncé dans le rapport sur l'Action 6 (OCDE, 2015[1]) et des indications figurant dans ce rapport concernant la manière dont le standard peut être appliqué en pratique. Les termes de référence sont définis dans le Document d'examen par les pairs (OCDE, 2017[2]) qui a été adopté par le Cadre inclusif et publié en mai 2017. Il est fait mention de ces termes de référence dans le reste de ce rapport, mais les lecteurs sont invités à consulter le rapport sur l'Action 6 proprement dit ainsi que le Document d'examen par les pairs pour bien comprendre la nature de l'examen.

Conduite de l'examen par les pairs

24. L'examen a débuté avec l'envoi d'un questionnaire aux membres du Cadre inclusif en mars 2018. Ce questionnaire demandait à chaque juridiction de dresser la liste de l'ensemble de ses conventions fiscales complètes sur le revenu en vigueur le 30 juin 2018. Ces listes indiquent si chacune des conventions contient les dispositions visées par le standard minimum, à savoir un préambule conforme et la ou les dispositions anti-abus nécessaires, si elle fait l'objet d'un « instrument de mise en conformité » qui permette d'en assurer rapidement la conformité, la nature de cet instrument, et la méthode retenue parmi les trois proposées pour s'aligner sur le standard minimum. L'annexe contient la liste des 116 juridictions qui ont fait l'objet du premier examen par les pairs et les informations détaillées pour chaque juridiction.

25. Le Secrétariat a analysé ces listes afin de vérifier et de recouper les informations discordantes éventuelles. Les juridictions avaient la possibilité de formuler les commentaires de leur choix dans les encadrés prévus à cet effet.

26. Au cours de sa réunion de septembre 2018, le GT1 a examiné ces informations en vue de repérer toute difficulté ou discordance éventuelle dans les données sous jacentes. À partir de la discussion des principes généraux par le GT1, le Secrétariat a préparé une première version de ce rapport, qui a été soumise aux délégués auprès du GT1 en octobre 2018. Elle a ensuite été révisée via la procédure écrite et adressée au Cadre inclusif pour examen au cours de sa réunion de janvier 2019.

27. L'examen par les pairs a également permis aux juridictions qui se sont heurtées à des difficultés particulières pour obtenir l'accord d'une autre juridiction en vue d'appliquer le standard minimum de l'Action 6 de soumettre la question par écrit au Secrétariat avant le 31 août 2018.

28. Ainsi que le prévoit le paragraphe 14 du Document d'examen par les pairs, la méthodologie qui vient d'être décrite pour l'examen de la mise en œuvre du standard

minimum sur le chalandage fiscal sera réexaminée en 2020 à la lumière des enseignements tirés de l'expérience acquise.

Références

OCDE (2017), *BEPS Action 6 : Empêcher l'utilisation abusive des conventions fiscales lorsque les circonstances ne s'y prêtent pas : Documents pour l'examen par les pairs*, http://www.oecd.org/fr/fiscalite/conventions/beps-action-6-empecher-utilisation-abusive-conventions-fiscales-documents-examen-par-les-pairs.pdf (consulté le 04 février 2019). [2]

OCDE (2015), *Empêcher l'octroi inapproprié des avantages des conventions fiscales, Action 6 - Rapport final 2015*, Projet OCDE/G20 sur l'érosion de la base d'imposition et le transfert de bénéfices, Éditions OCDE, Paris, https://dx.doi.org/10.1787/9789264278035-fr. [1]

Chapitre 3. Résultats généraux de l'examen par les pairs

Principales conclusions du premier examen par les pairs

29. En 2018, comme on s'y attendait, pratiquement aucune des conventions signalées[1] n'était conforme au standard minimum. Ce résultat s'explique par le fait que l'IM (OCDE, 2016[1]), qui d'après l'examen, est de loin l'outil privilégié pour appliquer le standard minimum, n'est entré en vigueur que le 1er juillet 2018.

30. Toutefois, l'examen par les pairs révèle que la grande majorité des membres du Cadre inclusif ont commencé à traduire leur engagement à empêcher le chalandage fiscal en actions concrètes et s'emploient actuellement à modifier leur réseau de conventions.

Données statistiques agrégées

31. Au total, les 116 juridictions membres du Cadre inclusif ont signalé 5 080 conventions en vigueur. Ce chiffre englobe de nombreuses conventions signalées deux fois, mais également celles conclues entre des membres du Cadre inclusif et des non membres. Au total, quelque 1 940 conventions lient des membres du Cadre inclusif et plus de 1 150 conventions supplémentaires ont été conclues entre des membres du Cadre inclusif et des non-membres.

32. Les conventions conclues entre des membres du Cadre inclusif et des non-membres ne font pas l'objet de l'examen par les pairs, et les résultats d'ensemble mentionnés dans ce chapitre portent sur les 1 940 conventions bilatérales liant des membres du Cadre inclusif. Toutefois, la liste communiquée par chacune des 116 juridictions répertorie l'intégralité des conventions fiscales en vigueur, et indique quand et comment le standard minimum a été mis en œuvre dans toutes ces conventions. Pour prendre acte des progrès accomplis par certaines juridictions, les sections ventilées par juridiction dans l'annexe signalent les cas dans lesquels des conventions non couvertes par l'examen par les pairs sont conformes au standard minimum ou font l'objet d'un instrument de mise en conformité.

33. Outre les 1 940 conventions bilatérales, cinq conventions fiscales multilatérales ont également été signalées :

- la Convention en matière d'impôts sur le revenu de l'Union du Maghreb arabe, signalée par la Tunisie ;
- la Convention entre les membres de la CARICOM, signalée par la Barbade, Belize, la Jamaïque, Saint Kitts et Nevis, Sainte Lucie et Trinité et Tobago, notifiée aux fins de l'IM par la Barbade et par la Jamaïque ;
- le Règlement 08/2008/COM portant adoption des règles visant à éviter la double imposition au sein de l'Union économique et monétaire ouest-africaine et des règles d'assistance en matière fiscale, signalé par le Bénin, le Burkina Faso, la Côte d'Ivoire et le Sénégal ;

- la Décision 578 de la Commission de la Communauté andine qui établit un régime tendant à éviter la double imposition et à prévenir la fraude fiscale, signalée par la Colombie et le Pérou ; et,
- la Convention nordique, signalée par le Danemark, la Finlande, l'Islande, la Norvège et la Suède.

34. Au total, au 30 juin 2018, 82 juridictions membres du Cadre inclusif comptaient des conventions déjà conformes au standard minimum ou qui, parce qu'elles faisaient l'objet d'un instrument de mise en conformité, allaient bientôt l'être[2]. Sept autres juridictions étaient dépourvues de convention fiscale complète en vigueur couverte par l'examen par les pairs. Vingt-sept juridictions n'avaient signé aucun instrument de mise en conformité visant à appliquer le standard minimum. Aucune de ces juridictions ne faisait l'objet du processus décrit au paragraphe 34 ci-dessus, en vertu duquel une juridiction peut soulever des questions concernant la mise en œuvre du standard minimum par une autre juridiction.

Conventions conformes

35. Bien que le processus de mise en œuvre n'en soit qu'à ses débuts, le 30 juin 2018, 13 conventions bilatérales soumises à l'examen par les pairs étaient déjà conformes au standard minimum. Quatre autres conventions non couvertes par cet examen et conclues entre des membres du Cadre inclusif et des non membres étaient identifiées comme étant conformes au standard minimum.

36. Aucune des cinq conventions multilatérales signalées n'était conforme au standard minimum.

Conventions non conformes faisant l'objet d'un instrument de mise en conformité

37. La plupart des juridictions membres du Cadre inclusif ont accompli des progrès significatifs vers la mise en œuvre du standard minimum, avec de nombreuses conventions faisant l'objet d'un instrument de mise en conformité signé, mais non encore en vigueur[3].

38. Le 30 juin 2018, environ 1 260[4] conventions bilatérales parmi les 1 940 conclues entre des membres du Cadre inclusif sont devenues des conventions fiscales couvertes aux fins de l'IM (les deux Juridictions contractantes ont formulé une notification au Dépositaire indiquant que ces conventions sont visées par l'IM)[5]. Les conventions qui seront modifiées par l'IM seront conformes au standard minimum une fois que ses dispositions auront pris effet. On s'attend à ce que plus d'une cinquantaine de conventions de ce type deviennent conformes au standard minimum en 2019.

39. Quelque 500 conventions supplémentaires parmi ces 1 940 conventions bilatérales pourraient être modifiées par l'IM à l'avenir. En effet, 500 conventions ont été notifiées aux fins de l'IM par seulement un des partenaires de convention et sont en attente d'une désignation réciproque[6]. La plupart de ces 500 conventions supplémentaires « en attente » sont conclues entre des membres du Cadre inclusif qui ont signé l'IM et des membres qui ne l'ont pas encore signé.

40. En l'état actuel des choses, l'IM modifiera environ 65 % de toutes les conventions liant des membres du Cadre inclusif. Des juridictions supplémentaires se sont déclarées

intéressées par la signature de l'IM et, si elles le font effectivement et notifient la totalité de leurs conventions, ce pourcentage pourrait atteindre 90 %.

41. Enfin, 14 des 1 940 conventions font l'objet d'un instrument de mise en conformité bilatéral qui n'est pas encore en vigueur[7]. Six instruments de mise en conformité bilatéraux supplémentaires ont été signés, portant modification des conventions conclues entre un membre du Cadre inclusif et un non membre.

42. Le Danemark, la Finlande, l'Islande, la Norvège et la Suède ont indiqué que des négociations ont été engagées en vue de modifier la Convention nordique de manière à appliquer le standard minimum.

Méthodes de mise en œuvre du standard minimum établi par l'Action 6

Conventions conformes

43. Dans l'ensemble des 13 conventions déjà conformes au standard minimum, the standard minimum est mis en œuvre via l'inclusion du nouveau préambule et du critère des objets principaux. Dans cinq de ces conventions conformes, le critère des objets principaux est complété par une règle sur la limitation des avantages.

Conventions non conformes faisant l'objet d'un instrument de mise en conformité

44. S'agissant des conventions notifiées aux fins de l'IM, l'ensemble des 80 signataires ou parties à l'IM appliquent le nouveau préambule et le critère des objets principaux. Douze juridictions ont également choisi d'appliquer la règle simplifiée de limitation des avantages via l'IM en complément du critère des objets principaux lorsqu'il était possible de le faire. Six juridictions supplémentaires ont bien voulu accepter une règle simplifiée de limitation des avantages dans des conventions conclues avec des partenaires qui ont opté pour la règle simplifiée de limitation des avantages aux fins de l'IM.

45. Au total, le critère des objets principaux sera mis en œuvre dans quelque 1 260 conventions couvertes par l'IM. Une cinquantaine de ces conventions contiendront également une règle simplifiée de limitation des avantages.

46. Concernant les 14 conventions faisant l'objet d'un instrument de mise en conformité bilatéral, le standard minimum est mis en œuvre via l'introduction du nouveau préambule et du critère des objets principaux. Dans cinq de ces conventions conformes, le critère des objets principaux est complété par une règle de limitation des avantages.

47. Aussi, plus de 80 des 116 juridictions membres du Cadre inclusif ont pris des mesures pertinentes en vue de mettre en œuvre le standard minimum, en signant l'IM ou en concluant des instruments bilatéraux de mise en conformité ou les deux.

Difficultés liées à la mise en œuvre du standard minimum

48. Ainsi que l'indique le paragraphe 40, l'examen par les pairs offrait également aux juridictions qui rencontraient des difficultés particulières pour l'obtenir l'accord d'une autre juridiction en vue d'appliquer le standard minimum de l'Action 6 de soumettre la question par écrit au Secrétariat. (OCDE, 2017[2])

49. Au cours du premier examen par les pairs, certaines juridictions ont soulevé des questions concernant la mise en œuvre du standard minimum dans leurs conventions. Ces questions ont été résolues. Aussi, aucune recommandation n'a été formulée au titre du premier examen par les pairs.

Notes

[1] Dans ce rapport, les références à une « convention » désignent les relations bilatérales fondées sur un traité ainsi que, par exemple, les conventions conclues avant qu'un État ne se sépare en deux États successeurs ou plus. Aussi, le nombre de relations bilatérales fondées sur un traité dépasse le nombre de conventions signées.

[2] Quatre-vingt-quatre juridictions étaient signataires ou parties à l'IM au 15 octobre 2018, mais quatre d'entre elles ne sont pas membres du Cadre inclusif. Quatre-vingt membres du Cadre inclusif sont signataires ou parties à l'IM et deux membres supplémentaires (Brésil et Zambie), bien que non signataires ou parties à l'IM, ont conclu des protocoles portant modification visant à mettre en œuvre le standard minimum.

[3] Un « instrument de mise en conformité » peut désigner l'IM ou un nouveau protocole portant modification qui n'est pas encore entré en vigueur. Il peut également s'agir d'une convention entièrement nouvelle qui n'est pas encore entrée en vigueur. Au 30 juin, l'IM n'était pas entré en vigueur.

[4] Ce chiffre inclut les conventions fiscales couvertes aux fins de l'IM conclues par l'Ukraine, bien que l'Ukraine ait signé l'IM le 23 juillet 2018, après le délai fixé pour soumettre le questionnaire d'examen par les pairs.

[5] Au 30 juin 2018, les positions au regard de l'IM de la plupart des signataires, y compris la liste des conventions fiscales notifiées, étaient provisoires et susceptibles d'être modifiées à l'avenir.

[6] Conformément à l'article 2 de l'IM, une convention fiscale couverte devant être modifiée par l'IM désigne un accord au regard duquel chaque Partie [à cet accord] ou Signataire a adressé une notification au Dépositaire, en incluant l'accord dans la liste des accords qu'il souhaite voir couverts par l'IM.

[7] Certaines conventions faisant l'objet d'un instrument bilatéral de mise en conformité ont également été notifiées aux fins de l'IM car l'IM autorise les juridictions à mettre en œuvre d'autres mesures BEPS relatives aux conventions fiscales (qui ne se rattachent pas à un standard minimum).

Références

OCDE (2017), *BEPS Action 6 : Empêcher l'utilisation abusive des conventions fiscales lorsque les circonstances ne s'y prêtent pas : Documents pour l'examen par les pairs*, http://www.oecd.org/fr/fiscalite/conventions/beps-action-6-empecher-utilisation-abusive-conventions-fiscales-documents-examen-par-les-pairs.pdf (consulté le 04 février 2019). [2]

OCDE (2016), *Convention multilatérale pour la mise en oeuvre des mesures relatives aux conventions fiscales pour prévenir l'érosion de la base d'imposition et le transfert de bénéfices*, http://www.oecd.org/fr/fiscalite/conventions/convention-multilaterale-pour-la-mise-en-oeuvre-des-mesures-relatives-aux-conventions-fiscales-pour-prevenir-le-BEPS.pdf (consulté le 04 février 2019). [1]

Chapitre 4. Conclusions et prochaines étapes

50. Lorsque les membres du Cadre inclusif ont mis en place ce processus d'examen par les pairs pour 2018, ils ont admis que la grande majorité des conventions ne seraient pas conformes au standard minimum de l'Action 6 à la date butoir du 30 juin. Ils ont néanmoins jugé important de lancer le processus de suivi pour trois raisons : (i) ce rapport constituerait un jalon à partir duquel les progrès réalisés dans les années futures pourraient être mesurés ; (ii) la lutte contre le chalandage fiscal représentait un volet essentiel des actions du BEPS, et les membres du Cadre inclusif tenaient à souligner l'importance qu'ils accordaient à ce que les juridictions accomplissent des progrès notables ; et (iii) le lancement d'un exercice de suivi permettrait d'aplanir les difficultés lors des futurs examens par les pairs.

Instrument multilatéral

51. La principale conclusion de l'examen par les pairs est qu'une grande majorité des membres du Cadre inclusif ont réalisé des progrès substantiels vers la mise en œuvre du standard minimum et s'emploient actuellement à modifier leur réseau de conventions au moyen de l'IM (OCDE, 2016[1]), qui s'avère être une solution efficace et rapide pour permettre aux juridictions de se conformer au standard minimum. Certaines juridictions ont également commencé à conclure des protocoles bilatéraux portant modification. En outre, des juridictions qui n'ont pas encore commencé à appliquer le standard minimum ont indiqué dans leur questionnaire d'examen par les pairs qu'elles avaient l'intention de signer l'IM.

52. Bien que la signature de l'IM ne soit pas obligatoire, les membres du Cadre inclusif qui l'ont déjà fait encouragent le plus grand nombre possible de juridictions qui en ont la capacité à les rejoindre, en notifiant le plus grand nombre possible de partenaires de convention.

Identification des difficultés de mise en œuvre

53. Lors de cet examen, le Cadre inclusif a pris acte des conclusions des travaux relatifs à l'Action 6, et en particulier du fait qu'aucun délai ne s'applique pour la mise en œuvre du standard minimum car, à la différence d'autres standards minimums, renégocier une convention n'est pas quelque chose qu'une juridiction peut faire seule.

54. Néanmoins, malgré l'absence de délai spécifique pour la mise en œuvre du standard minimum, les juridictions ont pris un engagement important, qu'elles sont censées honorer de bonne foi si une autre juridiction membre du Cadre inclusif le leur demande. Les termes de référence concilient ces facteurs en établissant un processus que les juridictions peuvent enclencher si elles estiment que les progrès réalisés avec une autre juridiction sont insuffisants.

55. Certaines juridictions ont indiqué qu'il était prématuré de déclencher ce processus au cours de ce premier exercice d'examen. En outre, les termes de référence prévoient que le Secrétariat de l'OCDE doit offrir à l'autre juridiction la possibilité de présenter ses vues par écrit et de soumettre le cas à l'examen du Groupe de travail n° 1, qui constitue peut-être une enceinte trop publiquement exposée pour certaines juridictions. Quoi qu'il en soit, aucune des 27 juridictions qui n'ont pas encore signé d'instrument de mise en conformité n'a fait l'objet d'un tel signalement lors de l'examen par les pairs 2018.

56. Les membres du Cadre inclusif qui rencontrent des difficultés pour obtenir d'une autre juridiction l'engagement à mettre en œuvre le standard minimum dans leur convention bilatérale sont invitées à se référer au processus prévu pour résoudre ces difficultés, décrit à la section E (et notamment au paragraphe 19) du Document d'examen par les pairs (OCDE, 2017[2]), et à transmettre leurs questions au Secrétariat de l'OCDE en vue de soumettre les cas non résolus à l'attention du Cadre inclusif. Le Cadre inclusif réexaminera la méthodologie suivie pour signaler ces difficultés à la faveur du réexamen prévu en 2020.

Prochaines étapes

57. Le but ultime des travaux sur l'Action 6 n'est pas simplement d'obtenir l'insertion de dispositions contre le chalandage fiscal dans les conventions fiscales ; c'est de mettre fin au chalandage fiscal proprement dit. (OCDE, 2015[3]) Il n'entre pas dans le champ de cet exercice de suivi de déterminer dans quelle mesure la mise en œuvre du standard minimum a eu un impact sur le chalandage fiscal, et il est trop tôt pour le faire. Toutefois, une partie de cet exercice de suivi se déroulera dans le cadre des travaux se rattachant à l'Action 11 du BEPS (Mesurer et suivre les pratiques de BEPS) (OCDE, 2015[3])[1], à savoir que « des solutions sont proposées pour améliorer les données et les analyses, ce qui permettra d'évaluer et de quantifier régulièrement l'impact des mécanismes d'érosion de la base d'imposition et transfert de bénéfices et les résultats des mesures issues du projet BEPS appliquées pour lutter contre ces pratiques ».

58. Les travaux relatifs à l'Action 11 pourraient aussi faciliter l'interprétation des données agrégées et ventilées par juridiction dans les futurs rapports d'examen par les pairs. Il est donc important de coordonner ces travaux avec ceux portant sur les futurs examens par les pairs afin de déterminer là où se concentrent les principaux risques de chalandage fiscal.

59. Ainsi que l'explique le Document d'examen par les pairs, le prochain exercice d'examen par les pairs sera lancé au cours du premier semestre de 2019. En outre, comme l'indique le paragraphe 14 de ce document, la méthodologie décrite pour l'examen de la mise en œuvre du standard minimum sur le chalandage fiscal sera réexaminée en 2020 à la lumière des enseignements tirés de l'expérience acquise.

Notes

[1] *Empêcher l'octroi inapproprié des avantages des conventions fiscales, Action 6 - Rapport final 2015*, p. 231.

Références

OCDE (2017), *BEPS Action 6 : Empêcher l'utilisation abusive des conventions fiscales lorsque les circonstances ne s'y prêtent pas : Documents pour l'examen par les pairs*, http://www.oecd.org/fr/fiscalite/conventions/beps-action-6-empecher-utilisation-abusive-conventions-fiscales-documents-examen-par-les-pairs.pdf (accessed on 04 February 2019). [2]

OCDE (2016), *Convention multilatérale pour la mise en oeuvre des mesures relatives aux conventions fiscales pour prévenir l'érosion de la base d'imposition et le transfert de bénéfices*, http://www.oecd.org/fr/fiscalite/conventions/convention-multilaterale-pour-la-mise-en-oeuvre-des-mesures-relatives-aux-conventions-fiscales-pour-prevenir-le-BEPS.pdf (accessed on 04 February 2019). [1]

OCDE (2015), *Empêcher l'octroi inapproprié des avantages des conventions fiscales, Action 6 - Rapport final 2015*, Projet OCDE/G20 sur l'érosion de la base d'imposition et le transfert de bénéfices, Éditions OCDE, Paris, https://dx.doi.org/10.1787/9789264278035-fr. [3]

OCDE (2015), *Mesurer et suivre les données relatives au BEPS, Action 11 - Rapport final 2015*, Projet OCDE/G20 sur l'érosion de la base d'imposition et le transfert de bénéfices, Éditions OCDE, Paris, https://dx.doi.org/10.1787/9789264282711-fr. [4]

Annexe A. Données ventilées par juridiction

Explication des données ventilées par juridiction

Les sections de cette annexe livrent des informations spécifiques sur chacune des 116 juridictions membres du Cadre inclusif couvertes par l'examen par les pairs. Ces informations proviennent des listes des conventions fiscales communiquées par ces juridictions.

Chaque section renseigne sur les progrès accomplis dans la mise en œuvre du standard minimum et sur les difficultés de mise en œuvre signalées. Elle contient également une synthèse de la réponse de la juridiction au questionnaire d'examen par les pairs (la liste des conventions fiscales transmise). Cette synthèse est présentée sous la forme d'un tableau qui recense toutes les conventions fiscales en vigueur.

Bien que les conventions fiscales conclues entre des membres du Cadre inclusif et des non membres ne soient pas couvertes par l'examen par les pairs, des informations sur ces conventions sont également communiquées afin de prendre acte des progrès réalisés par certaines juridictions et dans un souci d'exhaustivité.

Cette section de l'annexe contient une liste des 116 juridictions soumises à l'examen par les pairs.

Il convient de rappeler, ainsi que le paragraphe 18 de ce rapport le faisait observer, qu'une juridiction est tenue de mettre en œuvre le standard minimum dans une convention si un autre membre du Cadre inclusif le lui demande.

Explication des données figurant dans les sections ventilées par juridiction

Le nombre de conventions fiscales :

- Les sections ventilées par juridiction indiquent le nombre de conventions fiscales pour chaque juridiction et recensent également les conventions fiscales conclues avec des juridictions qui ne sont pas membres du Cadre inclusif. Ces conventions sont signalées par un astérisque.
- Aux fins de l'examen par les pairs, une convention fiscale désigne une convention complète visant à éviter la double imposition au titre des impôts sur le revenu (et éventuellement aussi d'autres impôts) qui est actuellement en vigueur. Elle n'inclut pas d'autres types de conventions telles que les conventions fiscales sur les successions, les accords d'échange de renseignements fiscaux ou d'autres accords administratifs, les conventions sur le transport maritime et aérien, pas plus que les conventions partielles couvrant uniquement les personnes physiques.
- Le terme « convention » englobe une relation fondée sur un traité. Si, par exemple, un État s'est divisé en deux et chacun des États successeurs honore une convention conclue par l'État prédécesseur, chacun des États successeurs est

considéré comme étant partie à une convention distincte. Dans cet exemple, le nombre de relations bilatérales fondées sur un traité dépasse le nombre de conventions signées.

Les conventions fiscales conformes au standard minimum :

- Les sections ventilées par juridiction indiquent le nombre de conventions fiscales qui sont pleinement conformes au standard minimum pour chaque juridiction. Les conventions partiellement conformes, à savoir celles qui contiennent un seul élément du standard minimum, sont indiquées comme étant non conformes.
- Lorsqu'une juridiction a conclu une nouvelle convention fiscale ou un protocole portant modification, elle est indiquée comme respectant le standard minimum uniquement si ses dispositions sont en vigueur.
- Lorsque le standard minimum est mis en œuvre via l'IM, les dispositions correspondantes de l'IM (articles 6 et 7) doivent avoir pris effet pour cette convention pour qu'elle soit conforme au standard minimum (article 35 de l'IM).

Les conventions fiscales faisant l'objet d'un instrument de mise en conformité :

- Les sections ventilées par juridiction indiquent le nombre de conventions fiscales qui ne sont pas conformes au standard minimum mais qui font l'objet d'un instrument de mise en conformité.
- Un « instrument de mise en conformité » peut être l'IM ou un protocole portant modification qui n'est pas encore entré en vigueur et qui pourrait mettre la convention fiscale en conformité avec le standard minimum. Il peut également s'agir d'une convention entièrement nouvelle qui est conforme au standard minimum et qui n'est pas encore entrée en vigueur.
- L'instrument de mise en conformité peut uniquement être l'IM si la convention est notifiée en tant qu'accord que la juridiction souhaite voir visé par l'IM, indépendamment de la question de savoir si son partenaire de convention l'a notifiée.
- Les informations relatives à l'IM indiquées pour chaque juridiction correspondent généralement à ses dernières positions disponibles publiquement, qui deviendront la position définitive des juridictions qui ont déjà déposé leur instrument de ratification et la position provisoire de celles qui ne l'ont pas encore fait.

Les données statistiques concernant Israël sont fournies par et sous la responsabilité des autorités israéliennes compétentes. L'utilisation de ces données par l'OCDE est sans préjudice du statut des hauteurs du Golan, de Jérusalem Est et des colonies de peuplement israéliennes en Cisjordanie aux termes du droit international.

Note de la Turquie : Les informations figurant dans ce document qui font référence à « Chypre » concernent la partie méridionale de l'Ile. Il n'y a pas d'autorité unique représentant à la fois les Chypriotes turcs et grecs sur l'Ile. La Turquie reconnaît la République Turque de Chypre Nord (RTCN). Jusqu'à ce qu'une solution durable et équitable soit trouvée dans le cadre des Nations Unies, la Turquie maintiendra sa position sur la « question chypriote ».

Note de tous les États de l'Union européenne membres de l'OCDE et de l'Union européenne : La République de Chypre est reconnue par tous les membres des Nations Unies sauf la Turquie. Les informations figurant dans ce document concernent la zone sous le contrôle effectif du gouvernement de la République de Chypre.

Tableau A A.1. Liste des juridictions membres du Cadre inclusif couvertes par l'examen par les pairs

Au 30 juin 2018, les juridictions suivantes étaient membres du Cadre inclusif :

1. Afrique du Sud
2. Allemagne
3. Andorre
4. Angola
5. Anguilla
6. Arabie saoudite
7. Argentine
8. Australie
9. Autriche
10. Bahamas
11. Bahreïn
12. Barbade
13. Belgique
14. Belize
15. Bénin
16. Bermudes
17. Botswana
18. Brésil
19. Brunei Darussalam
20. Bulgarie
21. Burkina Faso
22. Cameroun
23. Canada
24. Chili
25. Chine (République populaire de)
26. Colombie
27. Congo
28. Corée
29. Costa Rica
30. Côte d'Ivoire
31. Croatie
32. Curaçao
33. Danemark
34. Djibouti
35. Égypte
36. Émirats arabes unis
37. Espagne
38. Estonie
39. États-Unis
40. Fédération de Russie
41. Finlande
42. France
43. Gabon
44. Géorgie
45. Grèce
46. Guernesey
47. Haïti
48. Hong Kong (Chine)
49. Hongrie
50. Île de Man
51. Îles Caïmanes
52. Îles Turques et Caïques
53. Îles Vierges britanniques
54. Inde
55. Indonésie
56. Irlande
57. Islande
58. Israël
59. Italie
60. Jamaïque
61. Japon
62. Jersey
63. Kazakhstan
64. Kenya
65. Lettonie
66. Libéria
67. Liechtenstein
68. Lituanie
69. Luxembourg
70. Macao (Chine)
71. Malaisie
72. Maldives
73. Malte
74. Maurice
75. Mexique
76. Monaco
77. Mongolie
78. Montserrat
79. Nigéria
80. Norvège
81. Nouvelle-Zélande
82. Oman
83. Pakistan
84. Panama
85. Papouasie-Nouvelle-Guinée
86. Paraguay
87. Pays-Bas
88. Pérou
89. Pologne
90. Portugal
91. Qatar
92. République démocratique du Congo
93. République slovaque
94. République tchèque
95. Roumanie
96. Royaume-Uni
97. Sainte-Lucie
98. Saint-Kitts-et-Nevis
99. Saint-Marin
100. Sénégal
101. Serbie
102. Seychelles
103. Sierra Leone
104. Singapour
105. Slovénie
106. Sri Lanka
107. Suède
108. Suisse
109. Thaïlande
110. Trinité-et-Tobago
111. Tunisie
112. Turquie
113. Ukraine
114. Uruguay
115. Viet Nam
116. Zambie

Données correspondant à chacune des juridictions membres du Cadre inclusif

Andorre

A. Progrès dans la mise en œuvre du standard minimum

Andorre compte sept conventions fiscales en vigueur, comme l'indique sa réponse au questionnaire d'examen par les pairs.

Andorre a signé l'IM en 2017 et a notifié l'ensemble de ses conventions fiscales dans une position provisoire révisée sur l'IM transmise au Secrétariat le 24 octobre 2018.

Pour la totalité de ses conventions notifiées aux fins de l'IM, Andorre choisit d'appliquer la disposition de la déclaration du préambule (article 6 de l'IM). Pour cinq de ses conventions notifiées aux fins de l'IM, Andorre choisit d'appliquer la règle COP (article 7 de l'IM). Deux des conventions d'Andorre, celles conclues avec le Portugal et l'Espagne, entrent dans le champ d'une réserve formulée par Andorre conformément à l'article 7(15)(b) de l'IM[1]. Les conventions qui seront modifiées par l'IM deviendront conformes au standard minimum une fois que les dispositions de l'IM auront pris effet.

B. Difficultés de mise en œuvre

Aucune juridiction n'a signalé de préoccupation relative à ses conventions conclues avec Andorre.

Tableau A A.2. Synthèse de la réponse de la juridiction

	Partenaires de convention	Conformité avec le standard	Si conforme, méthode choisie	Signature d'un instrument de mise en conformité	Méthode choisie dans l'instrument de mise en conformité (si différent de l'IM)
1	France	Non	N/C	Oui	N/C
2	Liechtenstein	Non	N/C	Oui	N/C
3	Luxembourg	Non	N/C	Oui	N/C
4	Malte	Non	N/C	Oui	N/C
5	Portugal	Non	N/C	Oui	N/C
6	Espagne	Non	N/C	Oui	N/C
7	Émirats arabes unis	Non	N/C	Oui	N/C

Angola

A. Progrès dans la mise en œuvre du standard minimum

L'Angola n'a aucune convention fiscale en vigueur, comme l'indique sa réponse au questionnaire d'examen par les pairs.

B. Difficultés de mise en œuvre

Aucune juridiction n'a signalé de préoccupation concernant l'Angola.

Anguilla

A. Progrès dans la mise en œuvre du standard minimum

Anguilla compte une convention fiscale en vigueur avec la Suisse, comme l'indique sa réponse au questionnaire d'examen par les pairs.

B. Difficultés de mise en œuvre

Aucune juridiction n'a signalé de préoccupation concernant Anguilla.

Tableau A A.3. Synthèse de la réponse de la juridiction

	Partenaires de convention	Conformité avec le standard	Si conforme, méthode choisie	Signature d'un instrument de mise en conformité	Méthode choisie dans l'instrument de mise en conformité (si différent de l'IM)
1	Suisse	Non	N/C	Non	N/C

Argentine

A. Progrès dans la mise en œuvre du standard minimum

L'Argentine compte 19 conventions fiscales en vigueur, comme l'indique sa réponse au questionnaire d'examen par les pairs. Deux de ces conventions, celles conclues avec le Chili et le Mexique, sont conformes au standard minimum.

L'Argentine a signé l'IM en 2017 et a notifié 16 de ses 19 conventions[2]. L'Argentine a également signé un instrument bilatéral de mise en conformité avec le Brésil.

Concernant ses conventions conformes avec le Chili et le Mexique, le standard minimum est mis en œuvre par l'inclusion de la disposition de la déclaration du préambule et de la règle COP associée à la règle LOB.

Pour 14 de ses conventions notifiées aux fins de l'IM, l'Argentine choisit d'appliquer la disposition de la déclaration du préambule (article 6 de l'IM) et la règle COP (article 7 de l'IM). Deux des conventions de l'Argentine, celles conclues avec le Chili et le Mexique, entrent dans le champ des réserves formulées par l'Argentine conformément à l'article 6(4) et à l'article 7(15)(b) de l'IM[3]. L'Argentine a également opté pour la règle LOB simplifiée au titre de l'article 7(6) de l'IM. Les conventions qui seront modifiées par l'IM deviendront conformes au standard minimum une fois que les dispositions de l'IM auront pris effet.

S'agissant de sa convention faisant l'objet d'un instrument bilatéral de mise en conformité, l'Argentine choisit d'appliquer la disposition de la déclaration du préambule et la règle COP associée à la règle LOB.

L'Argentine a indiqué dans sa réponse au questionnaire d'examen par les pairs que des négociations bilatérales seraient lancées avec le Brésil et l'Allemagne.

B. Difficultés de mise en œuvre

Aucune juridiction n'a signalé de préoccupation relative à ses conventions conclues avec l'Argentine.

Tableau A A.4. Synthèse de la réponse de la juridiction

	Partenaires de convention	Conformité avec le standard	Si conforme, méthode choisie	Signature d'un instrument de mise en conformité	Méthode choisie dans l'instrument de mise en conformité (si différent de l'IM)
1	Australie	Non	N/C	Oui	N/C
2	Belgique	Non	N/C	Oui	N/C
3	Bolivie*	Non	N/C	Non	N/C
4	Brésil	Non	N/C	Oui	COP et LOB
5	Canada	Non	N/C	Oui	N/C
6	Chili	Oui	COP et LOB	N/C	N/C
7	Danemark	Non	N/C	Oui	N/C
8	Finlande	Non	N/C	Oui	N/C
9	France	Non	N/C	Oui	N/C
10	Allemagne	Non	N/C	Non	N/C
11	Italie	Non	N/C	Oui	N/C
12	Mexique	Oui	COP et LOB	N/C	N/C
13	Pays-Bas	Non	N/C	Oui	N/C

	Partenaires de convention	Conformité avec le standard	Si conforme, méthode choisie	Signature d'un instrument de mise en conformité	Méthode choisie dans l'instrument de mise en conformité (si différent de l'IM)
14	Norvège	Non	N/C	Oui	N/C
15	Russie	Non	N/C	Oui	N/C
16	Espagne	Non	N/C	Oui	N/C
17	Suède	Non	N/C	Oui	N/C
18	Suisse	Non	N/C	Oui	N/C
19	Royaume-Uni	Non	N/C	Oui	N/C

Australie

A. Progrès dans la mise en œuvre du standard minimum

L'Australie compte 44 conventions fiscales en vigueur, comme l'indique sa réponse au questionnaire d'examen par les pairs. Sa convention avec l'Allemagne est conforme au standard minimum.

L'Australie a signé l'IM en 2017 et déposé son instrument de ratification auprès du Secrétaire général de l'OCDE le 26 septembre 2018, notifiant 42 de ses 44 conventions fiscales[4]. L'IM est entré en vigueur pour l'Australie le 1er janvier 2019.

Pour sa convention conforme avec l'Allemagne, le standard minimum est appliqué par l'introduction de la disposition de la déclaration du préambule et de la règle COP.

Pour ses 42 conventions notifiées aux fins de l'IM, l'Australie choisit d'appliquer la disposition de la déclaration du préambule (article 6 de l'IM) et la règle COP (article 7 de l'IM). Les conventions qui seront modifiées par l'IM deviendront conformes au standard minimum une fois que les dispositions de l'IM auront pris effet.

B. Difficultés de mise en œuvre

Aucune juridiction n'a signalé de préoccupation relative à ses conventions conclues avec l'Australie.

Tableau A A.5. Synthèse de la réponse de la juridiction

	Partenaires de convention	Conformité avec le standard	Si conforme, méthode choisie	Signature d'un instrument de mise en conformité	Méthode choisie dans l'instrument de mise en conformité (si différent de l'IM)
1	Argentine	Non	N/C	Oui	N/C
2	Autriche	Non	N/C	Oui	N/C
3	Belgique	Non	N/C	Oui	N/C
4	Canada	Non	N/C	Oui	N/C
5	Chili	Non	N/C	Oui	N/C
6	Chine (République populaire de)	Non	N/C	Oui	N/C
7	Taipei chinois*	Non	N/C	Non	N/C
8	République tchèque	Non	N/C	Oui	N/C
9	Danemark	Non	N/C	Oui	N/C
10	Fidji*	Non	N/C	Oui	N/C
11	Finlande	Non	N/C	Oui	N/C
12	France	Non	N/C	Oui	N/C
13	Allemagne	Oui	COP uniquement	N/C	N/C
14	Hongrie	Non	N/C	Oui	N/C
15	Inde	Non	N/C	Oui	N/C
16	Indonésie	Non	N/C	Oui	N/C
17	Irlande	Non	N/C	Oui	N/C
18	Italie	Non	N/C	Oui	N/C
19	Japon	Non	N/C	Oui	N/C
20	Kiribati*	Non	N/C	Oui	N/C
21	Corée	Non	N/C	Oui	N/C

	Partenaires de convention	Conformité avec le standard	Si conforme, méthode choisie	Signature d'un instrument de mise en conformité	Méthode choisie dans l'instrument de mise en conformité (si différent de l'IM)
22	Malaisie	Non	N/C	Oui	N/C
23	Malte	Non	N/C	Oui	N/C
24	Mexique	Non	N/C	Oui	N/C
25	Pays-Bas	Non	N/C	Oui	N/C
26	Nouvelle-Zélande	Non	N/C	Oui	N/C
27	Norvège	Non	N/C	Oui	N/C
28	Papouasie-Nouvelle-Guinée	Non	N/C	Oui	N/C
29	Philippines*	Non	N/C	Oui	N/C
30	Pologne	Non	N/C	Oui	N/C
31	Roumanie	Non	N/C	Oui	N/C
32	Russie	Non	N/C	Oui	N/C
33	Singapour	Non	N/C	Oui	N/C
34	République slovaque	Non	N/C	Oui	N/C
35	Afrique du Sud	Non	N/C	Oui	N/C
36	Espagne	Non	N/C	Oui	N/C
37	Sri Lanka	Non	N/C	Oui	N/C
38	Suède	Non	N/C	Oui	N/C
39	Suisse	Non	N/C	Oui	N/C
40	Thaïlande	Non	N/C	Oui	N/C
41	Turquie	Non	N/C	Oui	N/C
42	Royaume-Uni	Non	N/C	Oui	N/C
43	États-Unis	Non	N/C	Oui	N/C
44	Viet Nam	Non	N/C	Oui	N/C

Autriche

A. Progrès dans la mise en œuvre du standard minimum

L'Autriche compte 90 conventions fiscales en vigueur, comme l'indique sa réponse au questionnaire d'examen par les pairs. Sa convention avec le Liechtenstein est conforme au standard minimum.

L'Autriche a signé l'IM en 2017, notifiant 38 de ses 90 conventions fiscales. L'Autriche a signé un instrument bilatéral de mise en conformité avec le Japon.

Pour sa convention conforme avec le Liechtenstein, le standard minimum est appliqué par l'introduction de la disposition de la déclaration du préambule et de la règle COP.

Pour ses conventions notifiées aux fins de l'IM, l'Autriche choisit d'appliquer la disposition de la déclaration du préambule (article 6 de l'IM) et la règle COP (article 7 de l'IM). Les conventions qui seront modifiées par l'IM deviendront conformes au standard minimum une fois que les dispositions de l'IM auront pris effet.

L'Autriche a déposé son instrument de ratification de l'IM auprès du Secrétaire général de l'OCDE le 22 septembre 2017. L'IM est entré en vigueur pour l'Autriche le 1er juillet 2018.

S'agissant de sa convention avec le Japon faisant l'objet d'un instrument bilatéral de mise en conformité, l'Autriche choisit d'appliquer la disposition de la déclaration du préambule et la règle COP associée à la règle LOB.

L'Autriche a indiqué dans sa réponse au questionnaire d'examen par les pairs que les conventions qui ne font pas l'objet d'un instrument de mise en conformité n'ont pas été notifiées aux fins de l'IM car elles ont été conclues avec des partenaires qui n'ont pas signé l'IM ou qui n'ont pas notifié l'Autriche au moment de la signature par l'Autriche. L'Autriche a également indiqué que des négociations bilatérales seraient engagées avec l'Australie, le Bahreïn, le Brésil, la Corée, le Koweït*, la Nouvelle-Zélande et le Royaume-Uni.

B. Difficultés de mise en œuvre

Aucune juridiction n'a signalé de préoccupation relative à ses conventions conclues avec l'Autriche.

Tableau A A.6. Synthèse de la réponse de la juridiction

	Partenaires de convention	Conformité avec le standard	Si conforme, méthode choisie	Signature d'un instrument de mise en conformité	Méthode choisie dans l'instrument de mise en conformité (si différent de l'IM)
1	Albanie*	Non	N/C	Non	N/C
2	Algérie*	Non	N/C	Non	N/C
3	Arménie*	Non	N/C	Non	N/C
4	Australie	Non	N/C	Non	N/C
5	Azerbaïdjan*	Non	N/C	Non	
6	Bahreïn	Non	N/C	Non	N/C
7	Barbade	Non	N/C	Non	
8	Bélarus*	Non	N/C	Non	N/C
9	Belgique	Non	N/C	Oui	N/C

	Partenaires de convention	Conformité avec le standard	Si conforme, méthode choisie	Signature d'un instrument de mise en conformité	Méthode choisie dans l'instrument de mise en conformité (si différent de l'IM)
10	Belize	Non	N/C	Non	N/C
11	Bosnie-Herzégovine	Non	N/C	Non	N/C
12	Brésil	Non	N/C	Non	N/C
13	Bulgarie	Non	N/C	Oui	N/C
14	Canada	Non	N/C	Oui	N/C
15	Chili	Non	N/C	Oui	N/C
16	Chine (République populaire de)	Non	N/C	Oui	N/C
17	Taipei chinois*	Non	N/C	Non	N/C
18	Croatie	Non	N/C	Oui	N/C
19	Cuba*	Non	N/C	Non	N/C
20	Chypre*	Non	N/C	Oui	N/C
21	République tchèque	Non	N/C	Oui	N/C
22	Danemark	Non	N/C	Non	
23	Égypte	Non	N/C	Non	
24	Estonie	Non	N/C	Oui	N/C
25	Finlande	Non	N/C	Oui	N/C
26	France	Non	N/C	Oui	N/C
27	Géorgie	Non	N/C	Non	
28	Allemagne	Non	N/C	Oui	N/C
29	Grèce	Non	N/C	Oui	N/C
30	Hong Kong (Chine)	Non	N/C	Oui	N/C
31	Hongrie	Non	N/C	Oui	N/C
32	Islande	Non	N/C	Non	
33	Inde	Non	N/C	Oui	N/C
34	Indonésie	Non	N/C	Non	
35	Iran*	Non	N/C	Non	N/C
36	Irlande	Non	N/C	Oui	N/C
37	Israël	Non	N/C	Oui	N/C
38	Italie	Non	N/C	Oui	N/C
39	Japon	Non	N/C	Oui	COP et LOB
40	Kazakhstan	Non	N/C	Non	N/C
41	Corée	Non	N/C	Non	N/C
42	Koweït*	Non	N/C	Non	N/C
43	Kirghizistan*	Non	N/C	Non	N/C
44	Lettonie	Non	N/C	Oui	N/C
45	Libye*	Non	N/C	Non	N/C
46	Liechtenstein	Oui	COP uniquement	N/C	N/C
47	Lituanie	Non	N/C	Oui	N/C
48	Luxembourg	Non	N/C	Oui	N/C
49	Macédoine*	Non	N/C	Non	N/C
50	Malaisie	Non	N/C	Non	N/C
51	Malte	Non	N/C	Oui	N/C
52	Mexique	Non	N/C	Oui	N/C
53	Moldova*	Non	N/C	Non	N/C
54	Mongolie	Non	N/C	Non	N/C
55	Monténégro*	Non	N/C	Non	N/C

	Partenaires de convention	Conformité avec le standard	Si conforme, méthode choisie	Signature d'un instrument de mise en conformité	Méthode choisie dans l'instrument de mise en conformité (si différent de l'IM)
56	Maroc*	Non	N/C	Non	N/C
57	Népal*	Non	N/C	Non	N/C
58	Pays-Bas	Non	N/C	Oui	N/C
59	Nouvelle-Zélande	Non	N/C	Non	N/C
60	Norvège	Non	N/C	Non	N/C
61	Pakistan	Non	N/C	Oui	N/C
62	Philippines*	Non	N/C	Non	N/C
63	Pologne	Non	N/C	Oui	N/C
64	Portugal	Non	N/C	Oui	N/C
65	Qatar	Non	N/C	Non	N/C
66	Roumanie	Non	N/C	Oui	N/C
67	Russie	Non	N/C	Oui	N/C
68	Saint-Marin	Non	N/C	Non	N/C
69	Arabie saoudite	Non	N/C	Non	N/C
70	Serbie	Non	N/C	Oui	N/C
71	Singapour	Non	N/C	Oui	N/C
72	République slovaque	Non	N/C	Oui	N/C
73	Slovénie	Non	N/C	Oui	N/C
74	Afrique du Sud	Non	N/C	Oui	N/C
75	Espagne	Non	N/C	Oui	N/C
76	Suède	Non	N/C	Non	N/C
77	Suisse	Non	N/C	Oui	N/C
78	République arabe syrienne*	Non	N/C	Non	N/C
79	Tadjikistan*	Non	N/C	Non	N/C
80	Thaïlande	Non	N/C	Non	N/C
81	Tunisie	Non	N/C	Non	N/C
82	Turquie	Non	N/C	Oui	N/C
83	Turkménistan*	Non	N/C	Non	N/C
84	Ukraine	Non	N/C	Non	N/C
85	Émirats arabes unis	Non	N/C	Non	N/C
86	Royaume-Uni	Non	N/C	Non	N/C
87	États-Unis	Non	N/C	Non	N/C
88	Ouzbékistan*	Non	N/C	Non	N/C
89	Venezuela*	Non	N/C	Non	N/C
90	Viet Nam	Non	N/C	Non	N/C

Bahamas

A. Progrès dans la mise en œuvre du standard minimum

Les Bahamas n'ont aucune convention fiscale en vigueur, comme l'indique leur réponse au questionnaire d'examen par les pairs.

B. Difficultés de mise en œuvre

Aucune juridiction n'a signalé de préoccupation concernant les Bahamas.

Bahreïn

A. Progrès dans la mise en œuvre du standard minimum

Bahreïn compte 44 conventions fiscales en vigueur, comme l'indique sa réponse au questionnaire d'examen par les pairs.

Bahreïn n'a signé aucun instrument de mise en conformité.

Bahreïn a indiqué dans sa réponse au questionnaire d'examen par les pairs que des négociations bilatérales seraient engagées avec l'Autriche, l'Irlande et la Corée.

Bahreïn a également précisé qu'il se prépare à la signature de l'IM.

B. Difficultés de mise en œuvre

Aucune juridiction n'a signalé de préoccupation relative à ses conventions conclues avec Bahreïn.

Tableau A A.7. Synthèse de la réponse de la juridiction

	Partenaires de convention	Conformité avec le standard	Si conforme, méthode choisie	Signature d'un instrument de mise en conformité	Méthode choisie dans l'instrument de mise en conformité (si différent de l'IM)
1	Algérie*	Non	N/C	Non	N/C
2	Autriche	Non	N/C	Non	N/C
3	Barbade	Non	N/C	Non	N/C
4	Bangladesh*	Non	N/C	Non	N/C
5	Bélarus*	Non	N/C	Non	N/C
6	Belgique	Non	N/C	Non	N/C
7	Bermudes	Non	N/C	Non	N/C
8	Brunei Darussalam	Non	N/C	Non	N/C
9	Bulgarie	Non	N/C	Non	N/C
10	Chine (République populaire de)	Non	N/C	Non	N/C
11	Chypre*	Non	N/C	Non	N/C
12	République tchèque	Non	N/C	Non	N/C
13	Égypte	Non	N/C	Non	N/C
14	Estonie	Non	N/C	Non	N/C
15	France	Non	N/C	Non	N/C
16	Géorgie	Non	N/C	Non	N/C
17	Hongrie	Non	N/C	Non	N/C
18	Iran*	Non	N/C	Non	N/C
19	Irlande	Non	N/C	Non	N/C
20	Île de Man	Non	N/C	Non	N/C
21	Jordanie*	Non	N/C	Non	N/C
22	Corée	Non	N/C	Non	N/C
23	Liban*	Non	N/C	Non	N/C
24	Luxembourg	Non	N/C	Non	N/C
25	Malaisie	Non	N/C	Non	N/C
26	Malte	Non	N/C	Non	N/C
27	Mexique	Non	N/C	Non	N/C

	Partenaires de convention	Conformité avec le standard	Si conforme, méthode choisie	Signature d'un instrument de mise en conformité	Méthode choisie dans l'instrument de mise en conformité (si différent de l'IM)
28	Maroc*	Non	N/C	Non	N/C
29	Pays-Bas	Non	N/C	Non	N/C
30	Pakistan	Non	N/C	Non	N/C
31	Philippines*	Non	N/C	Non	N/C
32	Portugal	Non	N/C	Non	N/C
33	Seychelles	Non	N/C	Non	N/C
34	Singapour	Non	N/C	Non	N/C
35	Sri Lanka	Non	N/C	Non	N/C
36	Soudan*	Non	N/C	Non	N/C
37	République arabe syrienne*	Non	N/C	Non	N/C
38	Tadjikistan*	Non	N/C	Non	N/C
39	Thaïlande	Non	N/C	Non	N/C
40	Turquie	Non	N/C	Non	N/C
41	Turkménistan*	Non	N/C	Non	N/C
42	Royaume-Uni	Non	N/C	Non	N/C
43	Ouzbékistan*	Non	N/C	Non	N/C
44	Yémen*	Non	N/C	Non	N/C

Barbade

A. Progrès dans la mise en œuvre du standard minimum

La Barbade compte 31 conventions fiscales en vigueur, comme l'indique sa réponse au questionnaire d'examen par les pairs, y compris la convention multilatérale entre les membres de la CARICOM conclue avec dix de ses partenaires[5].

La Barbade a signé l'IM en 2018, notifiant 30 de ses 31 conventions fiscales[6].

Pour ses 30 conventions notifiées aux fins de l'IM, la Barbade choisit d'appliquer la disposition de la déclaration du préambule (article 6 de l'IM) et la règle COP (article 7 de l'IM). Les conventions qui seront modifiées par l'IM deviendront conformes au standard minimum une fois que les dispositions de l'IM auront pris effet.

B. Difficultés de mise en œuvre

Aucune juridiction n'a signalé de préoccupation relative à ses conventions conclues avec la Barbade.

Tableau A A.8. Synthèse de la réponse de la juridiction

	Partenaires de convention	Conformité avec le standard	Si conforme, méthode choisie	Signature d'un instrument de mise en conformité	Méthode choisie dans l'instrument de mise en conformité (si différent de l'IM)
1	Antigua-et-Barbuda*	Non	N/C	Oui	N/C
2	Autriche	Non	N/C	Oui	N/C
3	Bahreïn	Non	N/C	Oui	N/C
4	Belize	Non	N/C	Oui	N/C
5	Botswana	Non	N/C	Oui	N/C
6	Canada	Non	N/C	Oui	N/C
7	Chine (République populaire de)	Non	N/C	Oui	N/C
8	Cuba*	Non	N/C	Non	N/C
9	Chypre*	Non	N/C	Oui	N/C
10	République tchèque	Non	N/C	Oui	N/C
11	Dominique*	Non	N/C	Oui	N/C
12	Finlande	Non	N/C	Oui	N/C
13	Grenade*	Non	N/C	Oui	N/C
14	Guyana*	Non	N/C	Oui	N/C
15	Islande	Non	N/C	Oui	N/C
16	Italie	Non	N/C	Oui	N/C
17	Jamaïque	Non	N/C	Oui	N/C
18	Luxembourg	Non	N/C	Oui	N/C
19	Malte	Non	N/C	Oui	N/C
20	Maurice	Non	N/C	Oui	N/C
21	Mexique	Non	N/C	Oui	N/C
22	Pays-Bas	Non	N/C	Oui	N/C
23	Norvège	Non	N/C	Oui	N/C
24	Panama	Non	N/C	Oui	N/C
25	Portugal	Non	N/C	Oui	N/C

	Partenaires de convention	Conformité avec le standard	Si conforme, méthode choisie	Signature d'un instrument de mise en conformité	Méthode choisie dans l'instrument de mise en conformité (si différent de l'IM)
26	Qatar	Non	N/C	Oui	N/C
27	Saint-Kitts-et-Nevis	Non	N/C	Oui	N/C
28	Sainte-Lucie	Non	N/C	Oui	N/C
29	Saint-Vincent-et-les-Grenadines*	Non	N/C	Oui	N/C
30	Saint-Marin	Non	N/C	Oui	N/C
31	Seychelles	Non	N/C	Oui	N/C
32	Singapour	Non	N/C	Oui	N/C
33	Espagne	Non	N/C	Oui	N/C
34	Suède	Non	N/C	Oui	N/C
35	Suisse	Non	N/C	Oui	N/C
36	Trinité-et-Tobago	Non	N/C	Oui	N/C
37	Émirats arabes unis	Non	N/C	Oui	N/C
38	Royaume-Uni	Non	N/C	Oui	N/C
39	États-Unis	Non	N/C	Oui	N/C
40	Venezuela*	Non	N/C	Oui	N/C

Belgique

A. Progrès dans la mise en œuvre du standard minimum

La Belgique compte 95 conventions fiscales en vigueur, comme l'indique sa réponse au questionnaire d'examen par les pairs. La Belgique a signé l'IM en 2017, notifiant 90 de ses 95 conventions fiscales[7]. La Belgique a signé un instrument bilatéral de mise en conformité avec le Japon.

Pour ses 90 conventions notifiées aux fins de l'IM, la Belgique choisit d'appliquer la disposition de la déclaration du préambule (article 6 de l'IM) et la règle COP (article 7 de l'IM). Les conventions qui seront modifiées par l'IM deviendront conformes au standard minimum une fois que les dispositions de l'IM auront pris effet.

Pour sa convention avec le Japon faisant l'objet d'un instrument bilatéral de mise en conformité, la Belgique choisit d'appliquer la disposition de la déclaration du préambule et la règle COP associée à la règle LOB.

La Belgique a indiqué dans sa réponse au questionnaire d'examen par les pairs que des négociations bilatérales seraient engagées avec l'Allemagne, le Japon, les Pays-Bas, la Norvège et la Suisse.

B. Difficultés de mise en œuvre

Aucune juridiction n'a signalé de préoccupation relative à ses conventions conclues avec la Belgique.

Tableau A A.9. Synthèse de la réponse de la juridiction

	Partenaires de convention	Conformité avec le standard	Si conforme, méthode choisie	Signature d'un instrument de mise en conformité	Méthode choisie dans l'instrument de mise en conformité (si différent de l'IM)
1	Albanie*	Non	N/C	Oui	N/C
2	Algérie*	Non	N/C	Oui	N/C
3	Argentine	Non	N/C	Oui	N/C
4	Arménie*	Non	N/C	Oui	N/C
5	Australie	Non	N/C	Oui	N/C
6	Autriche	Non	N/C	Oui	N/C
7	Azerbaïdjan*	Non	N/C	Oui	N/C
8	Bahreïn	Non	N/C	Oui	N/C
9	Bangladesh*	Non	N/C	Oui	N/C
10	Bélarus*	Non	N/C	Oui	N/C
11	Bosnie-Herzégovine*	Non	N/C	Oui	N/C
12	Brésil	Non	N/C	Oui	N/C
13	Bulgarie	Non	N/C	Oui	N/C
14	Canada	Non	N/C	Oui	N/C
15	Chili	Non	N/C	Oui	N/C
16	Chine (République populaire de)	Non	N/C	Oui	N/C
17	Taipei chinois*	Non	N/C	Oui	N/C
18	Congo	Non	N/C	Oui	N/C
19	Côte d'Ivoire	Non	N/C	Oui	N/C

	Partenaires de convention	Conformité avec le standard	Si conforme, méthode choisie	Signature d'un instrument de mise en conformité	Méthode choisie dans l'instrument de mise en conformité (si différent de l'IM)
20	Croatie	Non	N/C	Oui	N/C
21	Chypre*	Non	N/C	Oui	N/C
22	République tchèque	Non	N/C	Oui	N/C
23	Danemark	Non	N/C	Oui	N/C
24	Équateur*	Non	N/C	Oui	N/C
25	Égypte	Non	N/C	Oui	N/C
26	Estonie	Non	N/C	Oui	N/C
27	Finlande	Non	N/C	Oui	N/C
28	France	Non	N/C	Oui	N/C
29	Gabon	Non	N/C	Oui	N/C
30	Géorgie	Non	N/C	Oui	N/C
31	Allemagne	Non	N/C	Non	
32	Ghana*	Non	N/C	Oui	N/C
33	Grèce	Non	N/C	Oui	N/C
34	Hong Kong (Chine)	Non	N/C	Oui	N/C
35	Hongrie	Non	N/C	Oui	N/C
36	Islande	Non	N/C	Oui	N/C
37	Inde	Non	N/C	Oui	N/C
38	Indonésie	Non	N/C	Oui	N/C
39	Irlande	Non	N/C	Oui	N/C
40	Israël	Non	N/C	Oui	N/C
41	Italie	Non	N/C	Oui	N/C
42	Japon	Non	N/C	Oui	COP et LOB
43	Kazakhstan	Non	N/C	Oui	N/C
44	Corée	Non	N/C	Oui	N/C
45	Kosovo*	Non	N/C	Oui	N/C
46	Koweït*	Non	N/C	Oui	N/C
47	Kirghizistan*	Non	N/C	Oui	N/C
48	Lettonie	Non	N/C	Oui	N/C
49	Lituanie	Non	N/C	Oui	N/C
50	Luxembourg	Non	N/C	Oui	N/C
51	Macédoine*	Non	N/C	Oui	N/C
52	Malaisie	Non	N/C	Oui	N/C
53	Malte	Non	N/C	Oui	N/C
54	Maurice	Non	N/C	Oui	N/C
55	Mexique	Non	N/C	Oui	N/C
56	Moldova*	Non	N/C	Oui	N/C
57	Mongolie	Non	N/C	Oui	N/C
58	Monténégro*	Non	N/C	Oui	N/C
59	Maroc*	Non	N/C	Oui	N/C
60	Pays-Bas	Non	N/C	Non	N/C
61	Nouvelle-Zélande	Non	N/C	Oui	N/C
62	Nigéria	Non	N/C	Oui	N/C
63	Norvège	Non	N/C	Non	N/C
64	Pakistan	Non	N/C	Oui	N/C
65	Philippines*	Non	N/C	Oui	N/C
66	Pologne	Non	N/C	Oui	N/C
67	Portugal	Non	N/C	Oui	N/C

	Partenaires de convention	Conformité avec le standard	Si conforme, méthode choisie	Signature d'un instrument de mise en conformité	Méthode choisie dans l'instrument de mise en conformité (si différent de l'IM)
68	Roumanie	Non	N/C	Oui	N/C
69	Russie	Non	N/C	Oui	N/C
70	Rwanda*	Non	N/C	Oui	N/C
71	Saint-Marin	Non	N/C	Oui	N/C
72	Sénégal	Non	N/C	Oui	N/C
73	Serbie	Non	N/C	Oui	N/C
74	Seychelles	Non	N/C	Oui	N/C
75	Singapour	Non	N/C	Oui	N/C
76	République slovaque	Non	N/C	Oui	N/C
77	Slovénie	Non	N/C	Oui	N/C
78	Afrique du Sud	Non	N/C	Oui	N/C
79	Espagne	Non	N/C	Oui	N/C
80	Sri Lanka	Non	N/C	Oui	N/C
81	Suède	Non	N/C	Oui	N/C
82	Suisse	Non	N/C	Non	N/C
83	Tadjikistan*	Non	N/C	Oui	N/C
84	Thaïlande	Non	N/C	Oui	N/C
85	Tunisie	Non	N/C	Oui	N/C
86	Turquie	Non	N/C	Oui	N/C
87	Turkménistan*	Non	N/C	Oui	N/C
88	Ukraine	Non	N/C	Oui	N/C
89	Émirats arabes unis	Non	N/C	Oui	N/C
90	Royaume-Uni	Non	N/C	Oui	N/C
91	États-Unis	Non	N/C	Oui	N/C
92	Uruguay	Non	N/C	Oui	N/C
93	Ouzbékistan*	Non	N/C	Oui	N/C
94	Venezuela*	Non	N/C	Oui	N/C
95	Viet Nam	Non	N/C	Oui	N/C

Belize

A. Progrès dans la mise en œuvre du standard minimum

Le Belize compte quatre conventions fiscales en vigueur, ainsi que l'indique sa réponse au questionnaire d'examen par les pairs, y compris la convention multilatérale entre les membres de la CARICOM conclue avec dix de ses partenaires[8].

Le Belize n'a signé aucun instrument de mise en conformité.

B. Difficultés de mise en œuvre

Aucune juridiction n'a signalé de préoccupation relative à ses conventions conclues avec le Belize.

Tableau A A.10. Synthèse de la réponse de la juridiction

	Partenaires de convention	Conformité avec le standard	Si conforme, méthode choisie	Signature d'un instrument de mise en conformité	Méthode choisie dans l'instrument de mise en conformité (si différent de l'IM)
1	Antigua-et-Barbuda*	Non	N/C	Non	N/C
2	Autriche	Non	N/C	Non	N/C
3	Barbade	Non	N/C	Non	N/C
4	Dominique*	Non	N/C	Non	N/C
5	Grenade*	Non	N/C	Non	N/C
6	Guyana*	Non	N/C	Non	N/C
7	Jamaïque	Non	N/C	Non	N/C
8	Saint-Kitts-et-Nevis	Non	N/C	Non	N/C
9	Sainte-Lucie	Non	N/C	Non	N/C
10	Saint-Vincent-et-les-Grenadines*	Non	N/C	Non	N/C
11	Suisse	Non	N/C	Non	N/C
12	Trinité-et-Tobago	Non	N/C	Non	N/C
13	Royaume-Uni	Non	N/C	Non	N/C

Bénin

A. Progrès dans la mise en œuvre du standard minimum

Le Bénin compte trois conventions fiscales en vigueur, ainsi que l'indique sa réponse au questionnaire d'examen par les pairs, y compris le Règlement multilatéral 08/2008/COM portant adoption des règles visant à éviter la double imposition au sein de l'Union économique et monétaire ouest-africaine et des règles d'assistance en matière fiscale conclu avec sept de ses partenaires[9].

Le Bénin n'a signé aucun instrument de mise en conformité.

B. Difficultés de mise en œuvre

Aucune juridiction n'a signalé de préoccupation relative à ses conventions conclues avec le Bénin.

Tableau A A.11. Synthèse de la réponse de la juridiction

	Partenaires de convention	Conformité avec le standard	Si conforme, méthode choisie	Signature d'un instrument de mise en conformité	Méthode choisie dans l'instrument de mise en conformité (si différent de l'IM)
1	France	Non	N/C	Non	N/C
2	Norvège	Non	N/C	Non	N/C
3	Burkina Faso	Non	N/C	Non	N/C
4	Côte d'Ivoire	Non	N/C	Non	N/C
5	Guinée-Bissau*	Non	N/C	Non	N/C
6	Togo*	Non	N/C	Non	N/C
7	Mali*	Non	N/C	Non	N/C
8	Niger*	Non	N/C	Non	N/C
9	Sénégal	Non	N/C	Non	N/C

Bermudes

A. Progrès dans la mise en œuvre du standard minimum

Les Bermudes comptent deux conventions fiscales en vigueur, comme l'indique leur réponse au questionnaire d'examen par les pairs.

Les Bermudes ont exprimé leur intention d'adhérer à l'IM ou ont signé des instruments de mise en conformité concernant leurs conventions.

B. Difficultés de mise en œuvre

Aucune juridiction n'a signalé de préoccupation relative à ses conventions conclues avec les Bermudes.

Tableau A A.12. Indiquez le titre ici Synthèse de la réponse de la juridiction

	Partenaires de convention	Conformité avec le standard	Si conforme, méthode choisie	Signature d'un instrument de mise en conformité	Méthode choisie dans l'instrument de mise en conformité (si différent de l'IM)
1	Bahreïn	Non	N/C	Non	N/C
2	Seychelles	Non	N/C	Non	N/C

Botswana

A. Progrès dans la mise en œuvre du standard minimum

Le Botswana compte 15 conventions fiscales en vigueur, comme l'indique sa réponse au questionnaire d'examen par les pairs.

Le Botswana n'a signé aucun instrument de mise en conformité.

B. Difficultés de mise en œuvre

Aucune juridiction n'a signalé de préoccupation relative à ses conventions conclues avec le Botswana.

Le Botswana a indiqué dans sa réponse au questionnaire qu'il allait solliciter l'assistance du Secrétariat en vue de préparer la signature de l'IM.

Tableau A A.13. Synthèse de la réponse de la juridiction

	Partenaires de convention	Conformité avec le standard	Si conforme, méthode choisie	Signature d'un instrument de mise en conformité	Méthode choisie dans l'instrument de mise en conformité (si différent de l'IM)
1	Barbade	Non	N/C	Non	N/C
2	France	Non	N/C	Non	N/C
3	Inde	Non	N/C	Non	N/C
4	Irlande	Non	N/C	Non	N/C
5	Maurice	Non	N/C	Non	N/C
6	Mozambique*	Non	N/C	Non	N/C
7	Namibie*	Non	N/C	Non	N/C
8	Russie	Non	N/C	Non	N/C
9	Seychelles	Non	N/C	Non	N/C
10	Afrique du Sud	Non	N/C	Non	N/C
11	Eswatini*	Non	N/C	Non	N/C
12	Suède	Non	N/C	Non	N/C
13	Royaume-Uni	Non	N/C	Non	N/C
14	Zambie	Non	N/C	Non	N/C
15	Zimbabwe*	Non	N/C	Non	N/C

Brésil

A. Progrès dans la mise en œuvre du standard minimum

Le Brésil compte 33 conventions fiscales en vigueur, comme l'indique sa réponse au questionnaire d'examen par les pairs. Le Brésil a signé un instrument de mise en conformité avec l'Argentine.

S'agissant de sa convention avec l'Argentine faisant l'objet d'un instrument bilatéral de mise en conformité, le Brésil choisit d'appliquer la disposition de la déclaration du préambule et la règle COP associée à la règle LOB.

Le Brésil a indiqué dans sa réponse au questionnaire qu'il a pris contact avec l'ensemble de ses partenaires de convention en vue d'engager des négociations bilatérales et que plusieurs négociations sont en cours.

B. Difficultés de mise en œuvre

Aucune juridiction n'a signalé de préoccupation relative à ses conventions conclues avec le Brésil.

Tableau A A.14. Synthèse de la réponse de la juridiction

	Partenaires de convention	Conformité avec le standard	Si conforme, méthode choisie	Signature d'un instrument de mise en conformité	Méthode choisie dans l'instrument de mise en conformité (si différent de l'IM)
1	Argentine	Non	N/C	Oui	COP et LOB
2	Autriche	Non	N/C	Non	N/C
3	Belgique	Non	N/C	Non	N/C
4	Canada	Non	N/C	Non	N/C
5	Chili	Non	N/C	Non	N/C
6	Chine (République populaire de)	Non	N/C	Non	N/C
7	République tchèque	Non	N/C	Non	N/C
8	Danemark	Non	N/C	Non	N/C
9	Équateur*	Non	N/C	Non	N/C
10	Finlande	Non	N/C	Non	N/C
11	France	Non	N/C	Non	N/C
12	Hongrie	Non	N/C	Non	N/C
13	Inde	Non	N/C	Non	N/C
14	Israël	Non	N/C	Non	N/C
15	Italie	Non	N/C	Non	N/C
16	Japon	Non	N/C	Non	N/C
17	Corée	Non	N/C	Non	N/C
18	Luxembourg	Non	N/C	Non	N/C
19	Mexique	Non	N/C	Non	N/C
20	Pays-Bas	Non	N/C	Non	N/C
21	Norvège	Non	N/C	Non	N/C
22	Pérou	Non	N/C	Non	N/C
23	Philippines*	Non	N/C	Non	N/C
24	Portugal	Non	N/C	Non	N/C
25	Russie	Non	N/C	Non	N/C

	Partenaires de convention	Conformité avec le standard	Si conforme, méthode choisie	Signature d'un instrument de mise en conformité	Méthode choisie dans l'instrument de mise en conformité (si différent de l'IM)
26	République slovaque	Non	N/C	Non	N/C
27	Afrique du Sud	Non	N/C	Non	N/C
28	Espagne	Non	N/C	Non	N/C
29	Suède	Non	N/C	Non	N/C
30	Trinité-et-Tobago	Non	N/C	Non	N/C
31	Turquie	Non	N/C	Non	N/C
32	Ukraine	Non	N/C	Non	N/C
33	Venezuela*	Non	N/C	Non	N/C

Îles Vierges britanniques

A. Progrès dans la mise en œuvre du standard minimum

Les Îles Vierges britanniques comptent une convention fiscale en vigueur avec la Suisse, ainsi que l'indique leur réponse au questionnaire d'examen par les pairs.

Les Îles Vierges britanniques n'ont pas signé d'instrument de mise en conformité.

B. Difficultés de mise en œuvre

Aucune juridiction n'a signalé de préoccupation concernant les Îles Vierges britanniques.

Tableau A A.15. Synthèse de la réponse de la juridiction

	Partenaires de convention	Conformité avec le standard	Si conforme, méthode choisie	Signature d'un instrument de mise en conformité	Méthode choisie dans l'instrument de mise en conformité (si différent de l'IM)
1	Suisse	Non	N/C	Non	N/C

Brunei Darussalam

A. Progrès dans la mise en œuvre du standard minimum

Le Brunei Darussalam compte 17 conventions fiscales en vigueur, comme l'indique sa réponse au questionnaire d'examen par les pairs.

Le Brunei Darussalam n'a signé aucun instrument de mise en conformité.

Le Brunei Darussalam a indiqué dans sa réponse au questionnaire qu'il met à jour son Modèle de Convention fiscale afin de l'aligner sur les standards minimums du BEPS qui se rapportent aux conventions fiscales et qu'il envisage de signer l'IM.

B. Difficultés de mise en œuvre

Aucune juridiction n'a signalé de préoccupation relative à ses conventions conclues avec le Brunei Darussalam.

Tableau A A.16. Synthèse de la réponse de la juridiction

	Partenaires de convention	Conformité avec le standard	Si conforme, méthode choisie	Signature d'un instrument de mise en conformité	Méthode choisie dans l'instrument de mise en conformité (si différent de l'IM)
1	Bahreïn	Non	N/C	Non	N/C
2	Chine (République populaire de)	Non	N/C	Non	N/C
3	Hong Kong (Chine)	Non	N/C	Non	N/C
4	Indonésie	Non	N/C	Non	N/C
5	Japon	Non	N/C	Non	N/C
6	Corée	Non	N/C	Non	N/C
7	Koweït*	Non	N/C	Non	N/C
8	République démocratique populaire lao*	Non	N/C	Non	N/C
9	Luxembourg	Non	N/C	Non	N/C
10	Malaisie	Non	N/C	Non	N/C
11	Oman	Non	N/C	Non	N/C
12	Pakistan	Non	N/C	Non	N/C
13	Qatar	Non	N/C	Non	N/C
14	Singapour	Non	N/C	Non	N/C
15	Émirats arabes unis	Non	N/C	Non	N/C
16	Royaume-Uni	Non	N/C	Non	N/C
17	Viet Nam	Non	N/C	Non	N/C

Bulgarie

A. Progrès dans la mise en œuvre du standard minimum

La Bulgarie compte 69 conventions fiscales en vigueur, comme l'indique sa réponse au questionnaire d'examen par les pairs. La Bulgarie a signé l'IM en 2017, notifiant 66 de ses 69 conventions fiscales.

Pour 65 de ses conventions notifiées aux fins de l'IM, la Bulgarie choisit d'appliquer la disposition de la déclaration du préambule (article 6 de l'IM)[10]. Pour ses 66 conventions notifiées aux fins de l'IM, la Bulgarie choisit d'appliquer la règle COP (article 7 de l'IM). La Bulgarie a également opté pour la règle LOB simplifiée au titre de l'article 7(6) de l'IM. Les conventions qui seront modifiées par l'IM deviendront conformes au standard minimum une fois que les dispositions de l'IM auront pris effet.

La Bulgarie a indiqué dans sa réponse au questionnaire d'examen par les pairs que des négociations bilatérales seraient engagées pour ses conventions avec l'Allemagne, la Finlande, Malte, les Pays-Bas et la Suisse.

B. Difficultés de mise en œuvre

Aucune juridiction n'a signalé de préoccupation relative à ses conventions conclues avec la Bulgarie.

Tableau A A.17. Synthèse de la réponse de la juridiction

	Partenaires de convention	Conformité avec le standard	Si conforme, méthode choisie	Signature d'un instrument de mise en conformité	Méthode choisie dans l'instrument de mise en conformité (si différent de l'IM)
1	Albanie*	Non	N/C	Oui	N/C
2	Algérie*	Non	N/C	Oui	N/C
3	Arménie*	Non	N/C	Oui	N/C
4	Autriche	Non	N/C	Oui	N/C
5	Azerbaïdjan*	Non	N/C	Oui	N/C
6	Bahreïn	Non	N/C	Oui	N/C
7	Bélarus*	Non	N/C	Oui	N/C
8	Belgique	Non	N/C	Oui	N/C
9	Canada	Non	N/C	Oui	N/C
10	Chine (République populaire de)	Non	N/C	Oui	N/C
11	Croatie	Non	N/C	Oui	N/C
12	Chypre*	Non	N/C	Oui	N/C
13	République tchèque	Non	N/C	Oui	N/C
14	République populaire démocratique de Corée*	Non	N/C	Oui	N/C
15	Danemark	Non	N/C	Oui	N/C
16	Égypte	Non	N/C	Oui	N/C
17	Estonie	Non	N/C	Oui	N/C
18	Finlande	Non	N/C	Non	N/C
19	France	Non	N/C	Oui	N/C
20	Géorgie	Non	N/C	Oui	N/C
21	Allemagne	Non	N/C	Oui	N/C

	Partenaires de convention	Conformité avec le standard	Si conforme, méthode choisie	Signature d'un instrument de mise en conformité	Méthode choisie dans l'instrument de mise en conformité (si différent de l'IM)
22	Grèce	Non	N/C	Oui	N/C
23	Hongrie	Non	N/C	Oui	N/C
24	Inde	Non	N/C	Oui	N/C
25	Indonésie	Non	N/C	Oui	N/C
26	Iran*	Non	N/C	Oui	N/C
27	Irlande	Non	N/C	Oui	N/C
28	Israël	Non	N/C	Oui	N/C
29	Italie	Non	N/C	Oui	N/C
30	Japon	Non	N/C	Oui	N/C
31	Jordanie*	Non	N/C	Oui	N/C
32	Kazakhstan	Non	N/C	Oui	N/C
33	Corée	Non	N/C	Oui	N/C
34	Koweït*	Non	N/C	Oui	N/C
35	Lettonie	Non	N/C	Oui	N/C
36	Liban*	Non	N/C	Oui	N/C
37	Lituanie	Non	N/C	Oui	N/C
38	Luxembourg	Non	N/C	Oui	N/C
39	Macédoine*	Non	N/C	Oui	N/C
40	Malte	Non	N/C	Non	N/C
41	Moldova*	Non	N/C	Oui	N/C
42	Mongolie	Non	N/C	Oui	N/C
43	Monténégro*	Non	N/C	Oui	N/C
44	Maroc*	Non	N/C	Oui	N/C
45	Pays-Bas	Non	N/C	Non	N/C
46	Norvège	Non	N/C	Oui	N/C
47	Pologne	Non	N/C	Oui	N/C
48	Portugal	Non	N/C	Oui	N/C
49	Qatar	Non	N/C	Oui	N/C
50	Roumanie	Non	N/C	Oui	N/C
51	Russie	Non	N/C	Oui	N/C
52	Serbie	Non	N/C	Oui	N/C
53	Singapour	Non	N/C	Oui	N/C
54	République slovaque	Non	N/C	Oui	N/C
55	Slovénie	Non	N/C	Oui	N/C
56	Afrique du Sud	Non	N/C	Oui	N/C
57	Espagne	Non	N/C	Oui	N/C
58	Suède	Non	N/C	Oui	N/C
59	Suisse	Non	N/C	Oui	N/C
60	République arabe syrienne*	Non	N/C	Oui	N/C
61	Thaïlande	Non	N/C	Oui	N/C
62	Turquie	Non	N/C	Oui	N/C
63	Ukraine	Non	N/C	Oui	N/C
64	Émirats arabes unis	Non	N/C	Oui	N/C
65	Royaume-Uni	Non	N/C	Oui	N/C
66	États-Unis	Non	N/C	Oui	N/C
67	Ouzbékistan*	Non	N/C	Oui	N/C
68	Viet Nam	Non	N/C	Oui	N/C

	Partenaires de convention	Conformité avec le standard	Si conforme, méthode choisie	Signature d'un instrument de mise en conformité	Méthode choisie dans l'instrument de mise en conformité (si différent de l'IM)
69	Zimbabwe*	Non	N/C	Oui	N/C

Burkina Faso

A. Progrès dans la mise en œuvre du standard minimum

Le Burkina Faso compte trois conventions fiscales en vigueur, comme l'indique sa réponse au questionnaire d'examen par les pairs, y compris le Règlement multilatéral n°08/2008/COM portant adoption des règles visant à éviter la double imposition au sein de l'Union économique et monétaire ouest-africaine et des règles d'assistance en matière fiscale conclu avec sept de ses partenaires[11].

Le Burkina Faso a signé l'IM en 2017, notifiant deux de ses trois conventions fiscales[12].

Pour ses deux conventions notifiées aux fins de l'IM, le Burkina Faso choisit d'appliquer la disposition de la déclaration du préambule (article 6 de l'IM) et la règle COP (article 7 de l'IM). Les conventions qui seront modifiées par l'IM deviendront conformes au standard minimum une fois que les dispositions de l'IM auront pris effet.

La convention qui ne fait pas l'objet d'un instrument de mise en conformité n'a pas été notifiée aux fins de l'IM car il s'agit d'un règlement de l'Union économique et monétaire ouest-africaine.

B. Difficultés de mise en œuvre

Aucune juridiction n'a signalé de préoccupation relative à ses conventions conclues avec le Burkina Faso.

Tableau A A.18. Synthèse de la réponse de la juridiction

	Partenaires de convention	Conformité avec le standard	Si conforme, méthode choisie	Signature d'un instrument de mise en conformité	Méthode choisie dans l'instrument de mise en conformité (si différent de l'IM)
1	Bénin	Non	N/C	Non	N/C
2	Côte d'Ivoire	Non	N/C	Non	N/C
3	France	Non	N/C	Oui	N/C
4	Guinée-Bissau*	Non	N/C	Non	N/C
5	Mali*	Non	N/C	Non	N/C
6	Niger*	Non	N/C	Non	N/C
7	Sénégal	Non	N/C	Non	N/C
8	Togo*	Non	N/C	Non	N/C
9	Tunisie	Non	N/C	Oui	N/C

Cameroun

A. Progrès dans la mise en œuvre du standard minimum

Le Cameroun compte quatre conventions fiscales en vigueur, ainsi que l'indique sa réponse au questionnaire d'examen par les pairs. Le Cameroun a signé l'IM en 2017, notifiant ses quatre conventions fiscales[13].

Pour ses quatre conventions notifiées aux fins de l'IM, le Cameroun choisit d'appliquer la disposition de la déclaration du préambule (article 6 de l'IM) et la règle COP (article 7 de l'IM). Toutes les conventions qui seront modifiées par l'IM deviendront conformes au standard minimum une fois que les dispositions de l'IM auront pris effet.

B. Difficultés de mise en œuvre

Aucune juridiction n'a signalé de préoccupation relative à ses conventions conclues avec le Cameroun.

Tableau A A.19. Synthèse de la réponse de la juridiction

	Partenaires de convention	Conformité avec le standard	Si conforme, méthode choisie	Signature d'un instrument de mise en conformité	Méthode choisie dans l'instrument de mise en conformité (si différent de l'IM)	Comments
1	Canada	Non	N/C	Oui	N/C	
2	France	Non	N/C	Oui	N/C	
3	Afrique du Sud	Non	N/C	Oui	N/C	
4	Tunisie	Non	N/C	Oui	N/C	

Canada

A. Progrès dans la mise en œuvre du standard minimum

Le Canada compte 93 conventions fiscales en vigueur, comme l'indique sa réponse au questionnaire d'examen par les pairs. Le Canada a signé l'IM en 2017, notifiant une liste provisoire contenant 75 de ses 93 conventions fiscales.

Pour ses conventions notifiées aux fins de l'IM, le Canada choisit d'appliquer la disposition de la déclaration du préambule (article 6 de l'IM) et la règle COP (article 7 de l'IM). Le Canada a également déclaré, conformément à l'article 7(17)(a) de l'IM, que même s'il accepte l'application de la règle COP aux fins de l'IM, il a l'intention d'adopter, dans la mesure du possible, une règle LOB venant compléter ou remplacer la règle COP via des négociations bilatérales. Les conventions qui seront modifiées par l'IM deviendront conformes au standard minimum une fois que les dispositions de l'IM auront pris effet.

Le Canada a également indiqué dans sa réponse au questionnaire d'examen par les pairs que des négociations bilatérales avaient débuté avec l'Allemagne et la Suisse.

B. Difficultés de mise en œuvre

Aucune juridiction n'a signalé de préoccupation relative à ses conventions conclues avec le Canada.

Tableau A A.20. Synthèse de la réponse de la juridiction

	Partenaires de convention	Conformité avec le standard	Si conforme, méthode choisie	Signature d'un instrument de mise en conformité	Méthode choisie dans l'instrument de mise en conformité (si différent de l'IM)
1	Algérie*	Non	N/C	Non	N/C
2	Argentine	Non	N/C	Oui	N/C
3	Arménie*	Non	N/C	Non	N/C
4	Australie	Non	N/C	Oui	N/C
5	Autriche	Non	N/C	Oui	N/C
6	Azerbaïdjan*	Non	N/C	Oui	N/C
7	Bangladesh*	Non	N/C	Oui	N/C
8	Barbade	Non	N/C	Oui	N/C
9	Belgique	Non	N/C	Oui	N/C
10	Brésil	Non	N/C	Oui	N/C
11	Bulgarie	Non	N/C	Oui	N/C
12	Cameroun	Non	N/C	Oui	N/C
13	Chili	Non	N/C	Oui	N/C
14	Chine (République populaire de)	Non	N/C	Oui	N/C
15	Taipei chinois[14]	Non	N/C	Non	N/C
16	Colombie	Non	N/C	Oui	N/C
17	Côte d'Ivoire	Non	N/C	Non	N/C
18	Croatie	Non	N/C	Oui	N/C
19	Chypre*	Non	N/C	Oui	N/C
20	République tchèque	Non	N/C	Oui	N/C

	Partenaires de convention	Conformité avec le standard	Si conforme, méthode choisie	Signature d'un instrument de mise en conformité	Méthode choisie dans l'instrument de mise en conformité (si différent de l'IM)
21	Danemark	Non	N/C	Oui	N/C
22	République dominicaine*	Non	N/C	Oui	N/C
23	Équateur*	Non	N/C	Non	N/C
24	Égypte	Non	N/C	Oui	N/C
25	Estonie	Non	N/C	Oui	N/C
26	Finlande	Non	N/C	Oui	N/C
27	France	Non	N/C	Oui	N/C
28	Gabon	Non	N/C	Oui	N/C
29	Allemagne	Non	N/C	Non	N/C
30	Grèce	Non	N/C	Oui	N/C
31	Guyana*	Non	N/C	Non	N/C
32	Hong Kong (Chine)	Non	N/C	Oui	N/C
33	Hongrie	Non	N/C	Oui	N/C
34	Islande	Non	N/C	Oui	N/C
35	Inde	Non	N/C	Oui	N/C
36	Indonésie	Non	N/C	Oui	N/C
37	Irlande	Non	N/C	Oui	N/C
38	Israël	Non	N/C	Oui	N/C
39	Italie	Non	N/C	Oui	N/C
40	Jamaïque	Non	N/C	Oui	N/C
41	Japon	Non	N/C	Oui	N/C
42	Jordanie*	Non	N/C	Oui	N/C
43	Kazakhstan	Non	N/C	Oui	N/C
44	Kenya	Non	N/C	Oui	N/C
45	Corée	Non	N/C	Oui	N/C
46	Koweït*	Non	N/C	Non	N/C
47	Kirghizistan*	Non	N/C	Non	N/C
48	Lettonie	Non	N/C	Oui	N/C
49	Lituanie	Non	N/C	Oui	N/C
50	Luxembourg	Non	N/C	Oui	N/C
51	Malaisie	Non	N/C	Oui	N/C
52	Malte	Non	N/C	Oui	N/C
53	Mexique	Non	N/C	Oui	N/C
54	Moldova*	Non	N/C	Oui	N/C
55	Mongolie	Non	N/C	Oui	N/C
56	Maroc*	Non	N/C	Oui	N/C
57	Pays-Bas	Non	N/C	Oui	N/C
58	Nouvelle-Zélande	Non	N/C	Oui	N/C
59	Nigéria	Non	N/C	Oui	N/C
60	Norvège	Non	N/C	Oui	N/C
61	Oman	Non	N/C	Non	N/C
62	Pakistan	Non	N/C	Oui	N/C
63	Papouasie-Nouvelle-Guinée	Non	N/C	Non	N/C
64	Pérou	Non	N/C	Non	N/C
65	Philippines*	Non	N/C	Oui	N/C
66	Pologne	Non	N/C	Oui	N/C

	Partenaires de convention	Conformité avec le standard	Si conforme, méthode choisie	Signature d'un instrument de mise en conformité	Méthode choisie dans l'instrument de mise en conformité (si différent de l'IM)
67	Portugal	Non	N/C	Oui	N/C
68	Roumanie	Non	N/C	Oui	N/C
69	Russie	Non	N/C	Oui	N/C
70	Sénégal	Non	N/C	Oui	N/C
71	Serbie	Non	N/C	Oui	N/C
72	Singapour	Non	N/C	Oui	N/C
73	République slovaque	Non	N/C	Oui	N/C
74	Slovénie	Non	N/C	Oui	N/C
75	Afrique du Sud	Non	N/C	Oui	N/C
76	Espagne	Non	N/C	Oui	N/C
77	Sri Lanka	Non	N/C	Oui	N/C
78	Suède	Non	N/C	Oui	N/C
79	Suisse	Non	N/C	Non	N/C
80	Tanzanie*	Non	N/C	Oui	N/C
81	Thaïlande	Non	N/C	Oui	N/C
82	Trinité-et-Tobago	Non	N/C	Non	N/C
83	Tunisie	Non	N/C	Oui	N/C
84	Turquie	Non	N/C	Oui	N/C
85	Ukraine	Non	N/C	Oui	N/C
86	Émirats arabes unis	Non	N/C	Non	N/C
87	Royaume-Uni	Non	N/C	Oui	N/C
88	États-Unis	Non	N/C	Non	N/C
89	Ouzbékistan*	Non	N/C	Non	N/C
90	Venezuela*	Non	N/C	Non	N/C
91	Viet Nam	Non	N/C	Oui	N/C
92	Zambie	Non	N/C	Oui	N/C
93	Zimbabwe*	Non	N/C	Oui	N/C

Cayman Islands

A. Progress in the implementation of the minimum standard

The Cayman Islands has not any tax agreements, as reported in its response to the Peer Review questionnaire.

B. Implementation issues

No jurisdiction has raised any concerns about the Cayman Islands.

Chili

A. Progrès dans la mise en œuvre du standard minimum

Le Chili compte 32 conventions fiscales en vigueur, comme l'indique sa réponse au questionnaire d'examen par les pairs. Quatre de ces conventions, celles conclues avec l'Argentine, la Chine, l'Italie et le Japon, sont conformes au standard minimum.

Le Chili a signé l'IM en 2017, notifiant la totalité de ses 32 conventions fiscales[15].

Pour les conventions conformes du Chili avec l'Argentine et la Chine, le standard minimum est mis en œuvre par l'inclusion de la disposition de la déclaration du préambule et de la règle COP associée à la règle LOB. Pour ses conventions conformes avec l'Italie et le Japon, le standard minimum est mis en œuvre par l'inclusion de la disposition de la déclaration du préambule et de la règle COP.

Pour 28 de ses conventions notifiées aux fins de l'IM, le Chili choisit d'appliquer la disposition de la déclaration du préambule (article 6 de l'IM) et la règle COP (article 7 de l'IM). Quatre des conventions du Chili, les conventions conformes conclues avec l'Argentine, la Chine, l'Italie et le Japon, entrent dans le champ des réserves formulées par le Chili conformément à l'article 6(4) et à l'article 7(15)(b) de l'IM[16].

Le Chili a également opté pour la règle LOB simplifiée conformément à l'article 7(6) de l'IM et a indiqué que même s'il accepte l'application de la règle COP aux fins de l'IM, il a l'intention dans la mesure du possible d'adopter une règle LOB via des négociations bilatérales. Toutes les conventions qui seront modifiées par l'IM deviendront conformes au standard minimum une fois que les dispositions de l'IM auront pris effet.

B. Difficultés de mise en œuvre

Aucune juridiction n'a signalé de préoccupation relative à ses conventions conclues avec le Chili.

Tableau A A.21. Synthèse de la réponse de la juridiction

	Partenaires de convention	Conformité avec le standard	Si conforme, méthode choisie	Signature d'un instrument de mise en conformité	Méthode choisie dans l'instrument de mise en conformité (si différent de l'IM)
1	Argentine	Oui	COP et LOB	N/C	N/C
2	Australie	Non	N/C	Oui	N/C
3	Autriche	Non	N/C	Oui	N/C
4	Belgique	Non	N/C	Oui	N/C
5	Brésil	Non	N/C	Oui	N/C
6	Canada	Non	N/C	Oui	N/C
7	Chine (République populaire de)	Oui	COP et LOB	N/C	N/C
8	Colombie	Non	N/C	Oui	N/C
9	Croatie	Non	N/C	Oui	N/C
10	République tchèque	Non	N/C	Oui	N/C
11	Danemark	Non	N/C	Oui	N/C
12	Équateur*	Non	N/C	Oui	N/C
13	France	Non	N/C	Oui	N/C

	Partenaires de convention	Conformité avec le standard	Si conforme, méthode choisie	Signature d'un instrument de mise en conformité	Méthode choisie dans l'instrument de mise en conformité (si différent de l'IM)
14	Irlande	Non	N/C	Oui	N/C
15	Italie	Oui	COP	N/C	N/C
16	Japon	Oui	COP	N/C	N/C
17	Corée	Non	N/C	Oui	N/C
18	Malaisie	Non	N/C	Oui	N/C
19	Mexique	Non	N/C	Oui	N/C
20	Nouvelle-Zélande	Non	N/C	Oui	N/C
21	Norvège	Non	N/C	Oui	N/C
22	Paraguay	Non	N/C	Oui	N/C
23	Pérou	Non	N/C	Oui	N/C
24	Pologne	Non	N/C	Oui	N/C
25	Portugal	Non	N/C	Oui	N/C
26	Russie	Non	N/C	Oui	N/C
27	Afrique du Sud	Non	N/C	Oui	N/C
28	Espagne	Non	N/C	Oui	N/C
29	Suède	Non	N/C	Oui	N/C
30	Suisse	Non	N/C	Oui	N/C
31	Thaïlande	Non	N/C	Oui	N/C
32	Royaume-Uni	Non	N/C	Oui	N/C

Chine

A. Progrès dans la mise en œuvre du standard minimum

La Chine compte 101 conventions fiscales en vigueur, comme l'indique sa réponse au questionnaire d'examen par les pairs. Sa convention avec le Chili est conforme au standard minimum.

La Chine a signé l'IM en 2017, notifiant 99 de ses 101 conventions fiscales[17].

Concernant la convention conforme avec le Chili, le standard minimum est mis en œuvre par l'inclusion de la disposition de la déclaration du préambule et de la règle COP associée à la règle LOB.

Pour ses 99 conventions notifiées aux fins de l'IM, la Chine choisit d'appliquer la disposition de la déclaration du préambule (article 6 de l'IM) et la règle COP (article 7 de l'IM). Les conventions qui seront modifiées par l'IM deviendront conformes au standard minimum une fois que les dispositions de l'IM auront pris effet.

La Chine a indiqué que la convention avec l'Inde n'a pas été notifiée aux fins de l'IM car des négociations bilatérales seront engagées.

B. Difficultés de mise en œuvre

Aucune juridiction n'a signalé de préoccupation relative à ses conventions conclues avec la Chine.

Tableau A A.22. Synthèse de la réponse de la juridiction

	Partenaires de convention	Conformité avec le standard	Si conforme, méthode choisie	Signature d'un instrument de mise en conformité	Méthode choisie dans l'instrument de mise en conformité (si différent de l'IM)
1	Albanie*	Non	N/C	Oui	N/C
2	Algérie*	Non	N/C	Oui	N/C
3	Arménie*	Non	N/C	Oui	N/C
4	Australie	Non	N/C	Oui	N/C
5	Autriche	Non	N/C	Oui	N/C
6	Azerbaïdjan*	Non	N/C	Oui	N/C
7	Bahreïn	Non	N/C	Oui	N/C
8	Bangladesh*	Non	N/C	Oui	N/C
9	Barbade	Non	N/C	Oui	N/C
10	Bélarus*	Non	N/C	Oui	N/C
11	Belgique	Non	N/C	Oui	N/C
12	Bosnie-Herzégovine*	Non	N/C	Oui	N/C
13	Brésil	Non	N/C	Oui	N/C
14	Brunei Darussalam	Non	N/C	Oui	N/C
15	Bulgarie	Non	N/C	Oui	N/C
16	Cambodge*	Non	N/C	Oui	N/C
17	Canada	Non	N/C	Oui	N/C
18	Chili	Oui	COP et LOB	N/C	N/C
19	Croatie	Non	N/C	Oui	N/C
20	Cuba*	Non	N/C	Oui	N/C
21	Chypre*	Non	N/C	Oui	N/C

	Partenaires de convention	Conformité avec le standard	Si conforme, méthode choisie	Signature d'un instrument de mise en conformité	Méthode choisie dans l'instrument de mise en conformité (si différent de l'IM)
22	République tchèque	Non	N/C	Oui	N/C
23	Danemark	Non	N/C	Oui	N/C
24	Équateur*	Non	N/C	Oui	N/C
25	Égypte	Non	N/C	Oui	N/C
26	Estonie	Non	N/C	Oui	N/C
27	Éthiopie*	Non	N/C	Oui	N/C
28	Finlande	Non	N/C	Oui	N/C
29	France	Non	N/C	Oui	N/C
30	Géorgie	Non	N/C	Oui	N/C
31	Allemagne	Non	N/C	Oui	N/C
32	Grèce	Non	N/C	Oui	N/C
33	Hongrie	Non	N/C	Oui	N/C
34	Islande	Non	N/C	Oui	N/C
35	Inde	Non	N/C	Non	N/C
36	Indonésie	Non	N/C	Oui	N/C
37	Iran*	Non	N/C	Oui	N/C
38	Irlande	Non	N/C	Oui	N/C
39	Israël	Non	N/C	Oui	N/C
40	Italie	Non	N/C	Oui	N/C
41	Jamaïque	Non	N/C	Oui	N/C
42	Japon	Non	N/C	Oui	N/C
43	Kazakhstan	Non	N/C	Oui	N/C
44	Corée	Non	N/C	Oui	N/C
45	Koweït*	Non	N/C	Oui	N/C
46	Kirghizistan*	Non	N/C	Oui	N/C
47	République démocratique populaire lao*	Non	N/C	Oui	N/C
48	Lettonie	Non	N/C	Oui	N/C
49	Lituanie	Non	N/C	Oui	N/C
50	Luxembourg	Non	N/C	Oui	N/C
51	Macédoine*	Non	N/C	Oui	N/C
52	Malaisie	Non	N/C	Oui	N/C
53	Malte	Non	N/C	Oui	N/C
54	Maurice	Non	N/C	Oui	N/C
55	Mexique	Non	N/C	Oui	N/C
56	Moldova*	Non	N/C	Oui	N/C
57	Mongolie	Non	N/C	Oui	N/C
58	Monténégro*	Non	N/C	Oui	N/C
59	Maroc*	Non	N/C	Oui	N/C
60	Népal*	Non	N/C	Oui	N/C
61	Pays-Bas	Non	N/C	Oui	N/C
62	Nouvelle-Zélande	Non	N/C	Oui	N/C
63	Nigéria	Non	N/C	Oui	N/C
64	Norvège	Non	N/C	Oui	N/C
65	Oman	Non	N/C	Oui	N/C
66	Pakistan	Non	N/C	Oui	N/C
67	Papouasie-Nouvelle-	Non	N/C	Oui	N/C

	Partenaires de convention	Conformité avec le standard	Si conforme, méthode choisie	Signature d'un instrument de mise en conformité	Méthode choisie dans l'instrument de mise en conformité (si différent de l'IM)
	Guinée				
68	Philippines*	Non	N/C	Oui	N/C
69	Pologne	Non	N/C	Oui	N/C
70	Portugal	Non	N/C	Oui	N/C
71	Qatar	Non	N/C	Oui	N/C
72	Roumanie	Non	N/C	Oui	N/C
73	Russie	Non	N/C	Oui	N/C
74	Arabie saoudite	Non	N/C	Oui	N/C
75	Serbie	Non	N/C	Oui	N/C
76	Seychelles	Non	N/C	Oui	N/C
77	Singapour	Non	N/C	Oui	N/C
78	République slovaque	Non	N/C	Oui	N/C
79	Slovénie	Non	N/C	Oui	N/C
80	Afrique du Sud	Non	N/C	Oui	N/C
81	Espagne	Non	N/C	Oui	N/C
82	Sri Lanka	Non	N/C	Oui	N/C
83	Soudan*	Non	N/C	Oui	N/C
84	Suède	Non	N/C	Oui	N/C
85	Suisse	Non	N/C	Oui	N/C
86	République arabe syrienne*	Non	N/C	Oui	N/C
87	Tadjikistan*	Non	N/C	Oui	N/C
88	Thaïlande	Non	N/C	Oui	N/C
89	Trinité-et-Tobago	Non	N/C	Oui	N/C
90	Tunisie	Non	N/C	Oui	N/C
91	Turquie	Non	N/C	Oui	N/C
92	Turkménistan*	Non	N/C	Oui	N/C
93	Ukraine	Non	N/C	Oui	N/C
94	Émirats arabes unis	Non	N/C	Oui	N/C
95	Royaume-Uni	Non	N/C	Oui	N/C
96	États-Unis	Non	N/C	Oui	N/C
97	Ouzbékistan*	Non	N/C	Oui	N/C
98	Venezuela*	Non	N/C	Oui	N/C
99	Viet Nam	Non	N/C	Oui	N/C
100	Zambie	Non	N/C	Oui	N/C
101	Zimbabwe*	Non	N/C	Oui	N/C

Colombie

A. Progrès dans la mise en œuvre du standard minimum

La Colombie compte dix conventions fiscales en vigueur, ainsi que l'indique sa réponse au questionnaire d'examen par les pairs, y compris la Décision 578 de la Commission de la Communauté andine pour les membres de la Communauté andine[18].

La Colombie a signé l'IM en 2017, notifiant neuf de ses dix conventions fiscales[19].

Pour ses neuf conventions notifiées aux fins de l'IM, la Colombie choisit d'appliquer la disposition de la déclaration du préambule (article 6 de l'IM) et la règle COP (article 7 de l'IM). La Colombie a également opté pour la règle LOB simplifiée au titre de l'article 7(6) de l'IM. Les conventions qui seront modifiées par l'IM deviendront conformes au standard minimum une fois que les dispositions de l'IM auront pris effet.

La convention qui ne fait pas l'objet d'un instrument de mise en conformité n'a pas été notifiée aux fins de l'IM car il s'agit d'une Décision de la Commission de la Communauté andine.

B. Difficultés de mise en œuvre

Aucune juridiction n'a signalé de préoccupation relative à ses conventions conclues avec la Colombie.

Tableau A A.23. Synthèse de la réponse de la juridiction

	Partenaires de convention	Conformité avec le standard	Si conforme, méthode choisie	Signature d'un instrument de mise en conformité	Méthode choisie dans l'instrument de mise en conformité (si différent de l'IM)
1	Bolivie*	Non	N/C	Non	N/C
2	Canada	Non	N/C	Oui	N/C
3	Chili	Non	N/C	Oui	N/C
4	République tchèque	Non	N/C	Oui	N/C
5	Équateur*	Non	N/C	Non	N/C
6	Inde	Non	N/C	Oui	N/C
7	Corée	Non	N/C	Oui	N/C
8	Mexique	Non	N/C	Oui	N/C
9	Pérou	Non	N/C	Non	N/C
10	Portugal	Non	N/C	Oui	N/C
11	Espagne	Non	N/C	Oui	N/C
12	Suisse	Non	N/C	Oui	N/C

Congo

A. Progrès dans la mise en œuvre du standard minimum

Le Congo compte trois conventions fiscales en vigueur, comme l'indique sa réponse au questionnaire d'examen par les pairs.

Le Congo n'a signé aucun instrument de mise en conformité.

B. Difficultés de mise en œuvre

Aucune juridiction n'a signalé de préoccupation relative à ses conventions conclues avec le Congo.

Tableau A A.24. Synthèse de la réponse de la juridiction

	Partenaires de convention	Conformité avec le standard	Si conforme, méthode choisie	Signature d'un instrument de mise en conformité	Méthode choisie dans l'instrument de mise en conformité (si différent de l'IM)
1	France	Non	N/C	Non	N/C
2	Italie	Non	N/C	Non	N/C
3	Maurice	Non	N/C	Non	N/C

Costa Rica

A. Progrès dans la mise en œuvre du standard minimum

Le Costa Rica compte deux conventions fiscales en vigueur, comme l'indique sa réponse au questionnaire d'examen par les pairs.

Le Costa Rica a signé l'IM en 2017, notifiant ses deux conventions fiscales[20].

Pour ses deux conventions notifiées aux fins de l'IM, le Costa Rica choisit d'appliquer la disposition de la déclaration du préambule (article 6 de l'IM) et la règle COP (article 7 de l'IM). Toutes les conventions qui seront modifiées par l'IM deviendront conformes au standard minimum une fois que les dispositions de l'IM auront pris effet.

Le Costa Rica a indiqué dans sa réponse au questionnaire d'examen par les pairs que des négociations bilatérales seraient lancées avec l'Allemagne.

B. Difficultés de mise en œuvre

Aucune juridiction n'a signalé de préoccupation relative à ses conventions conclues avec le Costa Rica.

Tableau A A.25. Synthèse de la réponse de la juridiction

	Partenaires de convention	Conformité avec le standard	Si conforme, méthode choisie	Signature d'un instrument de mise en conformité	Méthode choisie dans l'instrument de mise en conformité (si différent de l'IM)
1	Allemagne	Non	N/C	Oui	N/C
2	Espagne	Non	N/C	Oui	N/C

Côte d'Ivoire

A. Progrès dans la mise en œuvre du standard minimum

La Côte d'Ivoire compte 12 conventions fiscales en vigueur, comme l'indique sa réponse au questionnaire d'examen par les pairs, y compris le Règlement multilatéral 08/2008/COM portant adoption des règles visant à éviter la double imposition au sein de l'Union économique et monétaire ouest-africaine et des règles d'assistance en matière fiscale conclu avec sept de ses partenaires[21].

La Côte d'Ivoire a signé l'IM en 2018, notifiant 10 de ses 12 conventions fiscales[22].

Pour ses dix conventions notifiées, la Côte d'Ivoire choisit d'appliquer la disposition de la déclaration du préambule (article 6 de l'IM) et la règle COP (article 7 de l'IM). La Côte d'Ivoire a également opté pour l'application asymétrique de la règle LOB simplifiée conformément à l'article 7(7)(b) de l'IM. Les conventions qui seront modifiées par l'IM deviendront conformes au standard minimum une fois que les dispositions de l'IM auront pris effet.

Le Règlement 08/2008/COM n'a pas été notifié aux fins de l'IM car il s'agit d'un règlement de l'Union économique et monétaire ouest-africaine.

B. Difficultés de mise en œuvre

La convention avec la Suisse n'a pas été notifiée aux fins de l'IM car la Côte d'Ivoire et la Suisse ne sont pas d'accord sur la façon dont l'IM modifie leur convention.

Aucune juridiction n'a signalé de préoccupation relative à ses conventions conclues avec la Côte d'Ivoire.

Tableau A A.26. Synthèse de la réponse de la juridiction

	Partenaires de convention	Conformité avec le standard	Si conforme, méthode choisie	Signature d'un instrument de mise en conformité	Méthode choisie dans l'instrument de mise en conformité (si différent de l'IM)
1	Belgique	Non	N/C	Oui	N/C
2	Bénin	Non	N/C	Non	N/C
3	Burkina Faso	Non	N/C	Non	N/C
4	Canada	Non	N/C	Oui	N/C
5	France	Non	N/C	Oui	N/C
6	Allemagne	Non	N/C	Oui	N/C
7	Guinée-Bissau*	Non	N/C	Non	N/C
8	Italie	Non	N/C	Oui	N/C
9	Mali*	Non	N/C	Non	N/C
10	Maroc*	Non	N/C	Oui	N/C
11	Niger*	Non	N/C	Non	N/C
12	Norvège	Non	N/C	Oui	N/C
13	Portugal	Non	N/C	Oui	N/C
14	Sénégal	Non	N/C	Non	N/C
15	Suisse	Non	N/C	Non	N/C
16	Togo*	Non	N/C	Non	N/C
17	Tunisie	Non	N/C	Oui	N/C
18	Royaume-Uni	Non	N/C	Oui	N/C

Croatie

A. Progrès dans la mise en œuvre du standard minimum

La Croatie compte 62 conventions fiscales en vigueur, comme l'indique sa réponse au questionnaire d'examen par les pairs.

La Croatie a signé l'IM en 2017, notifiant la totalité de ses 62 conventions fiscales.

Pour ses 62 conventions notifiées aux fins de l'IM, la Croatie choisit d'appliquer la disposition de la déclaration du préambule (article 6 de l'IM) et la règle COP (article 7 de l'IM). Toutes les conventions qui seront modifiées par l'IM deviendront conformes au standard minimum une fois que les dispositions de l'IM auront pris effet.

B. Difficultés de mise en œuvre

Aucune juridiction n'a signalé de préoccupation relative à ses conventions conclues avec la Croatie.

Tableau A A.27. Synthèse de la réponse de la juridiction

	Partenaires de convention	Conformité avec le standard	Si conforme, méthode choisie	Signature d'un instrument de mise en conformité	Méthode choisie dans l'instrument de mise en conformité (si différent de l'IM)
1	Albanie*	Non	N/C	Oui	N/C
2	Arménie*	Non	N/C	Oui	N/C
3	Autriche	Non	N/C	Oui	N/C
4	Azerbaïdjan*	Non	N/C	Oui	N/C
5	Bélarus*	Non	N/C	Oui	N/C
6	Belgique	Non	N/C	Oui	N/C
7	Bosnie-Herzégovine*	Non	N/C	Oui	N/C
8	Bulgarie	Non	N/C	Oui	N/C
9	Canada	Non	N/C	Oui	N/C
10	Chili	Non	N/C	Oui	N/C
11	Chine (République populaire de)	Non	N/C	Oui	N/C
12	République tchèque	Non	N/C	Oui	N/C
13	Danemark	Non	N/C	Oui	N/C
14	Estonie	Non	N/C	Oui	N/C
15	Finlande	Non	N/C	Oui	N/C
16	France	Non	N/C	Oui	N/C
17	Géorgie	Non	N/C	Oui	N/C
18	Allemagne	Non	N/C	Oui	N/C
19	Grèce	Non	N/C	Oui	N/C
20	Hongrie	Non	N/C	Oui	N/C
21	Islande	Non	N/C	Oui	N/C
22	Inde	Non	N/C	Oui	N/C
23	Indonésie	Non	N/C	Oui	N/C
24	Iran*	Non	N/C	Oui	N/C
25	Irlande	Non	N/C	Oui	N/C
26	Israël	Non	N/C	Oui	N/C
27	Italie	Non	N/C	Oui	N/C

	Partenaires de convention	Conformité avec le standard	Si conforme, méthode choisie	Signature d'un instrument de mise en conformité	Méthode choisie dans l'instrument de mise en conformité (si différent de l'IM)
28	Jordanie*	Non	N/C	Oui	N/C
29	Corée	Non	N/C	Oui	N/C
30	Kosovo*	Non	N/C	Oui	N/C
31	Koweït*	Non	N/C	Oui	N/C
32	Lettonie	Non	N/C	Oui	N/C
33	Lituanie	Non	N/C	Oui	N/C
34	Luxembourg	Non	N/C	Oui	N/C
35	Macédoine*	Non	N/C	Oui	N/C
36	Malaisie	Non	N/C	Oui	N/C
37	Malte	Non	N/C	Oui	N/C
38	Maurice	Non	N/C	Oui	N/C
39	Moldova*	Non	N/C	Oui	N/C
40	Monténégro*	Non	N/C	Oui	N/C
41	Maroc*	Non	N/C	Oui	N/C
42	Pays-Bas	Non	N/C	Oui	N/C
43	Norvège	Non	N/C	Oui	N/C
44	Oman	Non	N/C	Oui	N/C
45	Pologne	Non	N/C	Oui	N/C
46	Portugal	Non	N/C	Oui	N/C
47	Qatar	Non	N/C	Oui	N/C
48	Roumanie	Non	N/C	Oui	N/C
49	Russie	Non	N/C	Oui	N/C
50	Saint-Marin	Non	N/C	Oui	N/C
51	Serbie	Non	N/C	Oui	N/C
52	République slovaque	Non	N/C	Oui	N/C
53	Slovénie	Non	N/C	Oui	N/C
54	Afrique du Sud	Non	N/C	Oui	N/C
55	Espagne	Non	N/C	Oui	N/C
56	Suède	Non	N/C	Oui	N/C
57	Suisse	Non	N/C	Oui	N/C
58	République arabe syrienne*	Non	N/C	Oui	N/C
59	Turquie	Non	N/C	Oui	N/C
60	Turkménistan*	Non	N/C	Oui	N/C
61	Ukraine	Non	N/C	Oui	N/C
62	Royaume-Uni	Non	N/C	Oui	N/C

Curaçao

A. Progrès dans la mise en œuvre du standard minimum

Le Curaçao compte trois conventions fiscales en vigueur, comme l'indique sa réponse au questionnaire d'examen par les pairs.

Le Curaçao a adhéré à l'IM en 2017, notifiant deux de ses trois conventions fiscales.

Pour ses deux conventions notifiées aux fins de l'IM, le Curaçao choisit d'appliquer la disposition de la déclaration du préambule (article 6 de l'IM) et la règle COP (article 7 de l'IM). Les conventions qui seront modifiées par l'IM deviendront conformes au standard minimum une fois que les dispositions de l'IM auront pris effet.

La convention non notifiée aux fins de l'IM est un instrument régi par le droit interne du Royaume des Pays-Bas.

B. Difficultés de mise en œuvre

Aucune juridiction n'a signalé de préoccupation relative à ses conventions conclues avec le Curaçao.

Tableau A A.28. Synthèse de la réponse de la juridiction

	Partenaires de convention	Conformité avec le standard	Si conforme, méthode choisie	Signature d'un instrument de mise en conformité	Méthode choisie dans l'instrument de mise en conformité (si différent de l'IM)
1	Norvège	Non	N/C	Oui	N/C
2	Pays-Bas	Non	N/C	Non	N/C
3	Malte	Non	N/C	Oui	N/C

République tchèque

A. Progrès dans la mise en œuvre du standard minimum

La République tchèque compte 89 conventions fiscales en vigueur, comme l'indique sa réponse au questionnaire d'examen par les pairs.

La République tchèque a signé l'IM en 2017, notifiant 87 de ses 89 conventions fiscales. La République tchèque a également signé un instrument bilatéral de mise en conformité avec la Corée.

Pour ses 87 conventions notifiées aux fins de l'IM, la République tchèque choisit d'appliquer la disposition de la déclaration du préambule (article 6 de l'IM) et la règle COP (article 7 de l'IM). Les conventions qui seront modifiées par l'IM deviendront conformes au standard minimum une fois que les dispositions de l'IM auront pris effet.

Concernant sa convention faisant l'objet d'un instrument bilatéral de mise en conformité avec la Corée, la République tchèque choisit d'appliquer la disposition de la déclaration du préambule et la règle COP.

B. Difficultés de mise en œuvre

Aucune juridiction n'a signalé de préoccupation relative à ses conventions conclues avec la République tchèque.

Tableau A A.29. Synthèse de la réponse de la juridiction

	Partenaires de convention	Conformité avec le standard	Si conforme, méthode choisie	Signature d'un instrument de mise en conformité	Méthode choisie dans l'instrument de mise en conformité (si différent de l'IM)
1	Albanie*	Non	N/C	Oui	N/C
2	Arménie*	Non	N/C	Oui	N/C
3	Australie	Non	N/C	Oui	N/C
4	Autriche	Non	N/C	Oui	N/C
5	Azerbaïdjan*	Non	N/C	Oui	N/C
6	Bahreïn	Non	N/C	Oui	N/C
7	Barbade	Non	N/C	Oui	N/C
8	Bélarus*	Non	N/C	Oui	N/C
9	Belgique	Non	N/C	Oui	N/C
10	Bosnie-Herzégovine*	Non	N/C	Oui	N/C
11	Brésil	Non	N/C	Oui	N/C
12	Bulgarie	Non	N/C	Oui	N/C
13	Canada	Non	N/C	Oui	N/C
14	Chili	Non	N/C	Oui	N/C
15	Chine (République populaire de)	Non	N/C	Oui	N/C
16	Colombie	Non	N/C	Oui	N/C
17	Croatie	Non	N/C	Oui	N/C
18	Chypre*	Non	N/C	Oui	N/C
19	République populaire démocratique de Corée*	Non	N/C	Oui	N/C
20	Danemark	Non	N/C	Oui	N/C

	Partenaires de convention	Conformité avec le standard	Si conforme, méthode choisie	Signature d'un instrument de mise en conformité	Méthode choisie dans l'instrument de mise en conformité (si différent de l'IM)
21	Égypte	Non	N/C	Oui	N/C
22	Estonie	Non	N/C	Oui	N/C
23	Éthiopie*	Non	N/C	Oui	N/C
24	Finlande	Non	N/C	Oui	N/C
25	France	Non	N/C	Oui	N/C
26	Géorgie	Non	N/C	Oui	N/C
27	Allemagne	Non	N/C	Oui	N/C
28	Grèce	Non	N/C	Oui	N/C
29	Hong Kong (Chine)	Non	N/C	Oui	N/C
30	Hongrie	Non	N/C	Oui	N/C
31	Islande	Non	N/C	Oui	N/C
32	Inde	Non	N/C	Oui	N/C
33	Indonésie	Non	N/C	Oui	N/C
34	Iran*	Non	N/C	Oui	N/C
35	Irlande	Non	N/C	Oui	N/C
36	Israël	Non	N/C	Oui	N/C
37	Italie	Non	N/C	Oui	N/C
38	Japon	Non	N/C	Oui	N/C
39	Jordanie*	Non	N/C	Oui	N/C
40	Kazakhstan	Non	N/C	Oui	N/C
41	Corée	Non	N/C	Oui	COP uniquement
42	Koweït*	Non	N/C	Oui	N/C
43	Lettonie	Non	N/C	Oui	N/C
44	Liban*	Non	N/C	Oui	N/C
45	Liechtenstein	Non	N/C	Oui	N/C
46	Lituanie	Non	N/C	Oui	N/C
47	Luxembourg	Non	N/C	Oui	N/C
48	Macédoine*	Non	N/C	Oui	N/C
49	Malaisie	Non	N/C	Oui	N/C
50	Malte	Non	N/C	Oui	N/C
51	Mexique	Non	N/C	Oui	N/C
52	Moldova*	Non	N/C	Oui	N/C
53	Mongolie	Non	N/C	Oui	N/C
54	Monténégro*	Non	N/C	Oui	N/C
55	Maroc*	Non	N/C	Oui	N/C
56	Pays-Bas	Non	N/C	Oui	N/C
57	Nouvelle-Zélande	Non	N/C	Oui	N/C
58	Nigéria	Non	N/C	Oui	N/C
59	Norvège	Non	N/C	Oui	N/C
60	Pakistan	Non	N/C	Oui	N/C
61	Panama	Non	N/C	Oui	N/C
62	Philippines*	Non	N/C	Oui	N/C
63	Pologne	Non	N/C	Oui	N/C
64	Portugal	Non	N/C	Oui	N/C
65	Roumanie	Non	N/C	Oui	N/C
66	Russie	Non	N/C	Oui	N/C
67	Arabie saoudite	Non	N/C	Oui	N/C
68	Serbie	Non	N/C	Oui	N/C

	Partenaires de convention	Conformité avec le standard	Si conforme, méthode choisie	Signature d'un instrument de mise en conformité	Méthode choisie dans l'instrument de mise en conformité (si différent de l'IM)
69	Singapour	Non	N/C	Oui	N/C
70	République slovaque	Non	N/C	Oui	N/C
71	Slovénie	Non	N/C	Oui	N/C
72	Afrique du Sud	Non	N/C	Oui	N/C
73	Espagne	Non	N/C	Oui	N/C
74	Sri Lanka	Non	N/C	Oui	N/C
75	Suède	Non	N/C	Oui	N/C
76	Suisse	Non	N/C	Oui	N/C
77	République arabe syrienne*	Non	N/C	Oui	N/C
78	Tadjikistan*	Non	N/C	Oui	N/C
79	Thaïlande	Non	N/C	Oui	N/C
80	Tunisie	Non	N/C	Oui	N/C
81	Turquie	Non	N/C	Oui	N/C
82	Turkménistan*	Non	N/C	Non	N/C
83	Ukraine	Non	N/C	Oui	N/C
84	Émirats arabes unis	Non	N/C	Oui	N/C
85	Royaume-Uni	Non	N/C	Oui	N/C
86	États-Unis	Non	N/C	Oui	N/C
87	Ouzbékistan*	Non	N/C	Oui	N/C
88	Venezuela*	Non	N/C	Oui	N/C
89	Viet Nam	Non	N/C	Oui	N/C

République démocratique du Congo

A. Progrès dans la mise en œuvre du standard minimum

La République démocratique du Congo compte deux conventions fiscales en vigueur, ainsi que l'indique sa réponse au questionnaire d'examen par les pairs.

La République démocratique du Congo n'a signé aucun instrument de mise en conformité.

B. Difficultés de mise en œuvre

Aucune juridiction n'a signalé de préoccupation relative à ses conventions conclues avec la République démocratique du Congo.

Tableau A A.30. Synthèse de la réponse de la juridiction

	Partenaires de convention	Conformité avec le standard	Si conforme, méthode choisie	Signature d'un instrument de mise en conformité	Méthode choisie dans l'instrument de mise en conformité (si différent de l'IM)
1	Belgique	Non	N/C	Non	N/C
2	Afrique du Sud	Non	N/C	Non	N/C

Danemark

A. Progrès dans la mise en œuvre du standard minimum

Le Danemark compte 70 conventions fiscales en vigueur, ainsi que l'indique sa réponse au questionnaire d'examen par les pairs, y compris la Convention nordique multilatérale conclue avec la Finlande, l'Islande, la Norvège et la Suède (la "Convention nordique")[23].

Le Danemark a signé l'IM en 2017, notifiant 65 de ses 70 conventions fiscales. Le Danemark a également signé un instrument bilatéral de mise en conformité concernant deux de ses conventions, celles conclues avec le Japon et les Pays-Bas.

Pour ses conventions notifiées aux fins de l'IM, le Danemark choisit d'appliquer la disposition de la déclaration du préambule (article 6 de l'IM) et la règle COP (article 7 de l'IM). Le Danemark a également accepté d'appliquer une règle LOB simplifiée dans ses conventions conclues avec des partenaires qui ont opté pour la règle LOB simplifiée (article 7(7)(a) de l'IM). Les conventions qui seront modifiées par l'IM deviendront conformes au standard minimum une fois que les dispositions de l'IM auront pris effet.

Pour sa convention avec le Japon faisant l'objet d'un instrument bilatéral de mise en conformité, le Danemark choisit d'appliquer la disposition de la déclaration du préambule et la règle COP combinée à la règle LOB. Pour sa convention avec les Pays-Bas faisant l'objet d'un instrument bilatéral de mise en conformité, le Danemark choisit d'appliquer la disposition de la déclaration du préambule et la règle COP.

Le Danemark n'a pas notifié la Convention nordique aux fins de l'IM et a indiqué dans sa réponse au questionnaire d'examen par les pairs que cette convention ferait bientôt l'objet d'un instrument de mise en conformité.

B. Difficultés de mise en œuvre

Aucune juridiction n'a signalé de préoccupation relative à ses conventions conclues avec le Danemark.

Tableau A A.31. Synthèse de la réponse de la juridiction

	Partenaires de convention	Conformité avec le standard	Si conforme, méthode choisie	Signature d'un instrument de mise en conformité	Méthode choisie dans l'instrument de mise en conformité (si différent de l'IM)
1	Argentine	Non	N/C	Oui	N/C
2	Australie	Non	N/C	Oui	N/C
3	Autriche	Non	N/C	Oui	N/C
4	Azerbaïdjan*	Non	N/C	Non	N/C
5	Bangladesh*	Non	N/C	Oui	N/C
6	Bélarus*	Non	N/C	Non	N/C
7	Belgique	Non	N/C	Oui	N/C
8	Brésil	Non	N/C	Oui	N/C
9	Bulgarie	Non	N/C	Oui	N/C
10	Canada	Non	N/C	Oui	N/C
11	Chili	Non	N/C	Oui	N/C
12	Chine (République populaire de)	Non	N/C	Oui	N/C
13	Taipei chinois*	Non	N/C	Oui	N/C

	Partenaires de convention	Conformité avec le standard	Si conforme, méthode choisie	Signature d'un instrument de mise en conformité	Méthode choisie dans l'instrument de mise en conformité (si différent de l'IM)
14	Croatie	Non	N/C	Oui	N/C
15	Chypre*	Non	N/C	Oui	N/C
16	République tchèque	Non	N/C	Oui	N/C
17	Égypte	Non	N/C	Oui	N/C
18	Estonie	Non	N/C	Oui	N/C
19	Finlande	Non	N/C	Non	N/C
20	Géorgie	Non	N/C	Oui	N/C
21	Allemagne	Non	N/C	Oui	N/C
22	Ghana*	Non	N/C	Oui	N/C
23	Grèce	Non	N/C	Oui	N/C
24	Hongrie	Non	N/C	Oui	N/C
25	Islande	Non	N/C	Non	N/C
26	Inde	Non	N/C	Oui	N/C
27	Indonésie	Non	N/C	Oui	N/C
28	Irlande	Non	N/C	Oui	N/C
29	Israël	Non	N/C	Oui	N/C
30	Italie	Non	N/C	Oui	N/C
31	Jamaïque	Non	N/C	Oui	N/C
32	Japon	Non	N/C	Oui	COP et LOB
33	Kenya	Non	N/C	Oui	N/C
34	Corée	Non	N/C	Oui	N/C
35	Koweït*	Non	N/C	Oui	N/C
36	Lettonie	Non	N/C	Oui	N/C
37	Lituanie	Non	N/C	Oui	N/C
38	Luxembourg	Non	N/C	Oui	N/C
39	Macédoine*	Non	N/C	Oui	N/C
40	Malaisie	Non	N/C	Oui	N/C
41	Malte	Non	N/C	Oui	N/C
42	Mexique	Non	N/C	Oui	N/C
43	Monténégro*	Non	N/C	Oui	N/C
44	Maroc*	Non	N/C	Oui	N/C
45	Pays-Bas	Non	N/C	Oui	COP uniquement
46	Nouvelle-Zélande	Non	N/C	Oui	N/C
47	Norvège	Non	N/C	Non	N/C
48	Pakistan	Non	N/C	Oui	N/C
49	Philippines*	Non	N/C	Oui	N/C
50	Pologne	Non	N/C	Oui	N/C
51	Portugal	Non	N/C	Oui	N/C
52	Roumanie	Non	N/C	Oui	N/C
53	Russie	Non	N/C	Oui	N/C
54	Serbie	Non	N/C	Oui	N/C
55	Singapour	Non	N/C	Oui	N/C
56	République slovaque	Non	N/C	Oui	N/C
57	Slovénie	Non	N/C	Oui	N/C
58	Afrique du Sud	Non	N/C	Oui	N/C
59	Sri Lanka	Non	N/C	Oui	N/C

	Partenaires de convention	Conformité avec le standard	Si conforme, méthode choisie	Signature d'un instrument de mise en conformité	Méthode choisie dans l'instrument de mise en conformité (si différent de l'IM)
60	Suède	Non	N/C	Non	N/C
61	Suisse	Non	N/C	Oui	N/C
62	Tanzanie*	Non	N/C	Oui	N/C
63	Thaïlande	Non	N/C	Oui	N/C
64	Trinité-et-Tobago	Non	N/C	Oui	N/C
65	Tunisie	Non	N/C	Oui	N/C
66	Turquie	Non	N/C	Oui	N/C
67	Ouganda*	Non	N/C	Oui	N/C
68	Ukraine	Non	N/C	Oui	N/C
69	Royaume-Uni	Non	N/C	Oui	N/C
70	États-Unis	Non	N/C	Oui	N/C
71	Venezuela*	Non	N/C	Oui	N/C
72	Viet Nam	Non	N/C	Oui	N/C
73	Zambie	Non	N/C	Oui	N/C

Djibouti

A. Progrès dans la mise en œuvre du standard minimum

Djibouti ne compte aucune convention fiscale en vigueur, comme l'indique sa réponse au questionnaire d'examen par les pairs.

B. Difficultés de mise en œuvre

Aucune juridiction n'a soulevé de préoccupation concernant Djibouti.

Égypte

A. Progrès dans la mise en œuvre du standard minimum

L'Égypte compte 57 conventions fiscales en vigueur, comme l'indique sa réponse au questionnaire d'examen par les pairs.

L'Égypte a signé l'IM en 2017, notifiant 55 de ses 57 conventions fiscales.

Pour ses 55 conventions notifiées aux fins de l'IM, l'Égypte choisit d'appliquer la disposition de la déclaration du préambule (article 6 de l'IM) et la règle COP (article 7 de l'IM). Les conventions qui seront modifiées par l'IM deviendront conformes au standard minimum une fois que les dispositions de l'IM auront pris effet.

B. Difficultés de mise en œuvre

Aucune juridiction n'a signalé de préoccupation relative à ses conventions conclues avec l'Égypte.

Tableau A A.32. Synthèse de la réponse de la juridiction

	Partenaires de convention	Conformité avec le standard	Si conforme, méthode choisie	Signature d'un instrument de mise en conformité	Méthode choisie dans l'instrument de mise en conformité (si différent de l'IM)
1	Albanie*	Non	N/C	Oui	N/C
2	Algérie*	Non	N/C	Oui	N/C
3	Autriche	Non	N/C	Oui	N/C
4	Bahreïn	Non	N/C	Oui	N/C
5	Bélarus*	Non	N/C	Oui	N/C
6	Belgique	Non	N/C	Oui	N/C
7	Bulgarie	Non	N/C	Oui	N/C
8	Canada	Non	N/C	Oui	N/C
9	Chine (République populaire de)	Non	N/C	Oui	N/C
10	Chypre*	Non	N/C	Oui	N/C
11	République tchèque	Non	N/C	Oui	N/C
12	Danemark	Non	N/C	Oui	N/C
13	Éthiopie*	Non	N/C	Oui	N/C
14	Finlande	Non	N/C	Oui	N/C
15	France	Non	N/C	Oui	N/C
16	Géorgie	Non	N/C	Oui	N/C
17	Allemagne	Non	N/C	Oui	N/C
18	Grèce	Non	N/C	Oui	N/C
19	Hongrie	Non	N/C	Oui	N/C
20	Inde	Non	N/C	Oui	N/C
21	Indonésie	Non	N/C	Oui	N/C
22	Iraq*	Non	N/C	Oui	N/C
23	Irlande	Non	N/C	Oui	N/C
24	Italie	Non	N/C	Oui	N/C
25	Japon	Non	N/C	Oui	N/C
26	Jordanie*	Non	N/C	Oui	N/C
27	Corée	Non	N/C	Oui	N/C

	Partenaires de convention	Conformité avec le standard	Si conforme, méthode choisie	Signature d'un instrument de mise en conformité	Méthode choisie dans l'instrument de mise en conformité (si différent de l'IM)
28	Koweït*	Non	N/C	Oui	N/C
29	Liban*	Non	N/C	Oui	N/C
30	Libye*	Non	N/C	Oui	N/C
31	Malaisie	Non	N/C	Oui	N/C
32	Malte	Non	N/C	Oui	N/C
33	Maurice	Non	N/C	Oui	N/C
34	Maroc*	Non	N/C	Oui	N/C
35	Pays-Bas	Non	N/C	Oui	N/C
36	Norvège	Non	N/C	Oui	N/C
37	Pakistan	Non	N/C	Oui	N/C
38	Autorité palestinienne*	Non	N/C	Oui	N/C
39	Pologne	Non	N/C	Oui	N/C
40	Roumanie	Non	N/C	Oui	N/C
41	Russie	Non	N/C	Oui	N/C
42	Arabie saoudite	Non	N/C	Non	N/C
43	Serbie	Non	N/C	Oui	N/C
44	Singapour	Non	N/C	Oui	N/C
45	Afrique du Sud	Non	N/C	Oui	N/C
46	Espagne	Non	N/C	Oui	N/C
47	Soudan*	Non	N/C	Oui	N/C
48	Suède	Non	N/C	Oui	N/C
49	Suisse	Non	N/C	Oui	N/C
50	République arabe syrienne*	Non	N/C	Oui	N/C
51	Tunisie	Non	N/C	Oui	N/C
52	Turquie	Non	N/C	Oui	N/C
53	Ukraine	Non	N/C	Oui	N/C
54	Émirats arabes unis	Non	N/C	Oui	N/C
55	Royaume-Uni	Non	N/C	Oui	N/C
56	États-Unis	Non	N/C	Non	N/C
57	Yémen*	Non	N/C	Oui	N/C

Estonie

A. Progrès dans la mise en œuvre du standard minimum

L'Estonie compte 58 conventions fiscales en vigueur, comme l'indique sa réponse au questionnaire d'examen par les pairs.

L'Estonie a signé l'IM en 2018, notifiant 56 de ses 58 conventions fiscales[24].

Pour ses 56 conventions notifiées aux fins de l'IM, l'Estonie choisit d'appliquer la disposition de la déclaration du préambule (article 6 de l'IM) et la règle COP (article 7 de l'IM). Les conventions qui seront modifiées par l'IM deviendront conformes au standard minimum une fois que les dispositions de l'IM auront pris effet.

L'Estonie a indiqué que ses conventions avec l'Allemagne et la Suisse n'ont pas été notifiées aux fins de l'IM car des négociations bilatérales seront engagées.

B. Difficultés de mise en œuvre

Aucune juridiction n'a signalé de préoccupation relative à ses conventions conclues avec l'Estonie.

Tableau A A.33. Synthèse de la réponse de la juridiction

	Partenaires de convention	Conformité avec le standard	Si conforme, méthode choisie	Signature d'un instrument de mise en conformité	Méthode choisie dans l'instrument de mise en conformité (si différent de l'IM)
1	Albanie*	Non	N/C	Oui	N/C
2	Arménie*	Non	N/C	Oui	N/C
3	Autriche	Non	N/C	Oui	N/C
4	Azerbaïdjan*	Non	N/C	Oui	N/C
5	Bahreïn	Non	N/C	Oui	N/C
6	Bélarus*	Non	N/C	Oui	N/C
7	Belgique	Non	N/C	Oui	N/C
8	Bulgarie	Non	N/C	Oui	N/C
9	Canada	Non	N/C	Oui	N/C
10	Chine (République populaire de)	Non	N/C	Oui	N/C
11	Croatie	Non	N/C	Oui	N/C
12	Chypre*	Non	N/C	Oui	N/C
13	République tchèque	Non	N/C	Oui	N/C
14	Danemark	Non	N/C	Oui	N/C
15	Finlande	Non	N/C	Oui	N/C
16	France	Non	N/C	Oui	N/C
17	Géorgie	Non	N/C	Oui	N/C
18	Allemagne	Non	N/C	N/C	N/C
19	Grèce	Non	N/C	Oui	N/C
20	Hongrie	Non	N/C	Oui	N/C
21	Islande	Non	N/C	Oui	N/C
22	Inde	Non	N/C	Oui	N/C
23	Irlande	Non	N/C	Oui	N/C
24	Île de Man	Non	N/C	Oui	N/C
25	Israël	Non	N/C	Oui	N/C

	Partenaires de convention	Conformité avec le standard	Si conforme, méthode choisie	Signature d'un instrument de mise en conformité	Méthode choisie dans l'instrument de mise en conformité (si différent de l'IM)
26	Italie	Non	N/C	Oui	N/C
27	Jersey	Non	N/C	Oui	N/C
28	Kazakhstan	Non	N/C	Oui	N/C
29	Corée	Non	N/C	Oui	N/C
30	Kirghizistan*	Non	N/C	Oui	N/C
31	Lettonie	Non	N/C	Oui	N/C
32	Lituanie	Non	N/C	Oui	N/C
33	Luxembourg	Non	N/C	Oui	N/C
34	Macédoine*	Non	N/C	Oui	N/C
35	Malte	Non	N/C	Oui	N/C
36	Mexique	Non	N/C	Oui	N/C
37	Moldova*	Non	N/C	Oui	N/C
38	Pays-Bas	Non	N/C	Oui	N/C
39	Norvège	Non	N/C	Oui	N/C
40	Pologne	Non	N/C	Oui	N/C
41	Portugal	Non	N/C	Oui	N/C
42	Roumanie	Non	N/C	Oui	N/C
43	Serbie	Non	N/C	Oui	N/C
44	Singapour	Non	N/C	Oui	N/C
45	République slovaque	Non	N/C	Oui	N/C
46	Slovénie	Non	N/C	Oui	N/C
47	Espagne	Non	N/C	Oui	N/C
48	Suède	Non	N/C	Oui	N/C
49	Suisse	Non	N/C	Non	N/C
50	Thaïlande	Non	N/C	Oui	N/C
51	Turquie	Non	N/C	Oui	N/C
52	Turkménistan*	Non	N/C	Oui	N/C
53	Ukraine	Non	N/C	Oui	N/C
54	Émirats arabes unis	Non	N/C	Oui	N/C
55	Royaume-Uni	Non	N/C	Oui	N/C
56	États-Unis	Non	N/C	Oui	N/C
57	Ouzbékistan*	Non	N/C	Oui	N/C
58	Viet Nam	Non	N/C	Oui	N/C

Finlande

A. Progrès dans la mise en œuvre du standard minimum

La Finlande compte 73 conventions fiscales en vigueur, ainsi que l'indique sa réponse au questionnaire d'examen par les pairs, y compris la Convention nordique multilatérale conclue avec le Danemark, les Îles Féroé, l'Islande, la Norvège et la Suède (la "Convention nordique")[25].

La Finlande a signé l'IM en 2017, notifiant 71 de ses 73 conventions fiscales.

Pour ses conventions notifiées aux fins de l'IM, la Finlande choisit d'appliquer la disposition de la déclaration du préambule (article 6 de l'IM) et la règle COP (article 7 de l'IM). Les conventions qui seront modifiées par l'IM deviendront conformes au standard minimum une fois que les dispositions de l'IM auront pris effet.

La Finlande n'a pas notifié la Convention nordique aux fins de l'IM et a indiqué dans son questionnaire d'examen par les pairs que cette convention ferait bientôt l'objet d'un instrument de mise en conformité. La Finlande a également indiqué dans sa réponse au questionnaire d'examen par les pairs que sa convention avec la Bulgarie est en cours de renégociation.

B. Difficultés de mise en œuvre

Aucune juridiction n'a signalé de préoccupation relative à ses conventions conclues avec la Finlande.

Tableau A A.34. Synthèse de la réponse de la juridiction

	Partenaires de convention	Conformité avec le standard	Si conforme, méthode choisie	Signature d'un instrument de mise en conformité	Méthode choisie dans l'instrument de mise en conformité (si différent de l'IM)
1	Argentine	Non	N/C	Oui	N/C
2	Arménie*	Non	N/C	Oui	N/C
3	Australie	Non	N/C	Oui	N/C
4	Autriche	Non	N/C	Oui	N/C
5	Azerbaïdjan*	Non	N/C	Oui	N/C
6	Barbade	Non	N/C	Oui	N/C
7	Bélarus*	Non	N/C	Oui	N/C
8	Belgique	Non	N/C	Oui	N/C
9	Bosnie-Herzégovine*	Non	N/C	Oui	N/C
10	Brésil	Non	N/C	Oui	N/C
11	Bulgarie	Non	N/C	Non	N/C
12	Canada	Non	N/C	Oui	N/C
13	Chine (République populaire de)	Non	N/C	Oui	N/C
14	Croatie	Non	N/C	Oui	N/C
15	Chypre*	Non	N/C	Oui	N/C
16	République tchèque	Non	N/C	Oui	N/C
17	Danemark	Non	N/C	Non	N/C
18	Égypte	Non	N/C	Oui	N/C
19	Estonie	Non	N/C	Oui	N/C

	Partenaires de convention	Conformité avec le standard	Si conforme, méthode choisie	Signature d'un instrument de mise en conformité	Méthode choisie dans l'instrument de mise en conformité (si différent de l'IM)
20	Îles Féroé*	Non	N/C	Non	N/C
21	France	Non	N/C	Oui	N/C
22	Géorgie	Non	N/C	Oui	N/C
23	Allemagne	Non	N/C	Oui	N/C
24	Grèce	Non	N/C	Oui	N/C
25	Hongrie	Non	N/C	Oui	N/C
26	Islande	Non	N/C	Non	N/C
27	Inde	Non	N/C	Oui	N/C
28	Indonésie	Non	N/C	Oui	N/C
29	Irlande	Non	N/C	Oui	N/C
30	Israël	Non	N/C	Oui	N/C
31	Italie	Non	N/C	Oui	N/C
32	Japon	Non	N/C	Oui	N/C
33	Kazakhstan	Non	N/C	Oui	N/C
34	Corée	Non	N/C	Oui	N/C
35	Kosovo*	Non	N/C	Oui	N/C
36	Kirghizistan*	Non	N/C	Oui	N/C
37	Lettonie	Non	N/C	Oui	N/C
38	Lituanie	Non	N/C	Oui	N/C
39	Luxembourg	Non	N/C	Oui	N/C
40	Macédoine*	Non	N/C	Oui	N/C
41	Malaisie	Non	N/C	Oui	N/C
42	Malte	Non	N/C	Oui	N/C
43	Mexique	Non	N/C	Oui	N/C
44	Moldova*	Non	N/C	Oui	N/C
45	Monténégro*	Non	N/C	Oui	N/C
46	Maroc*	Non	N/C	Oui	N/C
47	Pays-Bas	Non	N/C	Oui	N/C
48	Nouvelle-Zélande	Non	N/C	Oui	N/C
49	Norvège	Non	N/C	Non	N/C
50	Pakistan	Non	N/C	Oui	N/C
51	Philippines*	Non	N/C	Oui	N/C
52	Pologne	Non	N/C	Oui	N/C
53	Portugal	Non	N/C	Oui	N/C
54	Roumanie	Non	N/C	Oui	N/C
55	Russie	Non	N/C	Oui	N/C
56	Serbie	Non	N/C	Oui	N/C
57	Singapour	Non	N/C	Oui	N/C
58	République slovaque	Non	N/C	Oui	N/C
59	Slovénie	Non	N/C	Oui	N/C
60	Afrique du Sud	Non	N/C	Oui	N/C
61	Espagne	Non	N/C	Oui	N/C
62	Sri Lanka	Non	N/C	Oui	N/C
63	Suède	Non	N/C	Non	N/C
64	Suisse	Non	N/C	Oui	N/C
65	Tadjikistan*	Non	N/C	Oui	N/C
66	Tanzanie	Non	N/C	Oui	N/C
67	Thaïlande	Non	N/C	Oui	N/C

	Partenaires de convention	Conformité avec le standard	Si conforme, méthode choisie	Signature d'un instrument de mise en conformité	Méthode choisie dans l'instrument de mise en conformité (si différent de l'IM)
68	Turquie	Non	N/C	Oui	N/C
69	Turkménistan*	Non	N/C	Oui	N/C
70	Ukraine	Non	N/C	Oui	N/C
71	Émirats arabes unis	Non	N/C	Oui	N/C
72	Royaume-Uni	Non	N/C	Oui	N/C
73	États-Unis	Non	N/C	Oui	N/C
74	Uruguay	Non	N/C	Oui	N/C
75	Ouzbékistan*	Non	N/C	Oui	N/C
76	Viet Nam	Non	N/C	Oui	N/C
77	Zambie	Non	N/C	Oui	N/C

France

A. Progrès dans la mise en œuvre du standard minimum

La France compte 118 conventions fiscales en vigueur, comme l'indique sa réponse au questionnaire d'examen par les pairs.

La France a signé l'IM en 2017, dressant une liste provisoire contenant 87 de ses 118 conventions[26].

Pour ses 87 conventions notifiées aux fins de l'IM, la France choisit d'appliquer la disposition de la déclaration du préambule (article 6 de l'IM) et la règle COP (article 7 de l'IM). Les conventions qui seront modifiées par l'IM deviendront conformes au standard minimum une fois que les dispositions de l'IM auront pris effet.

La France a déposé son instrument de ratification auprès du Secrétaire général de l'OCDE le 26 septembre 2018[27]. L'IM est entré en vigueur pour la France le 1er janvier 2019.

La France a indiqué que ses conventions ne faisant pas l'objet d'un instrument de mise en conformité n'avaient pas encore été notifiées aux fins de l'IM car elles étaient conclues avec des partenaires qui n'étaient pas membres du Groupe ad hoc au moment où la France a signé l'IM.

B. Difficultés de mise en œuvre

Aucune juridiction n'a signalé de préoccupation relative à ses conventions conclues avec la France.

Tableau A A.35. Synthèse de la réponse de la juridiction

	Partenaires de convention	Conformité avec le standard	Si conforme, méthode choisie	Signature d'un instrument de mise en conformité	Méthode choisie dans l'instrument de mise en conformité (si différent de l'IM)
1	Albanie*	Non	N/C	Non	N/C
2	Algérie*	Non	N/C	Non	N/C
3	Andorre	Non	N/C	Oui	N/C
4	Argentine	Non	N/C	Oui	N/C
5	Arménie*	Non	N/C	Oui	N/C
6	Australie	Non	N/C	Oui	N/C
7	Autriche	Non	N/C	Oui	N/C
8	Azerbaïdjan*	Non	N/C	Oui	N/C
9	Bahreïn	Non	N/C	Non	N/C
10	Bangladesh*	Non	N/C	Oui	N/C
11	Bélarus*	Non	N/C	Non	N/C
12	Belgique	Non	N/C	Oui	N/C
13	Bénin	Non	N/C	Oui	N/C
14	Bolivie*	Non	N/C	Non	N/C
15	Bosnie-Herzégovine*	Non	N/C	Oui	N/C
16	Botswana	Non	N/C	Non	N/C
17	Brésil	Non	N/C	Oui	N/C
18	Bulgarie	Non	N/C	Oui	N/C
19	Burkina Faso	Non	N/C	Oui	N/C
20	Cameroun	Non	N/C	Oui	N/C

	Partenaires de convention	Conformité avec le standard	Si conforme, méthode choisie	Signature d'un instrument de mise en conformité	Méthode choisie dans l'instrument de mise en conformité (si différent de l'IM)
21	Canada	Non	N/C	Oui	N/C
22	République centrafricaine*	Non	N/C	Non	N/C
23	Chili	Non	N/C	Oui	N/C
24	Chine (République populaire de)	Non	N/C	Oui	N/C
25	Congo	Non	N/C	Non	N/C
26	Côte d'Ivoire	Non	N/C	Oui	N/C
27	Croatie	Non	N/C	Oui	N/C
28	Chypre*	Non	N/C	Oui	N/C
29	République tchèque	Non	N/C	Oui	N/C
30	Équateur*	Non	N/C	Non	N/C
31	Égypte	Non	N/C	Oui	N/C
32	Estonie	Non	N/C	Oui	N/C
33	Éthiopie*	Non	N/C	Non	N/C
34	Finlande	Non	N/C	Oui	N/C
35	Gabon	Non	N/C	Oui	N/C
36	Géorgie	Non	N/C	Oui	N/C
37	Allemagne	Non	N/C	Oui	N/C
38	Ghana*	Non	N/C	Non	N/C
39	Grèce	Non	N/C	Oui	N/C
40	Guinée*	Non	N/C	Non	N/C
41	Hong Kong (Chine)	Non	N/C	Oui	N/C
42	Hongrie	Non	N/C	Oui	N/C
43	Islande	Non	N/C	Oui	N/C
44	Inde	Non	N/C	Oui	N/C
45	Indonésie	Non	N/C	Oui	N/C
46	Iran*	Non	N/C	Non	N/C
47	Irlande	Non	N/C	Oui	N/C
48	Israël	Non	N/C	Oui	N/C
49	Italie	Non	N/C	Oui	N/C
50	Jamaïque	Non	N/C	Oui	N/C
51	Japon	Non	N/C	Oui	N/C
52	Jordanie*	Non	N/C	Oui	N/C
53	Kazakhstan	Non	N/C	Oui	N/C
54	Kenya	Non	N/C	Oui	N/C
55	Corée	Non	N/C	Oui	N/C
56	Kosovo*	Non	N/C	Non	N/C
57	Koweït*	Non	N/C	Oui	N/C
58	Kirghizistan*	Non	N/C	Non	N/C
59	Lettonie	Non	N/C	Oui	N/C
60	Liban*	Non	N/C	Oui	N/C
61	Libye*	Non	N/C	Non	N/C
62	Lituanie	Non	N/C	Oui	N/C
63	Luxembourg	Non	N/C	Oui	N/C
64	Macédoine*	Non	N/C	Non	N/C
65	Madagascar*	Non	N/C	Non	N/C
66	Malawi*	Non	N/C	Non	N/C

	Partenaires de convention	Conformité avec le standard	Si conforme, méthode choisie	Signature d'un instrument de mise en conformité	Méthode choisie dans l'instrument de mise en conformité (si différent de l'IM)
67	Malaisie	Non	N/C	Oui	N/C
68	Mali*	Non	N/C	Non	N/C
69	Malte	Non	N/C	Oui	N/C
70	Mauritanie*	Non	N/C	Oui	N/C
71	Maurice	Non	N/C	Oui	N/C
72	Mexique	Non	N/C	Oui	N/C
73	Monaco	Non	N/C	Oui	N/C
74	Mongolie	Non	N/C	Oui	N/C
75	Monténégro*	Non	N/C	Non	N/C
76	Maroc*	Non	N/C	Oui	N/C
77	Namibie*	Non	N/C	Non	N/C
78	Pays-Bas	Non	N/C	Oui	N/C
79	Nouvelle-Zélande	Non	N/C	Oui	N/C
80	Niger*	Non	N/C	Non	N/C
81	Nigéria	Non	N/C	Oui	N/C
82	Norvège	Non	N/C	Oui	N/C
83	Oman	Non	N/C	Non	N/C
84	Pakistan	Non	N/C	Oui	N/C
85	Panama	Non	N/C	Non	N/C
86	Philippines*	Non	N/C	Oui	N/C
87	Pologne	Non	N/C	Oui	N/C
88	Portugal	Non	N/C	Oui	N/C
89	Qatar	Non	N/C	Oui	N/C
90	Roumanie	Non	N/C	Oui	N/C
91	Russie	Non	N/C	Oui	N/C
92	Arabie saoudite	Non	N/C	Oui	N/C
93	Sénégal	Non	N/C	Oui	N/C
94	Serbie	Non	N/C	Oui	N/C
95	Singapour	Non	N/C	Oui	N/C
96	République slovaque	Non	N/C	Oui	N/C
97	Slovénie	Non	N/C	Oui	N/C
98	Afrique du Sud	Non	N/C	Oui	N/C
99	Espagne	Non	N/C	Oui	N/C
100	Sri Lanka	Non	N/C	Oui	N/C
101	Suède	Non	N/C	Oui	N/C
102	Suisse	Non	N/C	Oui	N/C
103	République arabe syrienne*	Non	N/C	Non	N/C
104	Thaïlande	Non	N/C	Oui	N/C
105	Togo*	Non	N/C	Non	N/C
106	Trinité-et-Tobago	Non	N/C	Non	N/C
107	Tunisie	Non	N/C	Oui	N/C
108	Turquie	Non	N/C	Oui	N/C
109	Turkménistan*	Non	N/C	Non	N/C
110	Ukraine	Non	N/C	Oui	N/C
111	Émirats arabes unis	Non	N/C	Oui	N/C
112	Royaume-Uni	Non	N/C	Oui	N/C
113	États-Unis	Non	N/C	Oui	N/C

	Partenaires de convention	Conformité avec le standard	Si conforme, méthode choisie	Signature d'un instrument de mise en conformité	Méthode choisie dans l'instrument de mise en conformité (si différent de l'IM)
114	Ouzbékistan*	Non	N/C	Non	N/C
115	Venezuela*	Non	N/C	Non	N/C
116	Viet Nam	Non	N/C	Oui	N/C
117	Zambie	Non	N/C	Oui	N/C
118	Zimbabwe*	Non	N/C	Oui	N/C

Gabon

A. Progrès dans la mise en œuvre du standard minimum

Le Gabon compte quatre conventions fiscales en vigueur, comme l'indique sa réponse au questionnaire d'examen par les pairs.

Le Gabon a signé l'IM en 2017, notifiant toutes ses conventions fiscales.

Pour ses conventions notifiées aux fins de l'IM, le Gabon choisit d'appliquer la disposition de la déclaration du préambule (article 6 de l'IM) et la règle COP (article 7 de l'IM). Les conventions qui seront modifiées par l'IM deviendront conformes au standard minimum une fois que les dispositions de l'IM auront pris effet.

B. Difficultés de mise en œuvre

Aucune juridiction n'a signalé de préoccupation relative à ses conventions conclues avec le Gabon.

Tableau A A.36. Synthèse de la réponse de la juridiction

	Partenaires de convention	Conformité avec le standard	Si conforme, méthode choisie	Signature d'un instrument de mise en conformité	Méthode choisie dans l'instrument de mise en conformité (si différent de l'IM)
1	Belgique	Non	N/C	Oui	N/C
2	Canada	Non	N/C	Oui	N/C
3	France	Non	N/C	Oui	N/C
4	Maroc*	Non	N/C	Oui	N/C

Géorgie

A. Progrès dans la mise en œuvre du standard minimum

La Géorgie compte 54 conventions fiscales en vigueur, comme l'indique sa réponse au questionnaire d'examen par les pairs.

La Géorgie a signé l'IM en 2017, notifiant 34 de ses 54 conventions fiscales.

Pour ses conventions notifiées aux fins de l'IM, la Géorgie choisit d'appliquer la disposition de la déclaration du préambule (article 6 de l'IM) et la règle COP (article 7 de l'IM). Les conventions qui seront modifiées par l'IM deviendront conformes au standard minimum une fois que les dispositions de l'IM auront pris effet.

La Géorgie a indiqué dans sa réponse au questionnaire d'examen par les pairs que des négociations bilatérales seraient engagées pour sa convention avec la Pologne.

B. Difficultés de mise en œuvre

Aucune juridiction n'a signalé de préoccupation relative à ses conventions conclues avec la Géorgie.

Tableau A A.37. Synthèse de la réponse de la juridiction

	Partenaires de convention	Conformité avec le standard	Si conforme, méthode choisie	Signature d'un instrument de mise en conformité	Méthode choisie dans l'instrument de mise en conformité (si différent de l'IM)
1	Arménie*	Non	N/C	Non	N/C
2	Autriche	Non	N/C	Non	N/C
3	Azerbaïdjan*	Non	N/C	Non	N/C
4	Bahreïn	Non	N/C	Non	N/C
5	Bélarus*	Non	N/C	Non	N/C
6	Belgique	Non	N/C	Oui	N/C
7	Bulgarie	Non	N/C	Oui	N/C
8	Chine (République populaire de)	Non	N/C	Oui	N/C
9	Croatie	Non	N/C	Oui	N/C
10	Chypre*	Non	N/C	Oui	N/C
11	République tchèque	Non	N/C	Oui	N/C
12	Danemark	Non	N/C	Non	N/C
13	Égypte	Non	N/C	Non	N/C
14	Estonie	Non	N/C	Oui	N/C
15	Finlande	Non	N/C	Oui	N/C
16	France	Non	N/C	Oui	N/C
17	Allemagne	Non	N/C	Non	N/C
18	Grèce	Non	N/C	Oui	N/C
19	Hongrie	Non	N/C	Oui	N/C
20	Islande	Non	N/C	Oui	N/C
21	Inde	Non	N/C	Oui	N/C
22	Iran*	Non	N/C	Non	N/C
23	Irlande	Non	N/C	Oui	N/C
24	Israël	Non	N/C	Oui	N/C
25	Italie	Non	N/C	Oui	N/C

	Partenaires de convention	Conformité avec le standard	Si conforme, méthode choisie	Signature d'un instrument de mise en conformité	Méthode choisie dans l'instrument de mise en conformité (si différent de l'IM)
26	Japon	Non	N/C	Non	N/C
27	Kazakhstan	Non	N/C	Non	N/C
28	Corée	Non	N/C	Oui	N/C
29	Koweït*	Non	N/C	Non	N/C
30	Lettonie	Non	N/C	Oui	N/C
31	Liechtenstein	Non	N/C	Oui	N/C
32	Lituanie	Non	N/C	Oui	N/C
33	Luxembourg	Non	N/C	Oui	N/C
34	Malte	Non	N/C	Non	N/C
35	Moldova*	Non	N/C	Non	N/C
36	Pays-Bas	Non	N/C	Oui	N/C
37	Norvège	Non	N/C	Oui	N/C
38	Pologne	Non	N/C	Non	N/C
39	Portugal	Non	N/C	Oui	N/C
40	Qatar	Non	N/C	Non	N/C
41	Roumanie	Non	N/C	Oui	N/C
42	Saint-Marin	Non	N/C	Oui	N/C
43	Serbie	Non	N/C	Oui	N/C
44	Singapour	Non	N/C	Oui	N/C
45	République slovaque	Non	N/C	Oui	N/C
46	Slovénie	Non	N/C	Oui	N/C
47	Espagne	Non	N/C	Oui	N/C
48	Suède	Non	N/C	Oui	N/C
49	Suisse	Non	N/C	Non	N/C
50	Turquie	Non	N/C	Oui	N/C
51	Turkménistan*	Non	N/C	Non	N/C
52	Ukraine	Non	N/C	Non	N/C
53	Émirats arabes unis	Non	N/C	Non	N/C
54	Royaume-Uni	Non	N/C	Oui	N/C
55	Ouzbékistan*	Non	N/C	Non	N/C

Allemagne

A. Progrès dans la mise en œuvre du standard minimum

L'Allemagne compte 96 conventions fiscales en vigueur, comme l'indique sa réponse au questionnaire d'examen par les pairs. Deux de ces conventions, celles avec l'Australie et le Japon, sont conformes au standard minimum.

L'Allemagne a signé l'IM en 2017, notifiant 35 de ses 96 conventions fiscales[28].

Pour la convention conforme de l'Allemagne avec l'Australie, le standard minimum est appliqué en introduisant la disposition de la déclaration du préambule et la règle COP. Pour sa convention conforme avec le Japon, le standard minimum est appliqué en introduisant la disposition de la déclaration du préambule et la règle COP combinée à la règle LOB.

Pour ses 35 conventions notifiées aux fins de l'IM, l'Allemagne choisit d'appliquer la disposition de la déclaration du préambule (article 6 de l'IM). Pour 31 de ses conventions notifiées aux fins de l'IM, l'Allemagne choisit d'appliquer la règle COP (paragraphe 1 de l'article 7 de l'IM). Quatre des conventions de l'Allemagne, celles avec la Chine, Israël, le Japon et Maurice, entrent dans le champ d'une réserve formulée par l'Allemagne conformément à l'article 7(15)(b) de l'IM[29]. Les conventions qui seront modifiées par l'IM deviendront conformes au standard minimum une fois que les dispositions de l'IM auront pris effet.

L'Allemagne a fait savoir que même si la plupart de ses conventions ne sont pas conformes au standard minimum, elles contiennent généralement une disposition fondée sur le paragraphe 1 de l'article 28 du Texte allemand de négociation des conventions qui permet aux États contractants d'appliquer des dispositions nationales anti-abus, telles que la section 50d de la Loi allemande de l'impôt sur le revenu (règle anti mécanismes de relais) ou la section 42 du Code fiscal allemand (GAAR).

L'Allemagne a également indiqué dans sa réponse au questionnaire d'examen par les pairs que des négociations bilatérales seraient engagées pour ses conventions avec l'Argentine, la Belgique, la Bulgarie, le Canada, le Costa Rica, le Danemark, l'Équateur*, l'Égypte, l'Estonie, la Finlande, la Grèce, l'Islande, l'Inde, l'Indonésie, l'Iran*, Israël, l'Irlande, le Kirghizstan*, la Norvège, la Pologne, le Portugal, Singapour, l'Afrique du Sud, le Sri Lanka, la Suède, la Suisse, le Tadjikistan*, Trinité-et-Tobago, l'Ukraine et le Royaume-Uni.

B. Difficultés de mise en œuvre

Aucune juridiction n'a signalé de préoccupation relative à ses conventions conclues avec l'Allemagne.

Tableau A A.38. Synthèse de la réponse de la juridiction

	Partenaires de convention	Conformité avec le standard	Si conforme, méthode choisie	Signature d'un instrument de mise en conformité	Méthode choisie dans l'instrument de mise en conformité (si différent de l'IM)
1	Albanie*	Non	N/C	Non	N/C
2	Algérie*	Non	N/C	Non	N/C
3	Argentine	Non	N/C	Non	N/C

	Partenaires de convention	Conformité avec le standard	Si conforme, méthode choisie	Signature d'un instrument de mise en conformité	Méthode choisie dans l'instrument de mise en conformité (si différent de l'IM)
4	Arménie*	Non	N/C	Non	N/C
5	Australie	Oui	COP uniquement	N/C	N/C
6	Autriche	Non	N/C	Oui	N/C
7	Azerbaïdjan*	Non	N/C	Non	N/C
8	Bangladesh*	Non	N/C	Non	N/C
9	Bélarus*	Non	N/C	Non	N/C
10	Belgique	Non	N/C	Non	N/C
11	Bolivie*	Non	N/C	Non	N/C
12	Bosnie-Herzégovine*	Non	N/C	Non	N/C
13	Bulgarie	Non	N/C	Oui	N/C
14	Canada	Non	N/C	Non	N/C
15	Chine (République populaire de)	Non	N/C	Oui	N/C
16	Taipei chinois*	Non	N/C	Non	N/C
17	Costa Rica	Non	N/C	Oui	N/C
18	Côte d'Ivoire	Non	N/C	Non	N/C
19	Croatie	Non	N/C	Oui	N/C
20	Chypre*	Non	N/C	Oui	N/C
21	République tchèque	Non	N/C	Oui	N/C
22	Danemark	Non	N/C	Oui	N/C
23	Équateur*	Non	N/C	Non	N/C
24	Égypte	Non	N/C	Non	N/C
25	Estonie	Non	N/C	Oui	N/C
26	Finlande	Non	N/C	Oui	N/C
27	France	Non	N/C	Oui	N/C
28	Géorgie	Non	N/C	Non	N/C
29	Ghana*	Non	N/C	Non	N/C
30	Grèce	Non	N/C	Non	N/C
31	Hongrie	Non	N/C	Oui	N/C
32	Islande	Non	N/C	Non	N/C
33	Inde	Non	N/C	Non	N/C
34	Indonésie	Non	N/C	Non	N/C
35	Iran*	Non	N/C	Non	N/C
36	Irlande	Non	N/C	Oui	N/C
37	Israël	Non	N/C	Oui	N/C
38	Italie	Non	N/C	Oui	N/C
39	Jamaïque	Non	N/C	Non	N/C
40	Japon	Oui	COP et LOB	N/C	N/C
41	Kazakhstan	Non	N/C	Non	N/C
42	Kenya	Non	N/C	Non	N/C
43	Corée	Non	N/C	Oui	N/C
44	Kosovo*	Non	N/C	Non	N/C
45	Koweït*	Non	N/C	Non	N/C
46	Kirghizistan*	Non	N/C	Non	N/C
47	Lettonie	Non	N/C	Oui	N/C
48	Libéria	Non	N/C	Non	N/C
49	Liechtenstein	Non	N/C	Oui	N/C

	Partenaires de convention	Conformité avec le standard	Si conforme, méthode choisie	Signature d'un instrument de mise en conformité	Méthode choisie dans l'instrument de mise en conformité (si différent de l'IM)
50	Lituanie	Non	N/C	Oui	N/C
51	Luxembourg	Non	N/C	Oui	N/C
52	Macédoine*	Non	N/C	Non	N/C
53	Malaisie	Non	N/C	Non	N/C
54	Malte	Non	N/C	Oui	N/C
55	Maurice	Non	N/C	Oui	N/C
56	Mexique	Non	N/C	Oui	N/C
57	Moldova*	Non	N/C	Non	N/C
58	Mongolie	Non	N/C	Non	N/C
59	Monténégro*	Non	N/C	Non	N/C
60	Maroc*	Non	N/C	Non	N/C
61	Namibie*	Non	N/C	Non	N/C
62	Pays-Bas	Non	N/C	Oui	N/C
63	Nouvelle-Zélande	Non	N/C	Oui	N/C
64	Norvège	Non	N/C	Non	N/C
65	Pakistan	Non	N/C	Non	N/C
66	Philippines*	Non	N/C	Non	N/C
67	Pologne	Non	N/C	Non	N/C
68	Portugal	Non	N/C	Non	N/C
69	Roumanie	Non	N/C	Oui	N/C
70	Russie	Non	N/C	Oui	N/C
71	Serbie	Non	N/C	Non	N/C
72	Singapour	Non	N/C	Non	N/C
73	République slovaque	Non	N/C	Oui	N/C
74	Slovénie	Non	N/C	Oui	N/C
75	Afrique du Sud	Non	N/C	Non	N/C
76	Espagne	Non	N/C	Oui	N/C
77	Sri Lanka	Non	N/C	Non	N/C
78	Suède	Non	N/C	Non	N/C
79	Suisse	Non	N/C	Non	N/C
80	République arabe syrienne*	Non	N/C	Non	N/C
81	Tadjikistan*	Non	N/C	Non	N/C
82	Thaïlande	Non	N/C	Non	N/C
83	Trinité-et-Tobago	Non	N/C	Non	N/C
84	Tunisie	Non	N/C	Non	N/C
85	Turquie	Non	N/C	Oui	N/C
86	Turkménistan*	Non	N/C	Non	N/C
87	Ukraine	Non	N/C	Non	N/C
88	Émirats arabes unis	Non	N/C	Oui	N/C
89	Royaume-Uni	Non	N/C	Oui	N/C
90	États-Unis	Non	N/C	Oui	N/C
91	Uruguay	Non	N/C	Non	N/C
92	Ouzbékistan*	Non	N/C	Non	N/C
93	Venezuela*	Non	N/C	Non	N/C
94	Viet Nam	Non	N/C	Non	N/C
95	Zambie	Non	N/C	Non	N/C

	Partenaires de convention	Conformité avec le standard	Si conforme, méthode choisie	Signature d'un instrument de mise en conformité	Méthode choisie dans l'instrument de mise en conformité (si différent de l'IM)
96	Zimbabwe*	Non	N/C	Non	N/C

Grèce

A. Progrès dans la mise en œuvre du standard minimum

La Grèce compte 57 conventions fiscales en vigueur, comme l'indique sa réponse au questionnaire d'examen par les pairs.

La Grèce a signé l'IM en 2017, notifiant la totalité de ses 57 conventions fiscales.

Pour ses 57 conventions notifiées aux fins de l'IM, la Grèce choisit d'appliquer la disposition de la déclaration du préambule (article 6 de l'IM) et la règle COP (article 7 de l'IM). La Grèce a également opté pour la règle LOB simplifiée conformément à l'article 7(7)(b) de l'IM. Toutes les conventions qui seront modifiées par l'IM deviendront conformes au standard minimum une fois que les dispositions de l'IM auront pris effet.

B. Difficultés de mise en œuvre

Aucune juridiction n'a signalé de préoccupation relative à ses conventions conclues avec la Grèce.

Tableau A A.39. Synthèse de la réponse de la juridiction

	Partenaires de convention	Conformité avec le standard	Si conforme, méthode choisie	Signature d'un instrument de mise en conformité	Méthode choisie dans l'instrument de mise en conformité (si différent de l'IM)
1	Albanie*	Non	N/C	Oui	N/C
2	Arménie*	Non	N/C	Oui	N/C
3	Autriche	Non	N/C	Oui	N/C
4	Azerbaïdjan*	Non	N/C	Oui	N/C
5	Belgique	Non	N/C	Oui	N/C
6	Bosnie-Herzégovine*	Non	N/C	Oui	N/C
7	Bulgarie	Non	N/C	Oui	N/C
8	Canada	Non	N/C	Oui	N/C
9	Chine (République populaire de)	Non	N/C	Oui	N/C
10	Croatie	Non	N/C	Oui	N/C
11	Chypre*	Non	N/C	Oui	N/C
12	République tchèque	Non	N/C	Oui	N/C
13	Danemark	Non	N/C	Oui	N/C
14	Égypte	Non	N/C	Oui	N/C
15	Estonie	Non	N/C	Oui	N/C
16	Finlande	Non	N/C	Oui	N/C
17	France	Non	N/C	Oui	N/C
18	Géorgie	Non	N/C	Oui	N/C
19	Allemagne	Non	N/C	Oui	N/C
20	Hongrie	Non	N/C	Oui	N/C
21	Islande	Non	N/C	Oui	N/C
22	Inde	Non	N/C	Oui	N/C
23	Irlande	Non	N/C	Oui	N/C
24	Israël	Non	N/C	Oui	N/C
25	Italie	Non	N/C	Oui	N/C

	Partenaires de convention	Conformité avec le standard	Si conforme, méthode choisie	Signature d'un instrument de mise en conformité	Méthode choisie dans l'instrument de mise en conformité (si différent de l'IM)
26	Corée	Non	N/C	Oui	N/C
27	Koweït*	Non	N/C	Oui	N/C
28	Lettonie	Non	N/C	Oui	N/C
29	Lituanie	Non	N/C	Oui	N/C
30	Luxembourg	Non	N/C	Oui	N/C
31	Malte	Non	N/C	Oui	N/C
32	Mexique	Non	N/C	Oui	N/C
33	Moldova*	Non	N/C	Oui	N/C
34	Maroc*	Non	N/C	Oui	N/C
35	Pays-Bas	Non	N/C	Oui	N/C
36	Norvège	Non	N/C	Oui	N/C
37	Pologne	Non	N/C	Oui	N/C
38	Portugal	Non	N/C	Oui	N/C
39	Qatar	Non	N/C	Oui	N/C
40	Roumanie	Non	N/C	Oui	N/C
41	Russie	Non	N/C	Oui	N/C
42	Saint-Marin	Non	N/C	Oui	N/C
43	Arabie saoudite	Non	N/C	Oui	N/C
44	Serbie	Non	N/C	Oui	N/C
45	République slovaque	Non	N/C	Oui	N/C
46	Slovénie	Non	N/C	Oui	N/C
47	Afrique du Sud	Non	N/C	Oui	N/C
48	Espagne	Non	N/C	Oui	N/C
49	Suède	Non	N/C	Oui	N/C
50	Suisse	Non	N/C	Oui	N/C
51	Tunisie	Non	N/C	Oui	N/C
52	Turquie	Non	N/C	Oui	N/C
53	Ukraine	Non	N/C	Oui	N/C
54	Émirats arabes unis	Non	N/C	Oui	N/C
55	Royaume-Uni	Non	N/C	Oui	N/C
56	États-Unis	Non	N/C	Oui	N/C
57	Ouzbékistan*	Non	N/C	Oui	N/C

Guernesey

A. Progrès dans la mise en œuvre du standard minimum

Guernesey compte 13 conventions fiscales en vigueur, comme l'indique sa réponse au questionnaire d'examen par les pairs.

Guernesey a signé l'IM en 2017, notifiant 10 de ses 13 conventions fiscales.

Pour ses 10 conventions notifiées aux fins de l'IM, Guernesey choisit d'appliquer la disposition de la déclaration du préambule (article 6 de l'IM) et la règle COP (article 7 de l'IM). Les conventions qui seront modifiées par l'IM deviendront conformes au standard minimum une fois que les dispositions de l'IM auront pris effet.

Guernesey a indiqué dans sa réponse au questionnaire d'examen par les pairs que des négociations bilatérales seraient engagées pour ses conventions avec le Royaume-Uni et d'autres Dépendances de la Couronne.

B. Difficultés de mise en œuvre

Aucune juridiction n'a signalé de préoccupation relative à ses conventions conclues avec Guernesey.

Tableau A A.40. Synthèse de la réponse de la juridiction

	Partenaires de convention	Conformité avec le standard	Si conforme, méthode choisie	Signature d'un instrument de mise en conformité	Méthode choisie dans l'instrument de mise en conformité (si différent de l'IM)
1	Chypre*	Non	N/C	Oui	N/C
2	Hong Kong (Chine)	Non	N/C	Oui	N/C
3	Île de Man	Non	N/C	Non	N/C
4	Jersey	Non	N/C	Non	N/C
5	Liechtenstein	Non	N/C	Oui	N/C
6	Luxembourg	Non	N/C	Oui	N/C
7	Malte	Non	N/C	Oui	N/C
8	Maurice	Non	N/C	Oui	N/C
9	Monaco	Non	N/C	Oui	N/C
10	Qatar	Non	N/C	Oui	N/C
11	Seychelles	Non	N/C	Oui	N/C
12	Singapour	Non	N/C	Oui	N/C
13	Royaume-Uni	Non	N/C	Non	N/C

Haïti

A. Progrès dans la mise en œuvre du standard minimum

Haïti ne compte aucune convention fiscale en vigueur, ainsi que l'indique sa réponse au questionnaire d'examen par les pairs.

B. Difficultés de mise en œuvre

Aucune juridiction n'a soulevé de préoccupation concernant Haïti.

Hong Kong, Chine

A. Progrès dans la mise en œuvre du standard minimum

Hong Kong compte 36 conventions fiscales en vigueur, ainsi que l'indique sa réponse au questionnaire d'examen par les pairs. Sa convention avec le Bélarus*, qui n'est pas couverte par l'examen par les pairs, est conforme au standard minimum.

Hong Kong a rejoint l'IM en 2017, notifiant la totalité de ses 36 conventions fiscales[30].

Pour sa convention conforme avec le Bélarus*, le standard minimum est appliqué en introduisant la disposition de la déclaration du préambule et la règle COP.

Pour 35 de ses conventions notifiées aux fins de l'IM, Hong Kong choisit d'appliquer la disposition de la déclaration du préambule (article 6 de l'IM). Pour 34 de ses conventions notifiées aux fins de l'IM, Hong Kong choisit d'appliquer la règle COP (article 7 de l'IM). Deux des conventions de Hong Kong, celles avec le Bélarus* et le Pakistan, entrent dans le champ des réserves formulées par Hong Kong conformément à l'article 6(4) ou 7(15)(b) de l'IM[31]. Toutes les conventions qui seront modifiées par l'IM deviendront conformes au standard minimum une fois que les dispositions de l'IM auront pris effet.

B. Difficultés de mise en œuvre

Aucune juridiction n'a signalé de préoccupation relative à ses conventions conclues avec Hong Kong.

Tableau A A.41. Synthèse de la réponse de la juridiction

	Partenaires de convention	Conformité avec le standard	Si conforme, méthode choisie	Signature d'un instrument de mise en conformité	Méthode choisie dans l'instrument de mise en conformité (si différent de l'IM)
1	Autriche	Non	N/C	Oui	N/C
2	Bélarus*	Oui	COP	N/C	N/C
3	Belgique	Non	N/C	Oui	N/C
4	Brunei Darussalam	Non	N/C	Oui	N/C
5	Canada	Non	N/C	Oui	N/C
6	République tchèque	Non	N/C	Oui	N/C
7	France	Non	N/C	Oui	N/C
8	Guernesey	Non	N/C	Oui	N/C
9	Hongrie	Non	N/C	Oui	N/C
10	Indonésie	Non	N/C	Oui	N/C
11	Irlande	Non	N/C	Oui	N/C
12	Italie	Non	N/C	Oui	N/C
13	Japon	Non	N/C	Oui	N/C
14	Jersey	Non	N/C	Oui	N/C
15	Corée	Non	N/C	Oui	N/C
16	Koweït*	Non	N/C	Oui	N/C
17	Lettonie	Non	N/C	Oui	N/C
18	Liechtenstein	Non	N/C	Oui	N/C
19	Luxembourg	Non	N/C	Oui	N/C

	Partenaires de convention	Conformité avec le standard	Si conforme, méthode choisie	Signature d'un instrument de mise en conformité	Méthode choisie dans l'instrument de mise en conformité (si différent de l'IM)
20	Malaisie	Non	N/C	Oui	N/C
21	Malte	Non	N/C	Oui	N/C
22	Mexique	Non	N/C	Oui	N/C
23	Pays-Bas	Non	N/C	Oui	N/C
24	Nouvelle-Zélande	Non	N/C	Oui	N/C
25	Pakistan	Non	N/C	Oui	N/C
26	Portugal	Non	N/C	Oui	N/C
27	Qatar	Non	N/C	Oui	N/C
28	Roumanie	Non	N/C	Oui	N/C
29	Russie	Non	N/C	Oui	N/C
30	Afrique du Sud	Non	N/C	Oui	N/C
31	Espagne	Non	N/C	Oui	N/C
32	Suisse	Non	N/C	Oui	N/C
33	Thaïlande	Non	N/C	Oui	N/C
34	Émirats arabes unis	Non	N/C	Oui	N/C
35	Royaume-Uni	Non	N/C	Oui	N/C
36	Viet Nam	Non	N/C	Oui	N/C

Hongrie

A. Progrès dans la mise en œuvre du standard minimum

La Hongrie compte 81 conventions fiscales, comme l'indique sa réponse au questionnaire d'examen par les pairs.

La Hongrie a signé l'IM en 2017, notifiant 66 de ses 81 conventions fiscales.

Pour ses conventions notifiées aux fins de l'IM, la Hongrie choisit d'appliquer la disposition de la déclaration du préambule (article 6 de l'IM) et la règle COP (article 7 de l'IM). Les conventions qui seront modifiées par l'IM deviendront conformes au standard minimum une fois que les dispositions de l'IM auront pris effet.

La Hongrie a indiqué dans sa réponse au questionnaire d'examen par les pairs que les conventions ne faisant pas l'objet d'un instrument de mise en conformité n'ont pas été notifiées aux fins de l'IM parce qu'elles sont conclues avec des partenaires qui n'étaient pas membres du Groupe ad hoc au moment où la Hongrie a signé l'IM. En outre, la Hongrie a précisé qu'elle ne nourrissait pas d'inquiétude en matière de chalandage fiscal concernant ces conventions.

B. Difficultés de mise en œuvre

Aucune juridiction n'a signalé de préoccupation relative à ses conventions conclues avec la Hongrie.

Tableau A A.42. Synthèse de la réponse de la juridiction

	Partenaires de convention	Conformité avec le standard	Si conforme, méthode choisie	Signature d'un instrument de mise en conformité	Méthode choisie dans l'instrument de mise en conformité (si différent de l'IM)
1	Albanie*	Non	N/C	Non	N/C
2	Arménie*	Non	N/C	Non	N/C
3	Australie	Non	N/C	Oui	N/C
4	Autriche	Non	N/C	Oui	N/C
5	Azerbaïdjan*	Non	N/C	Oui	N/C
6	Bahreïn	Non	N/C	Non	N/C
7	Bélarus*	Non	N/C	Non	N/C
8	Belgique	Non	N/C	Oui	N/C
9	Bosnie-Herzégovine*	Non	N/C	Non	N/C
10	Brésil	Non	N/C	Oui	N/C
11	Bulgarie	Non	N/C	Oui	N/C
12	Canada	Non	N/C	Oui	N/C
13	Chine (République populaire de)	Non	N/C	Oui	N/C
14	Taipei chinois*	Non	N/C	Non	N/C
15	Croatie	Non	N/C	Oui	N/C
16	Chypre*	Non	N/C	Oui	N/C
17	République tchèque	Non	N/C	Oui	N/C
18	Danemark	Non	N/C	Oui	N/C
19	Égypte	Non	N/C	Oui	N/C
20	Estonie	Non	N/C	Oui	N/C
21	Finlande	Non	N/C	Oui	N/C

	Partenaires de convention	Conformité avec le standard	Si conforme, méthode choisie	Signature d'un instrument de mise en conformité	Méthode choisie dans l'instrument de mise en conformité (si différent de l'IM)
22	France	Non	N/C	Oui	N/C
23	Géorgie	Non	N/C	Oui	N/C
24	Allemagne	Non	N/C	Oui	N/C
25	Grèce	Non	N/C	Oui	N/C
26	Hong Kong	Non	N/C	Oui	N/C
27	Islande	Non	N/C	Oui	N/C
28	Inde	Non	N/C	Oui	N/C
29	Indonésie	Non	N/C	Oui	N/C
30	Iran*	Non	N/C	Non	N/C
31	Irlande	Non	N/C	Oui	N/C
32	Israël	Non	N/C	Oui	N/C
33	Italie	Non	N/C	Oui	N/C
34	Japon	Non	N/C	Oui	N/C
35	Kazakhstan	Non	N/C	Oui	N/C
36	Kosovo*	Non	N/C	Non	N/C
37	Koweït*	Non	N/C	Non	N/C
38	Lettonie	Non	N/C	Oui	N/C
39	Liechtenstein	Non	N/C	Oui	N/C
40	Lituanie	Non	N/C	Oui	N/C
41	Luxembourg	Non	N/C	Oui	N/C
42	Macédoine*	Non	N/C	Non	N/C
43	Malaisie	Non	N/C	Oui	N/C
44	Malte	Non	N/C	Oui	N/C
45	Mexique	Non	N/C	Oui	N/C
46	Moldova*	Non	N/C	Oui	N/C
47	Mongolie	Non	N/C	Oui	N/C
48	Monténégro*	Non	N/C	Non	N/C
49	Maroc*	Non	N/C	Oui	N/C
50	Pays-Bas	Non	N/C	Oui	N/C
51	Norvège	Non	N/C	Oui	N/C
52	Oman	Non	N/C	Non	N/C
53	Pakistan	Non	N/C	Oui	N/C
54	Philippines*	Non	N/C	Oui	N/C
55	Pologne	Non	N/C	Oui	N/C
56	Portugal	Non	N/C	Oui	N/C
57	Qatar	Non	N/C	Oui	N/C
58	Roumanie	Non	N/C	Oui	N/C
59	Russie	Non	N/C	Oui	N/C
60	Saint-Marin	Non	N/C	Oui	N/C
61	Arabie saoudite	Non	N/C	Oui	N/C
62	Serbie	Non	N/C	Oui	N/C
63	Singapour	Non	N/C	Oui	N/C
64	République slovaque	Non	N/C	Oui	N/C
65	Slovénie	Non	N/C	Oui	N/C
66	Afrique du Sud	Non	N/C	Oui	N/C
67	Corée	Non	N/C	Oui	N/C
68	Espagne	Non	N/C	Oui	N/C
69	Suède	Non	N/C	Oui	N/C

	Partenaires de convention	Conformité avec le standard	Si conforme, méthode choisie	Signature d'un instrument de mise en conformité	Méthode choisie dans l'instrument de mise en conformité (si différent de l'IM)
70	Suisse	Non	N/C	Oui	N/C
71	Thaïlande	Non	N/C	Oui	N/C
72	Tunisie	Non	N/C	Oui	N/C
73	Turquie	Non	N/C	Oui	N/C
74	Turkménistan*	Non	N/C	Non	N/C
75	Ukraine	Non	N/C	Oui	N/C
76	Émirats arabes unis	Non	N/C	Non	N/C
77	Royaume-Uni	Non	N/C	Oui	N/C
78	États-Unis	Non	N/C	Oui	N/C
79	Uruguay	Non	N/C	Oui	N/C
80	Ouzbékistan*	Non	N/C	Non	N/C
81	Viet Nam	Non	N/C	Oui	N/C

Islande

A. Progrès dans la mise en œuvre du standard minimum

L'Islande compte 40 conventions fiscales en vigueur, comme l'indique sa réponse au questionnaire d'examen par les pairs, y compris la Convention nordique multilatérale conclue avec le Danemark, les Îles Féroé, la Finlande, la Norvège et la Suède (la "Convention nordique")[32]. Sa convention avec le Liechtenstein est conforme au standard minimum.

L'Islande a signé l'IM en 2017, notifiant 35 de ses 40 conventions fiscales.

Pour sa convention conforme avec le Liechtenstein, le standard minimum est appliqué par l'introduction de la disposition de la déclaration du préambule et de la règle COP.

Pour ses conventions notifiées aux fins de l'IM, l'Islande choisit d'appliquer la disposition de la déclaration du préambule (article 6 de l'IM) et la règle COP (article 7 de l'IM). L'Islande a également accepté d'appliquer une règle LOB simplifiée dans ses conventions conclues avec des partenaires qui ont opté pour la règle LOB simplifiée conformément à l'article 7(7)(a) de l'IM. Les conventions qui seront modifiées par l'IM deviendront conformes au standard minimum une fois que les dispositions de l'IM auront pris effet.

L'Islande n'a pas notifié la Convention nordique aux fins de l'IM et a précisé que cette convention ferait bientôt l'objet d'un instrument de mise en conformité. Les conventions de l'Islande avec l'Autriche et l'Allemagne n'ont pas été notifiées aux fins de l'IM, comme l'explique le tableau ci-dessous (conventions à ajouter à la liste de ses conventions couvertes ou recours à des négociations bilatérales).

B. Difficultés de mise en œuvre

Aucune juridiction n'a signalé de préoccupation relative à ses conventions conclues avec l'Islande.

Tableau A A.43. Synthèse de la réponse de la juridiction

	Partenaires de convention	Conformité avec le standard	Si conforme, méthode choisie	Signature d'un instrument de mise en conformité	Méthode choisie dans l'instrument de mise en conformité (si différent de l'IM)
1	Albanie*	Non	N/C	Oui	N/C
2	Autriche	Non	N/C	Non	N/C
3	Barbade	Non	N/C	Oui	N/C
4	Belgique	Non	N/C	Oui	N/C
5	Canada	Non	N/C	Oui	N/C
6	Chine (République populaire de)	Non	N/C	Oui	N/C
7	Croatie	Non	N/C	Oui	N/C
8	Chypre*	Non	N/C	Oui	N/C
9	République tchèque	Non	N/C	Oui	N/C
10	Danemark	Non	N/C	Non	N/C
11	Estonie	Non	N/C	Oui	N/C
12	Îles Féroé*	Non	N/C	Non	N/C

	Partenaires de convention	Conformité avec le standard	Si conforme, méthode choisie	Signature d'un instrument de mise en conformité	Méthode choisie dans l'instrument de mise en conformité (si différent de l'IM)
13	Finlande	Non	N/C	Non	N/C
14	France	Non	N/C	Oui	N/C
15	Géorgie	Non	N/C	Oui	N/C
16	Allemagne	Non	N/C	Non	N/C
17	Grèce	Non	N/C	Oui	N/C
18	Groenland*	Non	N/C	Non	N/C
19	Hongrie	Non	N/C	Oui	N/C
20	Inde	Non	N/C	Oui	N/C
21	Irlande	Non	N/C	Oui	N/C
22	Italie	Non	N/C	Oui	N/C
23	Corée	Non	N/C	Oui	N/C
24	Lettonie	Non	N/C	Oui	N/C
25	Liechtenstein	Oui	COP	N/C	N/C
26	Lituanie	Non	N/C	Oui	N/C
27	Luxembourg	Non	N/C	Oui	N/C
28	Malte	Non	N/C	Oui	N/C
29	Mexique	Non	N/C	Oui	N/C
30	Pays-Bas	Non	N/C	Oui	N/C
31	Norvège	Non	N/C	Non	N/C
32	Pologne	Non	N/C	Oui	N/C
33	Portugal	Non	N/C	Oui	N/C
34	Roumanie	Non	N/C	Oui	N/C
35	Russie	Non	N/C	Oui	N/C
36	République slovaque	Non	N/C	Oui	N/C
37	Slovénie	Non	N/C	Oui	N/C
38	Espagne	Non	N/C	Oui	N/C
39	Suède	Non	N/C	Non	N/C
40	Suisse	Non	N/C	Oui	N/C
41	Ukraine	Non	N/C	Oui	N/C
42	Royaume-Uni	Non	N/C	Oui	N/C
43	États-Unis	Non	N/C	Oui	N/C
44	Viet Nam	Non	N/C	Oui	N/C

Inde

A. Progrès dans la mise en œuvre du standard minimum

L'Inde compte 95 conventions fiscales en vigueur, comme l'indique sa réponse au questionnaire d'examen par les pairs. Sa convention avec l'Iran*, non couverte par l'examen par les pairs, est conforme au standard minimum.

L'Inde a signé l'IM en 2017, notifiant 93 de ses 95 conventions fiscales[33].

Pour sa convention conforme avec l'Iran*, le standard minimum est appliqué en incluant la disposition de la déclaration du préambule et la règle COP.

Pour ses 93 conventions notifiées aux fins de l'IM, l'Inde choisit d'appliquer la disposition de la déclaration du préambule (article 6 de l'IM) et la règle COP (article 7 de l'IM). L'Inde a également opté pour la règle LOB simplifiée en vertu de l'article 7(6) de l'IM. Les conventions qui seront modifiées par l'IM deviendront conformes au standard minimum une fois que les dispositions de l'IM auront pris effet.

L'Inde a indiqué dans son questionnaire d'examen par les pairs qu'elle ajoutera sa convention avec Hong Kong (Chine) à sa liste des conventions devant être couvertes par l'IM lorsqu'elle déposera son instrument de ratification de l'IM.

B. Difficultés de mise en œuvre

Aucune juridiction n'a signalé de préoccupation relative à ses conventions conclues avec l'Inde.

Tableau A A.44. Synthèse de la réponse de la juridiction

	Partenaires de convention	Conformité avec le standard	Si conforme, méthode choisie	Signature d'un instrument de mise en conformité	Méthode choisie dans l'instrument de mise en conformité (si différent de l'IM)
1	Albanie*	Non	N/C	Oui	N/C
2	Arménie*	Non	N/C	Oui	N/C
3	Australie	Non	N/C	Oui	N/C
4	Autriche	Non	N/C	Oui	N/C
5	Bangladesh*	Non	N/C	Oui	N/C
6	Bélarus*	Non	N/C	Oui	N/C
7	Belgique	Non	N/C	Oui	N/C
8	Bhoutan*	Non	N/C	Oui	N/C
9	Botswana	Non	N/C	Oui	N/C
10	Brésil	Non	N/C	Oui	N/C
11	Bulgarie	Non	N/C	Oui	N/C
12	Canada	Non	N/C	Oui	N/C
13	Chine (République populaire de)	Non	N/C	Oui	N/C
14	Colombie	Non	N/C	Oui	N/C
15	Croatie	Non	N/C	Oui	N/C
16	Chypre*	Non	N/C	Oui	N/C
17	République tchèque	Non	N/C	Oui	N/C
18	Danemark	Non	N/C	Oui	N/C
19	Égypte	Non	N/C	Oui	N/C

	Partenaires de convention	Conformité avec le standard	Si conforme, méthode choisie	Signature d'un instrument de mise en conformité	Méthode choisie dans l'instrument de mise en conformité (si différent de l'IM)
20	Estonie	Non	N/C	Oui	N/C
21	Éthiopie*	Non	N/C	Oui	N/C
22	Fidji*	Non	N/C	Oui	N/C
23	Finlande	Non	N/C	Oui	N/C
24	France	Non	N/C	Oui	N/C
25	Géorgie	Non	N/C	Oui	N/C
26	Allemagne	Non	N/C	Oui	N/C
27	Grèce	Non	N/C	Oui	N/C
28	Hong Kong (Chine)	Non	N/C	Oui	N/C
29	Hongrie	Non	N/C	Oui	N/C
30	Islande	Non	N/C	Oui	N/C
31	Indonésie	Non	N/C	Oui	N/C
32	Iran*	Oui	COP uniquement	N/C	N/C
33	Irlande	Non	N/C	Oui	N/C
34	Israël	Non	N/C	Oui	N/C
35	Italie	Non	N/C	Oui	N/C
36	Japon	Non	N/C	Oui	N/C
37	Jordanie*	Non	N/C	Oui	N/C
38	Kazakhstan	Non	N/C	Oui	N/C
39	Kenya	Non	N/C	Oui	N/C
40	Corée	Non	N/C	Oui	N/C
41	Koweït*	Non	N/C	Oui	N/C
42	Kirghizistan*	Non	N/C	Oui	N/C
43	Lettonie	Non	N/C	Oui	N/C
44	Libye*	Non	N/C	Oui	N/C
45	Lituanie	Non	N/C	Oui	N/C
46	Luxembourg	Non	N/C	Oui	N/C
47	Macédoine*	Non	N/C	Oui	N/C
48	Malaisie	Non	N/C	Oui	N/C
49	Malte	Non	N/C	Oui	N/C
50	Maurice	Non	N/C	Oui	N/C
51	Mexique	Non	N/C	Oui	N/C
52	Mongolie	Non	N/C	Oui	N/C
53	Monténégro*	Non	N/C	Oui	N/C
54	Maroc*	Non	N/C	Oui	N/C
55	Mozambique*	Non	N/C	Oui	N/C
56	Myanmar*	Non	N/C	Oui	N/C
57	Namibie*	Non	N/C	Oui	N/C
58	Népal*	Non	N/C	Oui	N/C
59	Pays-Bas	Non	N/C	Oui	N/C
60	Nouvelle-Zélande	Non	N/C	Oui	N/C
61	Norvège	Non	N/C	Oui	N/C
62	Oman	Non	N/C	Oui	N/C
63	Philippines*	Non	N/C	Oui	N/C
64	Pologne	Non	N/C	Oui	N/C
65	Portugal	Non	N/C	Oui	N/C
66	Qatar	Non	N/C	Oui	N/C
67	Roumanie	Non	N/C	Oui	N/C

	Partenaires de convention	Conformité avec le standard	Si conforme, méthode choisie	Signature d'un instrument de mise en conformité	Méthode choisie dans l'instrument de mise en conformité (si différent de l'IM)
68	Russie	Non	N/C	Oui	N/C
69	Arabie saoudite	Non	N/C	Oui	N/C
70	Serbie	Non	N/C	Oui	N/C
71	Singapour	Non	N/C	Oui	N/C
72	République slovaque	Non	N/C	Oui	N/C
73	Slovénie	Non	N/C	Oui	N/C
74	Afrique du Sud	Non	N/C	Oui	N/C
75	Espagne	Non	N/C	Oui	N/C
76	Sri Lanka	Non	N/C	Oui	N/C
77	Soudan*	Non	N/C	Oui	N/C
78	Suède	Non	N/C	Oui	N/C
79	Suisse	Non	N/C	Oui	N/C
80	République arabe syrienne*	Non	N/C	Oui	N/C
81	Tadjikistan*	Non	N/C	Oui	N/C
82	Tanzanie*	Non	N/C	Oui	N/C
83	Thaïlande	Non	N/C	Oui	N/C
84	Trinité-et-Tobago	Non	N/C	Oui	N/C
85	Turquie	Non	N/C	Oui	N/C
86	Turkménistan*	Non	N/C	Oui	N/C
87	Ouganda*	Non	N/C	Oui	N/C
88	Ukraine	Non	N/C	Oui	N/C
89	Émirats arabes unis	Non	N/C	Oui	N/C
90	Royaume-Uni	Non	N/C	Oui	N/C
91	États-Unis	Non	N/C	Oui	N/C
92	Uruguay	Non	N/C	Oui	N/C
93	Ouzbékistan*	Non	N/C	Oui	N/C
94	Viet Nam	Non	N/C	Oui	N/C
95	Zambie	Non	N/C	Oui	N/C

Indonésie

A. Progrès dans la mise en œuvre du standard minimum

L'Indonésie compte 69 conventions fiscales en vigueur, comme l'indique sa réponse au questionnaire d'examen par les pairs.

L'Indonésie a signé l'IM en 2017, notifiant 47 de ses 69 conventions fiscales dans une position provisoire révisée sur l'IM transmise au Secrétariat le 30 juin 2018.

Pour ses conventions notifiées aux fins de l'IM, l'Indonésie choisit d'appliquer la disposition de la déclaration du préambule (article 6 de l'IM) et la règle COP (article 7 de l'IM). L'Indonésie a également opté pour la règle LOB simplifiée dans ses conventions notifiées aux fins de l'IM (article 7(6) de l'IM). Les conventions qui seront modifiées par l'IM deviendront conformes au standard minimum une fois que les dispositions de l'IM auront pris effet.

L'Indonésie a indiqué dans sa réponse au questionnaire d'examen par les pairs que des négociations bilatérales seraient engagées pour sa convention avec l'Allemagne.

B. Difficultés de mise en œuvre

Aucune juridiction n'a signalé de préoccupation relative à ses conventions conclues avec l'Indonésie.

Tableau A A.45. Synthèse de la réponse de la juridiction

	Partenaires de convention	Conformité avec le standard	Si conforme, méthode choisie	Signature d'un instrument de mise en conformité	Méthode choisie dans l'instrument de mise en conformité (si différent de l'IM)
1	Algérie*	Non	N/C	Non	N/C
2	Arménie*	Non	N/C	Oui	N/C
3	Australie	Non	N/C	Oui	N/C
4	Autriche	Non	N/C	Non	N/C
5	Bangladesh*	Non	N/C	Non	N/C
6	Bélarus*	Non	N/C	Non	N/C
7	Belgique	Non	N/C	Oui	N/C
8	Brunei Darussalam	Non	N/C	Oui	N/C
9	Bulgarie	Non	N/C	Oui	N/C
10	Canada	Non	N/C	Oui	N/C
11	Chine (République populaire de)	Non	N/C	Oui	N/C
12	Taipei chinois*	Non	N/C	Non	N/C
13	Croatie	Non	N/C	Oui	N/C
14	République tchèque	Non	N/C	Oui	N/C
15	République populaire démocratique de Corée*	Non	N/C	Non	N/C
16	Danemark	Non	N/C	Oui	N/C
17	Égypte	Non	N/C	Oui	N/C
18	Finlande	Non	N/C	Oui	N/C
19	France	Non	N/C	Oui	N/C
20	Allemagne	Non	N/C	Non	N/C

	Partenaires de convention	Conformité avec le standard	Si conforme, méthode choisie	Signature d'un instrument de mise en conformité	Méthode choisie dans l'instrument de mise en conformité (si différent de l'IM)
21	Hong Kong (Chine)	Non	N/C	Oui	N/C
22	Hongrie	Non	N/C	Oui	N/C
23	Inde	Non	N/C	Oui	N/C
24	Iran*	Non	N/C	Non	N/C
25	Italie	Non	N/C	Oui	N/C
26	Japon	Non	N/C	Oui	N/C
27	Jordanie*	Non	N/C	Non	N/C
28	Corée	Non	N/C	Oui	N/C
29	Koweït*	Non	N/C	Non	N/C
30	République démocratique populaire lao*	Non	N/C	Oui	N/C
31	Luxembourg	Non	N/C	Oui	N/C
32	Malaisie	Non	N/C	Oui	N/C
33	Mexique	Non	N/C	Oui	N/C
34	Mongolie	Non	N/C	Non	N/C
35	Maroc*	Non	N/C	Non	N/C
36	Pays-Bas	Non	N/C	Oui	N/C
37	Nouvelle-Zélande	Non	N/C	Oui	N/C
38	Norvège	Non	N/C	Oui	N/C
39	Pakistan	Non	N/C	Oui	N/C
40	Papouasie-Nouvelle-Guinée	Non	N/C	Non	N/C
41	Philippines*	Non	N/C	Oui	N/C
42	Pologne	Non	N/C	Oui	N/C
43	Portugal	Non	N/C	Oui	N/C
44	Qatar	Non	N/C	Oui	N/C
45	Roumanie	Non	N/C	Oui	N/C
46	Russie	Non	N/C	Oui	N/C
47	Arabie saoudite	Non	N/C	Non	N/C
48	Seychelles	Non	N/C	Oui	N/C
49	Singapour	Non	N/C	Oui	N/C
50	République slovaque	Non	N/C	Oui	N/C
51	Afrique du Sud	Non	N/C	Oui	N/C
52	Espagne	Non	N/C	Oui	N/C
53	Sri Lanka	Non	N/C	Non	N/C
54	Soudan*	Non	N/C	Non	N/C
55	Suriname*	Non	N/C	Non	N/C
56	Suède	Non	N/C	Oui	N/C
57	Suisse	Non	N/C	Oui	N/C
58	République arabe syrienne*	Non	N/C	Non	N/C
59	Thaïlande	Non	N/C	Oui	N/C
60	Tunisie	Non	N/C	Non	N/C
61	Turquie	Non	N/C	Oui	N/C
62	Ukraine	Non	N/C	Non	N/C
63	Émirats arabes unis	Non	N/C	Oui	N/C

	Partenaires de convention	Conformité avec le standard	Si conforme, méthode choisie	Signature d'un instrument de mise en conformité	Méthode choisie dans l'instrument de mise en conformité (si différent de l'IM)
64	Royaume-Uni	Non	N/C	Oui	N/C
65	États-Unis	Non	N/C	Oui	N/C
66	Ouzbékistan*	Non	N/C	Non	N/C
67	Venezuela*	Non	N/C	Non	N/C
68	Viet Nam	Non	N/C	Oui	N/C

Irlande

A. Progrès dans la mise en œuvre du standard minimum

L'Irlande compte 73 conventions fiscales en vigueur, comme l'indique sa réponse au questionnaire d'examen par les pairs.

L'Irlande a signé l'IM en 2017, notifiant 70 de ses 73 conventions fiscales[34].

Pour ses 71 conventions notifiées aux fins de l'IM, l'Irlande choisit d'appliquer la disposition de la déclaration du préambule (article 6 de l'IM) et la règle COP (article 7 de l'IM). Les conventions qui seront modifiées par l'IM deviendront conformes au standard minimum une fois que les dispositions de l'IM auront pris effet.

L'Irlande a indiqué que ses conventions avec l'Allemagne, les Pays-Bas et la Suisse n'ont pas été notifiées aux fins de l'IM car des négociations bilatérales seront engagées.

B. Difficultés de mise en œuvre

Aucune juridiction n'a signalé de préoccupation relative à ses conventions conclues avec l'Irlande.

Tableau A A.46. Synthèse de la réponse de la juridiction

	Partenaires de convention	Conformité avec le standard	Si conforme, méthode choisie	Signature d'un instrument de mise en conformité	Méthode choisie dans l'instrument de mise en conformité (si différent de l'IM)
1	Albanie*	Non	N/C	Oui	N/C
2	Arménie*	Non	N/C	Oui	N/C
3	Australie	Non	N/C	Oui	N/C
4	Autriche	Non	N/C	Oui	N/C
5	Bahreïn	Non	N/C	Oui	N/C
6	Bélarus*	Non	N/C	Oui	N/C
7	Belgique	Non	N/C	Oui	N/C
8	Bosnie-Herzégovine*	Non	N/C	Oui	N/C
9	Botswana	Non	N/C	Oui	N/C
10	Bulgarie	Non	N/C	Oui	N/C
11	Canada	Non	N/C	Oui	N/C
12	Chili	Non	N/C	Oui	N/C
13	Chine (République populaire de)	Non	N/C	Oui	N/C
14	Croatie	Non	N/C	Oui	N/C
15	Chypre*	Non	N/C	Oui	N/C
16	République tchèque	Non	N/C	Oui	N/C
17	Danemark	Non	N/C	Oui	N/C
18	Égypte	Non	N/C	Oui	N/C
19	Estonie	Non	N/C	Oui	N/C
20	Éthiopie*	Non	N/C	Oui	N/C
21	Finlande	Non	N/C	Oui	N/C
22	France	Non	N/C	Oui	N/C
23	Géorgie	Non	N/C	Oui	N/C
24	Allemagne	Non	N/C	Non	N/C

25	Grèce	Non	N/C	Oui	N/C
26	Hong Kong (Chine)	Non	N/C	Oui	N/C
27	Hongrie	Non	N/C	Oui	N/C
28	Islande	Non	N/C	Oui	N/C
29	Inde	Non	N/C	Oui	N/C
30	Israël	Non	N/C	Oui	N/C
31	Italie	Non	N/C	Oui	N/C
32	Japon	Non	N/C	Oui	N/C
33	Kazakhstan	Non	N/C	Oui	N/C
34	Corée	Non	N/C	Oui	N/C
35	Koweït*	Non	N/C	Oui	N/C
36	Lettonie	Non	N/C	Oui	N/C
37	Lituanie	Non	N/C	Oui	N/C
38	Luxembourg	Non	N/C	Oui	N/C
39	Macédoine*	Non	N/C	Oui	N/C
40	Malaisie	Non	N/C	Oui	N/C
41	Malte	Non	N/C	Oui	N/C
42	Mexique	Non	N/C	Oui	N/C
43	Moldova*	Non	N/C	Oui	N/C
44	Monténégro*	Non	N/C	Oui	N/C
45	Maroc*	Non	N/C	Oui	N/C
46	Pays-Bas	Non	N/C	Non	N/C
47	Nouvelle-Zélande	Non	N/C	Oui	N/C
48	Norvège	Non	N/C	Oui	N/C
49	Pakistan	Non	N/C	Oui	N/C
50	Panama	Non	N/C	Oui	N/C
51	Pologne	Non	N/C	Oui	N/C
52	Portugal	Non	N/C	Oui	N/C
53	Qatar	Non	N/C	Oui	N/C
54	Roumanie	Non	N/C	Oui	N/C
55	Russie	Non	N/C	Oui	N/C
56	Arabie saoudite	Non	N/C	Oui	N/C
57	Serbie	Non	N/C	Oui	N/C
58	Singapour	Non	N/C	Oui	N/C
59	République slovaque	Non	N/C	Oui	N/C
60	Slovénie	Non	N/C	Oui	N/C
61	Afrique du Sud	Non	N/C	Oui	N/C
62	Espagne	Non	N/C	Oui	N/C
63	Suède	Non	N/C	Oui	N/C
64	Suisse	Non	N/C	Non	N/C
65	Thaïlande	Non	N/C	Oui	N/C
66	Turquie	Non	N/C	Oui	N/C
67	Ukraine	Non	N/C	Oui	N/C
68	Émirats arabes unis	Non	N/C	Oui	N/C
69	Royaume-Uni	Non	N/C	Oui	N/C
70	États-Unis	Non	N/C	Oui	N/C
71	Ouzbékistan*	Non	N/C	Oui	N/C
72	Viet Nam	Non	N/C	Oui	N/C
73	Zambie	Non	N/C	Oui	N/C

Île de Man

A. Progrès dans la mise en œuvre du standard minimum

L'Île de Man compte 11 conventions fiscales en vigueur, comme l'indique sa réponse au questionnaire d'examen par les pairs.

L'Île de Man a signé l'IM en 2017, notifiant 8 de ses 11 conventions fiscales.

Pour ses conventions notifiées aux fins de l'IM, l'Île de Man choisit d'appliquer la disposition de la déclaration du préambule (article 6 de l'IM) et la règle COP (article 7 de l'IM). Les conventions qui seront modifiées par l'IM deviendront conformes au standard minimum une fois que les dispositions de l'IM auront pris effet.

L'Île de Man a déposé son instrument de ratification de l'IM auprès du Secrétaire général de l'OCDE le 25 octobre 2017. L'IM est entré en vigueur pour l'Île de Man le 1er juillet 2018.

L'Île de Man a indiqué que des négociations bilatérales seraient engagées pour ses conventions avec le Royaume-Uni et d'autres Dépendances de la Couronne.

B. Difficultés de mise en œuvre

Aucune juridiction n'a signalé de préoccupation relative à ses conventions conclues avec l'Île de Man.

Tableau A A.47. Synthèse de la réponse de la juridiction

	Partenaires de convention	Conformité avec le standard	Si conforme, méthode choisie	Signature d'un instrument de mise en conformité	Méthode choisie dans l'instrument de mise en conformité (si différent de l'IM)
1	Bahreïn	Non	N/C	Oui	N/C
2	Belgique	Non	N/C	Oui	N/C
3	Estonie	Non	N/C	Oui	N/C
4	Guernesey	Non	N/C	Non	N/C
5	Jersey	Non	N/C	Non	N/C
6	Luxembourg	Non	N/C	Oui	N/C
7	Malte	Non	N/C	Oui	N/C
8	Qatar	Non	N/C	Oui	N/C
9	Seychelles	Non	N/C	Oui	N/C
10	Singapour	Non	N/C	Oui	N/C
11	Royaume-Uni	Non	N/C	Non	N/C

Israël

A. Progrès dans la mise en œuvre du standard minimum

Israël compte 55 conventions fiscales en vigueur, comme l'indique sa réponse au questionnaire d'examen par les pairs.

Israël a signé l'IM en 2017, notifiant à titre provisoire 52 de ses 55 conventions fiscales[35].

Pour ses 52 conventions notifiées aux fins de l'IM, Israël choisit d'appliquer la disposition de la déclaration du préambule (article 6 de l'IM) et la règle COP (article 7 de l'IM). Les conventions qui seront modifiées par l'IM deviendront conformes au standard minimum une fois que les dispositions de l'IM auront pris effet.

Israël a déposé son instrument de ratification auprès du Secrétaire général de l'OCDE le 13 septembre 2018[36]. L'IM est entré en vigueur pour Israël le 1er janvier 2019.

Israël a également indiqué que des négociations bilatérales seraient engagées pour ses conventions avec l'Allemagne, la Suisse et le Royaume-Uni.

B. Difficultés de mise en œuvre

Aucune juridiction n'a signalé de préoccupation relative à ses conventions conclues avec Israël.

Tableau A A.48. Synthèse de la réponse de la juridiction

	Partenaires de convention	Conformité avec le standard	Si conforme, méthode choisie	Signature d'un instrument de mise en conformité	Méthode choisie dans l'instrument de mise en conformité (si différent de l'IM)
1	Autriche	Non	N/C	Oui	N/C
2	Arménie	Non	N/C	Oui	N/C
3	Azerbaïdjan*	Non	N/C	Oui	N/C
4	Bélarus*	Non	N/C	Oui	N/C
5	Belgique	Non	N/C	Oui	N/C
6	Brésil	Non	N/C	Oui	N/C
7	Bulgarie	Non	N/C	Oui	N/C
8	Canada	Non	N/C	Oui	N/C
9	Chine (République populaire de)	Non	N/C	Oui	N/C
10	Taipei chinois*	Non	N/C	Oui	N/C
11	Croatie	Non	N/C	Oui	N/C
12	République tchèque	Non	N/C	Oui	N/C
13	Danemark	Non	N/C	Oui	N/C
14	Estonie	Non	N/C	Oui	N/C
15	Éthiopie*	Non	N/C	Oui	N/C
16	Finlande	Non	N/C	Oui	N/C
17	France	Non	N/C	Oui	N/C
18	Géorgie	Non	N/C	Oui	N/C
19	Allemagne	Non	N/C	Non	N/C
20	Grèce	Non	N/C	Oui	N/C
21	Hongrie	Non	N/C	Oui	N/C
22	Inde	Non	N/C	Oui	N/C

	Partenaires de convention	Conformité avec le standard	Si conforme, méthode choisie	Signature d'un instrument de mise en conformité	Méthode choisie dans l'instrument de mise en conformité (si différent de l'IM)
23	Irlande	Non	N/C	Oui	N/C
24	Italie	Non	N/C	Oui	N/C
25	Jamaïque	Non	N/C	Oui	N/C
26	Japon	Non	N/C	Oui	N/C
27	Corée	Non	N/C	Oui	N/C
28	Lettonie	Non	N/C	Oui	N/C
29	Lituanie	Non	N/C	Oui	N/C
30	Luxembourg	Non	N/C	Oui	N/C
31	Malte	Non	N/C	Oui	N/C
32	Mexique	Non	N/C	Oui	N/C
33	Moldova*	Non	N/C	Oui	N/C
34	Pays-Bas	Non	N/C	Oui	N/C
35	Norvège	Non	N/C	Oui	N/C
36	Panama	Non	N/C	Oui	N/C
37	Philippines*	Non	N/C	Oui	N/C
38	Pologne	Non	N/C	Oui	N/C
39	Portugal	Non	N/C	Oui	N/C
40	Roumanie	Non	N/C	Oui	N/C
41	Russie	Non	N/C	Oui	N/C
42	Singapour	Non	N/C	Oui	N/C
43	République slovaque	Non	N/C	Oui	N/C
44	Slovénie	Non	N/C	Oui	N/C
45	Afrique du Sud	Non	N/C	Oui	N/C
46	Espagne	Non	N/C	Oui	N/C
47	Suède	Non	N/C	Oui	N/C
48	Suisse	Non	N/C	Non	N/C
49	Thaïlande	Non	N/C	Oui	N/C
50	Turquie	Non	N/C	Oui	N/C
51	Ukraine	Non	N/C	Oui	N/C
52	Royaume-Uni	Non	N/C	Non	N/C
53	États-Unis	Non	N/C	Oui	N/C
54	Ouzbékistan*	Non	N/C	Oui	N/C
55	Viet Nam	Non	N/C	Oui	N/C

Italie

A. Progrès dans la mise en œuvre du standard minimum

L'Italie compte 99 conventions fiscales en vigueur, comme l'indique sa réponse au questionnaire d'examen par les pairs. Sa convention avec le Chili est conforme au standard minimum.

L'Italie a signé l'IM en 2017, notifiant 80 de ses 99 conventions fiscales[37].

Pour sa convention conforme avec le Chili, le standard minimum est appliqué en incluant la disposition de la déclaration du préambule et la règle COP.

Pour ses 80 conventions notifiées aux fins de l'IM, l'Italie choisit d'appliquer la disposition de la déclaration du préambule (article 6 de l'IM). Pour 67 de ses conventions notifiées aux fins de l'IM, l'Italie choisit d'appliquer la règle COP (article 7 de l'IM). 12 des conventions de l'Italie, celles avec l'Azerbaïdjan*, l'Estonie, Hong Kong, l'Islande, le Kazakhstan, le Koweït*, la Lettonie, le Liban*, la Lituanie, le Qatar, Saint-Marin et l'Arabie saoudite, entrent dans le champ d'une réserve formulée par l'Italie en vertu de l'article 7(15)(b) de l'IM[38]. Les conventions qui seront modifiées par l'IM deviendront conformes au standard minimum une fois que les dispositions de l'IM auront pris effet.

L'Italie a indiqué dans sa réponse au questionnaire d'examen par les pairs que les conventions ne faisant pas l'objet d'un instrument de mise en conformité n'ont pas été notifiées aux fins de l'IM car elles ont été conclues avec des partenaires qui n'étaient pas membres du Groupe ad hoc au moment où l'Italie a signé l'IM.

B. Difficultés de mise en œuvre

Aucune juridiction n'a signalé de préoccupation relative à ses conventions conclues avec l'Italie.

Tableau A A.49. Synthèse de la réponse de la juridiction

	Partenaires de convention	Conformité avec le standard	Si conforme, méthode choisie	Signature d'un instrument de mise en conformité	Méthode choisie dans l'instrument de mise en conformité (si différent de l'IM)
1	Albanie*	Non	N/C	Non	N/C
2	Algérie*	Non	N/C	Non	N/C
3	Argentine	Non	N/C	Oui	N/C
4	Arménie*	Non	N/C	Oui	N/C
5	Australie	Non	N/C	Oui	N/C
6	Autriche	Non	N/C	Oui	N/C
7	Azerbaïdjan*	Non	N/C	Oui	N/C
8	Bangladesh*	Non	N/C	Oui	N/C
9	Barbade	Non	N/C	Oui	N/C
10	Bélarus*	Non	N/C	Non	N/C
11	Belgique	Non	N/C	Oui	N/C
12	Bosnie-Herzégovine*	Non	N/C	Oui	N/C
13	Brésil	Non	N/C	Oui	N/C
14	Bulgarie	Non	N/C	Oui	N/C
15	Canada	Non	N/C	Oui	N/C
16	Chili	Oui	COP uniquement	Non	N/C

17	Chine (République populaire de)	Non	N/C	Oui	N/C
18	Congo	Non	N/C	Non	N/C
19	Côte d'Ivoire	Non	N/C	Oui	N/C
20	Croatie	Non	N/C	Oui	N/C
21	Chypre*	Non	N/C	Oui	N/C
22	République tchèque	Non	N/C	Oui	N/C
23	Danemark	Non	N/C	Oui	N/C
24	Équateur*	Non	N/C	Non	N/C
25	Égypte	Non	N/C	Oui	N/C
26	Estonie	Non	N/C	Oui	N/C
27	Éthiopie*	Non	N/C	Non	N/C
28	Finlande	Non	N/C	Oui	N/C
29	France	Non	N/C	Oui	N/C
30	Géorgie	Non	N/C	Oui	N/C
31	Allemagne	Non	N/C	Oui	N/C
32	Ghana*	Non	N/C	Non	N/C
33	Grèce	Non	N/C	Oui	N/C
34	Hong Kong (Chine)	Non	N/C	Oui	N/C
35	Hongrie	Non	N/C	Oui	N/C
36	Islande	Non	N/C	Oui	N/C
37	Inde	Non	N/C	Oui	N/C
38	Indonésie	Non	N/C	Oui	N/C
39	Irlande	Non	N/C	Oui	N/C
40	Israël	Non	N/C	Oui	N/C
41	Japon	Non	N/C	Oui	N/C
42	Jordanie*	Non	N/C	Oui	N/C
43	Kazakhstan	Non	N/C	Oui	N/C
44	Corée	Non	N/C	Oui	N/C
45	Koweït*	Non	N/C	Oui	N/C
46	Kirghizistan*	Non	N/C	Non	N/C
47	Lettonie	Non	N/C	Oui	N/C
48	Liban*	Non	N/C	Oui	N/C
49	Lituanie	Non	N/C	Oui	N/C
50	Luxembourg	Non	N/C	Oui	N/C
51	Macédoine*	Non	N/C	Non	N/C
52	Malaisie	Non	N/C	Oui	N/C
53	Malte	Non	N/C	Oui	N/C
54	Maurice	Non	N/C	Oui	N/C
55	Mexique	Non	N/C	Oui	N/C
56	Moldova*	Non	N/C	Oui	N/C
57	Monténégro*	Non	N/C	Non	N/C
58	Maroc*	Non	N/C	Oui	N/C
59	Mozambique*	Non	N/C	Non	N/C
60	Pays-Bas	Non	N/C	Oui	N/C
61	Nouvelle-Zélande	Non	N/C	Oui	N/C
62	Norvège	Non	N/C	Oui	N/C
63	Oman	Non	N/C	Non	N/C
64	Pakistan	Non	N/C	Oui	N/C
65	Panama	Non	N/C	Non	N/C
66	Philippines*	Non	N/C	Oui	N/C

67	Pologne	Non	N/C	Oui	N/C
68	Portugal	Non	N/C	Oui	N/C
69	Qatar	Non	N/C	Oui	N/C
70	Roumanie	Non	N/C	Oui	N/C
71	Russie	Non	N/C	Oui	N/C
72	Saint-Marin	Non	N/C	Oui	N/C
73	Arabie saoudite	Non	N/C	Oui	N/C
74	Sénégal	Non	N/C	Oui	N/C
75	Serbie	Non	N/C	Oui	N/C
76	Singapour	Non	N/C	Oui	N/C
77	République slovaque	Non	N/C	Oui	N/C
78	Slovénie	Non	N/C	Oui	N/C
79	Afrique du Sud	Non	N/C	Oui	N/C
80	Espagne	Non	N/C	Oui	N/C
81	Sri Lanka	Non	N/C	Oui	N/C
82	Suède	Non	N/C	Oui	N/C
83	Suisse	Non	N/C	Oui	N/C
84	République arabe syrienne*	Non	N/C	Non	N/C
85	Tadjikistan*	Non	N/C	Non	N/C
86	Tanzanie*	Non	N/C	Oui	N/C
87	Thaïlande	Non	N/C	Oui	N/C
88	Trinité-et-Tobago	Non	N/C	Non	N/C
89	Tunisie	Non	N/C	Oui	N/C
90	Turquie	Non	N/C	Oui	N/C
91	Ouganda*	Non	N/C	Oui	N/C
92	Ukraine	Non	N/C	Oui	N/C
93	Émirats arabes unis	Non	N/C	Oui	N/C
94	Royaume-Uni	Non	N/C	Oui	N/C
95	États-Unis	Non	N/C	Oui	N/C
96	Ouzbékistan*	Non	N/C	Non	N/C
97	Venezuela*	Non	N/C	Non	N/C
98	Viet Nam	Non	N/C	Oui	N/C
99	Zambie	Non	N/C	Oui	N/C

Jamaïque

A. Progrès dans la mise en œuvre du standard minimum

La Jamaïque compte 14 conventions fiscales en vigueur, comme l'indique sa réponse au questionnaire d'examen par les pairs, y compris la convention multilatérale entre les membres de la CARICOM conclue avec dix de ses partenaires[39].

La Jamaïque a signé l'IM en 2018, notifiant la totalité de ses 14 conventions fiscales.

Pour ses 14 conventions notifiées aux fins de l'IM, la Jamaïque choisit d'appliquer la disposition de la déclaration du préambule (article 6 de l'IM) et la règle COP (article 7 de l'IM). La Jamaïque a opté pour la règle LOB simplifiée conformément à l'article 7(7)(a) de l'IM. Toutes les conventions qui seront modifiées par l'IM deviendront conformes au standard minimum une fois que les dispositions de l'IM auront pris effet.

B. Difficultés de mise en œuvre

Aucune juridiction n'a signalé de préoccupation relative à ses conventions conclues avec la Jamaïque.

Tableau A A.50. Synthèse de la réponse de la juridiction

	Partenaires de convention	Conformité avec le standard	Si conforme, méthode choisie	Signature d'un instrument de mise en conformité	Méthode choisie dans l'instrument de mise en conformité (si différent de l'IM)
1	Antigua-et-Barbuda*	Non	N/C	Oui	N/C
2	Barbade	Non	N/C	Oui	N/C
3	Belize	Non	N/C	Oui	N/C
4	Canada	Non	N/C	Oui	N/C
5	Chine (République populaire de)	Non	N/C	Oui	N/C
6	Danemark	Non	N/C	Oui	N/C
7	Dominique*	Non	N/C	Oui	N/C
8	France	Non	N/C	Oui	N/C
9	Allemagne	Non	N/C	Oui	N/C
10	Grenade*	Non	N/C	Oui	N/C
11	Guyana*	Non	N/C	Oui	N/C
12	Israël	Non	N/C	Oui	N/C
13	Mexique		N/C	Oui	N/C
14	Norvège	Non	N/C	Oui	N/C
15	Saint-Kitts-et-Nevis	Non	N/C	Oui	N/C
16	Sainte-Lucie	Non	N/C	Oui	N/C
17	Saint-Vincent-et-les-Grenadines*	Non	N/C	Oui	N/C
18	Espagne	Non	N/C	Oui	N/C
19	Suède	Non	N/C	Oui	N/C
20	Suisse	Non	N/C	Oui	N/C
21	Trinité-et-Tobago	Non	N/C	Oui	N/C
22	Royaume-Uni	Non	N/C	Oui	N/C
23	États-Unis	Non	N/C	Oui	N/C

Japon

A. Progrès dans la mise en œuvre du standard minimum

Le Japon compte 68 conventions fiscales en vigueur, comme l'indique sa réponse au questionnaire d'examen par les pairs. Quatre de ces conventions, celles conclues avec le Chili, l'Allemagne, la Lettonie et la Slovénie, sont conformes au standard minimum.

Le Japon a signé l'IM en 2017, notifiant à titre provisoire 35 de ses 68 conventions fiscales[40]. Le Japon a également signé un instrument bilatéral de mise en conformité concernant quatre de ses conventions, celles avec l'Autriche, la Belgique, le Danemark et la Russie.

Concernant ses conventions conformes avec l'Allemagne et la Lettonie, le standard minimum est mis en œuvre par l'inclusion de la disposition de la déclaration du préambule et de la règle COP associée à la règle LOB[41]. Pour ses conventions conformes avec le Chili et la Slovénie, le standard minimum est mis en œuvre par l'inclusion de la disposition de la déclaration du préambule et de la règle COP.

Pour 34 de ses conventions notifiées aux fins de l'IM, le Japon choisit d'appliquer la disposition de la déclaration du préambule (article 6 de l'IM)[42]. Pour 34 de ses conventions notifiées aux fins de l'IM, le Japon choisit d'appliquer la règle COP (article 7 de l'IM). Les conventions qui seront modifiées par l'IM deviendront conformes au standard minimum une fois que les dispositions de l'IM auront pris effet.

Pour ses conventions avec l'Autriche, la Belgique, le Danemark et la Russie faisant l'objet d'un instrument bilatéral de mise en conformité, le Japon choisit d'appliquer la disposition de la déclaration du préambule et la règle COP combinée à la règle LOB[43].

Le Japon a déposé son instrument de ratification auprès du Secrétaire général de l'OCDE le 26 septembre 2018[44]. L'IM est entré en vigueur pour le Japon le 1er janvier 2019.

Le Japon a indiqué dans sa réponse au questionnaire d'examen par les pairs que les conventions ne faisant pas l'objet d'un instrument de mise en conformité n'ont pas été notifiées aux fins de l'IM car elles ont été conclues avec des partenaires qui ne prévoyaient pas d'adhérer à l'IM au moment où le Japon a signé l'IM.

Le Japon a également indiqué que des négociations bilatérales seraient engagées pour ses conventions avec l'Autriche, la Belgique, le Danemark, l'Espagne et la Russie.

B. Difficultés de mise en œuvre

Aucune juridiction n'a signalé de préoccupation relative à ses conventions conclues avec le Japon.

Tableau A A.51. Synthèse de la réponse de la juridiction

	Partenaires de convention	Conformité avec le standard	Si conforme, méthode choisie	Signature d'un instrument de mise en conformité	Méthode choisie dans l'instrument de mise en conformité (si différent de l'IM)
1	Arménie*	Non	N/C	Non	N/C
2	Australie	Non	N/C	Oui	N/C
3	Autriche	Non	N/C	Oui	COP et LOB
4	Azerbaïdjan*	Non	N/C	Non	N/C

	Partenaires de convention	Conformité avec le standard	Si conforme, méthode choisie	Signature d'un instrument de mise en conformité	Méthode choisie dans l'instrument de mise en conformité (si différent de l'IM)
5	Bangladesh*	Non	N/C	Non	N/C
6	Bélarus*	Non	N/C	Non	N/C
7	Belgique	Non	N/C	Oui	COP et LOB
8	Brésil	Non	N/C	Non	N/C
9	Brunei Darussalam	Non	N/C	Non	N/C
10	Bulgarie	Non	N/C	Oui	N/C
11	Canada	Non	N/C	Oui	N/C
12	Chili	Oui	COP uniquement	N/C	N/C
13	Chine (République populaire de)	Non	N/C	Oui	N/C
14	République tchèque	Non	N/C	Oui	N/C
15	Danemark	Non	N/C	Oui	COP et LOB
16	Égypte	Non	N/C	Non	N/C
17	Fidji*	Non	N/C	Oui	N/C
18	Finlande	Non	N/C	Oui	N/C
19	France	Non	N/C	Oui	N/C
20	Géorgie	Non	N/C	Non	N/C
21	Allemagne	Oui	COP et LOB	N/C	N/C
22	Hong Kong (Chine)	Non	N/C	Oui	N/C
23	Hongrie	Non	N/C	Oui	N/C
24	Inde	Non	N/C	Oui	N/C
25	Indonésie	Non	N/C	Oui	N/C
26	Irlande	Non	N/C	Oui	N/C
27	Israël	Non	N/C	Oui	N/C
28	Italie	Non	N/C	Oui	N/C
29	Kazakhstan	Non	N/C	Non	N/C
30	Corée	Non	N/C	Oui	N/C
31	Koweït*	Non	N/C	Oui	N/C
32	Kirghizistan*	Non	N/C	Non	N/C
33	Lettonie	Oui	COP et LOB	N/C	N/C
34	Luxembourg	Non	N/C	Oui	N/C
35	Malaisie	Non	N/C	Oui	N/C
36	Mexique	Non	N/C	Oui	N/C
37	Moldova*	Non	N/C	Non	N/C
38	Pays-Bas	Non	N/C	Oui	N/C
39	Nouvelle-Zélande	Non	N/C	Oui	N/C
40	Norvège	Non	N/C	Oui	N/C
41	Oman	Non	N/C	Non	N/C
42	Pakistan	Non	N/C	Oui	N/C
43	Philippines*	Non	N/C	Non	N/C
44	Pologne	Non	N/C	Oui	N/C
45	Portugal	Non	N/C	Oui	N/C
46	Qatar	Non	N/C	Non	N/C
47	Roumanie	Non	N/C	Oui	N/C
48	Russie	Non	N/C	Oui	COP et LOB
49	Arabie saoudite	Non	N/C	Oui	N/C
50	Singapour	Non	N/C	Oui	N/C
51	République slovaque	Non	N/C	Oui	N/C

	Partenaires de convention	Conformité avec le standard	Si conforme, méthode choisie	Signature d'un instrument de mise en conformité	Méthode choisie dans l'instrument de mise en conformité (si différent de l'IM)
52	Slovénie	Oui	COP uniquement	N/C	N/C
53	Afrique du Sud	Non	N/C	Oui	N/C
54	Espagne	Non	N/C	Non	N/C
55	Sri Lanka	Non	N/C	Non	N/C
56	Suède	Non	N/C	Oui	N/C
57	Suisse	Non	N/C	Non	N/C
58	Tadjikistan*	Non	N/C	Non	N/C
59	Thaïlande	Non	N/C	Non	N/C
60	Turquie	Non	N/C	Oui	N/C
61	Turkménistan*	Non	N/C	Non	N/C
62	Ukraine	Non	N/C	Non	N/C
63	Émirats arabes unis	Non	N/C	Non	N/C
64	Royaume-Uni	Non	N/C	Oui	N/C
65	États-Unis	Non	N/C	Non	N/C
66	Ouzbékistan*	Non	N/C	Non	N/C
67	Viet Nam	Non	N/C	Non	N/C
68	Zambie	Non	N/C	Non	N/C

Jersey

A. Progrès dans la mise en œuvre du standard minimum

Jersey compte 13 conventions fiscales en vigueur, comme l'indique sa réponse au questionnaire d'examen par les pairs.

Jersey a signé l'IM en 2017, notifiant 10 de ses 13 conventions fiscales.

Pour ses 10 conventions notifiées aux fins de l'IM, Jersey choisit d'appliquer la disposition de la déclaration du préambule (article 6 de l'IM) et la règle COP (article 7 de l'IM). Les conventions qui seront modifiées par l'IM deviendront conformes au standard minimum une fois que les dispositions de l'IM auront pris effet.

Jersey a déposé son instrument de ratification de l'IM auprès du Secrétaire général de l'OCDE le 15 décembre 2018. L'IM est entré en vigueur pour Jersey le 1er juillet 2018.

Jersey a indiqué que des négociations bilatérales seraient engagées pour ses conventions avec le Royaume-Uni et d'autres Dépendances de la Couronne.

B. Difficultés de mise en œuvre

Aucune juridiction n'a signalé de préoccupation relative à ses conventions conclues avec Jersey.

Tableau A A.52. Synthèse de la réponse de la juridiction

	Partenaires de convention	Conformité avec le standard	Si conforme, méthode choisie	Signature d'un instrument de mise en conformité	Méthode choisie dans l'instrument de mise en conformité (si différent de l'IM)
1	Chypre*	Non	N/C	Oui	N/C
2	Estonie	Non	N/C	Oui	N/C
3	Guernesey	Non	N/C	Non	N/C
4	Hong Kong (Chine)	Non	N/C	Oui	N/C
5	Île de Man	Non	N/C	Non	N/C
6	Luxembourg	Non	N/C	Oui	N/C
7	Malte	Non	N/C	Oui	N/C
8	Qatar	Non	N/C	Oui	N/C
9	Rwanda*	Non	N/C	Oui	N/C
10	Seychelles	Non	N/C	Oui	N/C
11	Singapour	Non	N/C	Oui	N/C
12	Émirats arabes unis	Non	N/C	Oui	N/C
13	Royaume-Uni	Non	N/C	Non	N/C

Kazakhstan

A. Progrès dans la mise en œuvre du standard minimum

Le Kazakhstan compte 54 conventions fiscales en vigueur, ainsi que l'indique sa réponse au questionnaire d'examen par les pairs.

Le Kazakhstan a signé l'IM en 2018, notifiant la totalité de ses 54 conventions fiscales.

Pour ses 54 conventions notifiées aux fins de l'IM, le Kazakhstan choisit d'appliquer la disposition de la déclaration du préambule (article 6 de l'IM) et la règle COP (article 7 de l'IM). Le Kazakhstan a également opté pour la règle LOB simplifiée conformément à l'article 7(6) de l'IM. Toutes les conventions qui seront modifiées par l'IM deviendront conformes au standard minimum une fois que les dispositions de l'IM auront pris effet.

B. Difficultés de mise en œuvre

Aucune juridiction n'a signalé de préoccupation relative à ses conventions conclues avec le Kazakhstan.

Tableau A A.53. Synthèse de la réponse de la juridiction

	Partenaires de convention	Conformité avec le standard	Si conforme, méthode choisie	Signature d'un instrument de mise en conformité	Méthode choisie dans l'instrument de mise en conformité (si différent de l'IM)
1	Arménie*	Non	N/C	Oui	N/C
2	Autriche	Non	N/C	Oui	N/C
3	Azerbaïdjan*	Non	N/C	Oui	N/C
4	Bélarus*	Non	N/C	Oui	N/C
5	Belgique	Non	N/C	Oui	N/C
6	Bulgarie	Non	N/C	Oui	N/C
7	Canada	Non	N/C	Oui	N/C
8	Chine (République populaire de)	Non	N/C	Oui	N/C
9	Croatie	Non	N/C	Oui	N/C
10	République tchèque	Non	N/C	Oui	N/C
11	Estonie	Non	N/C	Oui	N/C
12	Finlande	Non	N/C	Oui	N/C
13	France	Non	N/C	Oui	N/C
14	Géorgie	Non	N/C	Oui	N/C
15	Allemagne	Non	N/C	Oui	N/C
16	Hongrie	Non	N/C	Oui	N/C
17	Inde	Non	N/C	Oui	N/C
18	Iran*	Non	N/C	Oui	N/C
19	Irlande	Non	N/C	Oui	N/C
20	Italie	Non	N/C	Oui	N/C
21	Japon	Non	N/C	Oui	N/C
22	Corée	Non	N/C	Oui	N/C
23	Kirghizistan*	Non	N/C	Oui	N/C
24	Lettonie	Non	N/C	Oui	N/C
25	Lituanie	Non	N/C	Oui	N/C
26	Luxembourg	Non	N/C	Oui	N/C
27	Macédoine*	Non	N/C	Oui	N/C

	Partenaires de convention	Conformité avec le standard	Si conforme, méthode choisie	Signature d'un instrument de mise en conformité	Méthode choisie dans l'instrument de mise en conformité (si différent de l'IM)
28	Malaisie	Non	N/C	Oui	N/C
29	Moldova*	Non	N/C	Oui	N/C
30	Mongolie	Non	N/C	Oui	N/C
31	Pays-Bas	Non	N/C	Oui	N/C
32	Norvège	Non	N/C	Oui	N/C
33	Pakistan	Non	N/C	Oui	N/C
34	Pologne	Non	N/C	Oui	N/C
35	Qatar	Non	N/C	Oui	N/C
36	Roumanie	Non	N/C	Oui	N/C
37	Russie	Non	N/C	Oui	N/C
38	Arabie saoudite	Non	N/C	Oui	N/C
39	Serbie	Non	N/C	Oui	N/C
40	Singapour	Non	N/C	Oui	N/C
41	République slovaque	Non	N/C	Oui	N/C
42	Slovénie	Non	N/C	Oui	N/C
43	Espagne	Non	N/C	Oui	N/C
44	Suède	Non	N/C	Oui	N/C
45	Suisse	Non	N/C	Oui	N/C
46	Tadjikistan*	Non	N/C	Oui	N/C
47	Turquie	Non	N/C	Oui	N/C
48	Turkménistan*	Non	N/C	Oui	N/C
49	Ukraine	Non	N/C	Oui	N/C
50	Émirats arabes unis	Non	N/C	Oui	N/C
51	Royaume-Uni	Non	N/C	Oui	N/C
52	États-Unis	Non	N/C	Oui	N/C
53	Ouzbékistan*	Non	N/C	Oui	N/C
54	Viet Nam	Non	N/C	Oui	N/C

Kenya

A. Progrès dans la mise en œuvre du standard minimum

Le Kenya compte 15 conventions fiscales en vigueur, comme l'indique sa réponse au questionnaire d'examen par les pairs.

Le Kenya n'a signé aucun instrument de mise en conformité.

B. Difficultés de mise en œuvre

Aucune juridiction n'a signalé de préoccupation relative à ses conventions conclues avec le Kenya.

Tableau A A.54. Synthèse de la réponse de la juridiction

	Partenaires de convention	Conformité avec le standard	Si conforme, méthode choisie	Signature d'un instrument de mise en conformité	Méthode choisie dans l'instrument de mise en conformité (si différent de l'IM)
1	Canada	Non	N/C	Non	N/C
2	Danemark	Non	N/C	Non	N/C
3	France	Non	N/C	Non	N/C
4	Allemagne	Non	N/C	Non	N/C
5	Inde	Non	N/C	Non	N/C
6	Iran*	Non	N/C	Non	N/C
7	Corée	Non	N/C	Non	N/C
8	Norvège	Non	N/C	Non	N/C
9	Qatar	Non	N/C	Non	N/C
10	Seychelles	Non	N/C	Non	N/C
11	Afrique du Sud	Non	N/C	Non	N/C
12	Suède	Non	N/C	Non	N/C
13	Émirats arabes unis	Non	N/C	Non	N/C
14	Royaume-Uni	Non	N/C	Non	N/C
15	Zambie	Non	N/C	Non	N/C

Corée

A. Progrès dans la mise en œuvre du standard minimum

La Corée compte 93 conventions fiscales en vigueur, comme l'indique sa réponse au questionnaire d'examen par les pairs.

La Corée a signé l'IM en 2017, notifiant 63 de ses 93 conventions fiscales. La Corée a également signé un instrument bilatéral de mise en conformité avec la République tchèque.

Pour ses conventions notifiées aux fins de l'IM, la Corée choisit d'appliquer la disposition de la déclaration du préambule (article 6 de l'IM) et la règle COP (article 7 de l'IM). Les conventions qui seront modifiées par l'IM deviendront conformes au standard minimum une fois que les dispositions de l'IM auront pris effet.

Pour sa convention avec la République tchèque faisant l'objet d'un instrument bilatéral de mise en conformité, la Corée choisit d'appliquer la disposition de la déclaration du préambule et la règle COP.

La Corée a indiqué dans sa réponse au questionnaire d'examen par les pairs que des négociations bilatérales seraient engagées pour ses conventions avec l'Albanie*, l'Autriche, Bahreïn, le Bélarus*, le Brésil, Brunei Darussalam, l'Équateur*, l'Éthiopie*, l'Allemagne, l'Iran*, le Kenya, le Kirghizstan*, le Lao*, la Malaisie, le Myanmar*, le Népal*, le Pérou, Singapour, la Suisse, le Tadjikistan*, la Turquie, le Turkménistan*, les Émirats arabes unis, l'Ouzbékistan*, le Venezuela* et le Viet Nam.

B. Difficultés de mise en œuvre

Aucune juridiction n'a signalé de préoccupation relative à ses conventions conclues avec la Corée.

Tableau A A.55. Synthèse de la réponse de la juridiction

	Partenaires de convention	Conformité avec le standard	Si conforme, méthode choisie	Signature d'un instrument de mise en conformité	Méthode choisie dans l'instrument de mise en conformité (si différent de l'IM)
1	Albanie*	Non	N/C	Non	N/C
2	Algérie*	Non	N/C	Non	N/C
3	Australie	Non	N/C	Non	N/C
4	Autriche	Non	N/C	Non	N/C
5	Azerbaïdjan*	Non	N/C	Oui	N/C
6	Bahreïn	Non	N/C	Non	N/C
7	Bangladesh*	Non	N/C	Oui	N/C
8	Bélarus*	Non	N/C	Non	N/C
9	Belgique	Non	N/C	Oui	N/C
10	Brésil	Non	N/C	Non	N/C
11	Brunei Darussalam	Non	N/C	Non	N/C
12	Bulgarie	Non	N/C	Oui	N/C
13	Canada	Non	N/C	Oui	N/C
14	Chili	Non	N/C	Oui	N/C
15	Chine (République populaire de)	Non	N/C	Oui	N/C

	Partenaires de convention	Conformité avec le standard	Si conforme, méthode choisie	Signature d'un instrument de mise en conformité	Méthode choisie dans l'instrument de mise en conformité (si différent de l'IM)
16	Colombie	Non	N/C	Oui	N/C
17	Croatie	Non	N/C	Oui	N/C
18	République tchèque	Non	N/C	Oui	COP uniquement
19	Danemark	Non	N/C	Oui	N/C
20	Équateur*	Non	N/C	Non	N/C
21	Égypte	Non	N/C	Oui	N/C
22	Estonie	Non	N/C	Oui	N/C
23	Éthiopie*	Non	N/C	Non	N/C
24	Fidji*	Non	N/C	Oui	N/C
25	Finlande	Non	N/C	Oui	N/C
26	France	Non	N/C	Oui	N/C
27	Gabon	Non	N/C	Oui	N/C
28	Géorgie	Non	N/C	Oui	N/C
29	Allemagne	Non	N/C	Oui	N/C
30	Grèce	Non	N/C	Oui	N/C
31	Hong Kong (Chine)	Non	N/C	Oui	N/C
32	Hongrie	Non	N/C	Oui	N/C
33	Islande	Non	N/C	Oui	N/C
34	Inde	Non	N/C	Oui	N/C
35	Indonésie	Non	N/C	Oui	N/C
36	Iran*	Non	N/C	Non	N/C
37	Irlande	Non	N/C	Oui	N/C
38	Israël	Non	N/C	Oui	N/C
39	Italie	Non	N/C	Oui	N/C
40	Japon	Non	N/C	Oui	N/C
41	Jordanie*	Non	N/C	Oui	N/C
42	Kazakhstan	Non	N/C	Oui	N/C
43	Kenya	Non	N/C	Non	N/C
44	Koweït*	Non	N/C	Oui	N/C
45	Kirghizistan*	Non	N/C	Non	N/C
46	République démocratique populaire lao*	Non	N/C	Non	N/C
47	Lettonie	Non	N/C	Oui	N/C
48	Lituanie	Non	N/C	Oui	N/C
49	Luxembourg	Non	N/C	Oui	N/C
50	Malaisie	Non	N/C	Non	N/C
51	Malte	Non	N/C	Oui	N/C
52	Mexique	Non	N/C	Oui	N/C
53	Mongolie	Non	N/C	Oui	N/C
54	Maroc*	Non	N/C	Oui	N/C
55	Myanmar*	Non	N/C	Non	N/C
56	Népal*	Non	N/C	Non	N/C
57	Pays-Bas	Non	N/C	Oui	N/C
58	Nouvelle-Zélande	Non	N/C	Oui	N/C
59	Norvège	Non	N/C	Oui	N/C
60	Oman	Non	N/C	Non	N/C
61	Pakistan	Non	N/C	Oui	N/C

	Partenaires de convention	Conformité avec le standard	Si conforme, méthode choisie	Signature d'un instrument de mise en conformité	Méthode choisie dans l'instrument de mise en conformité (si différent de l'IM)
62	Panama	Non	N/C	Non	N/C
63	Papouasie-Nouvelle-Guinée	Non	N/C	Oui	N/C
64	Pérou	Non	N/C	Non	N/C
65	Philippines*	Non	N/C	Oui	N/C
66	Pologne	Non	N/C	Oui	N/C
67	Portugal	Non	N/C	Oui	N/C
68	Qatar	Non	N/C	Oui	N/C
69	Roumanie	Non	N/C	Oui	N/C
70	Russie	Non	N/C	Oui	N/C
71	Arabie saoudite	Non	N/C	Oui	N/C
72	Serbie	Non	N/C	Oui	N/C
73	Singapour	Non	N/C	Non	N/C
74	République slovaque	Non	N/C	Oui	N/C
75	Slovénie	Non	N/C	Oui	N/C
76	Afrique du Sud	Non	N/C	Oui	N/C
77	Espagne	Non	N/C	Oui	N/C
78	Sri Lanka	Non	N/C	Oui	N/C
79	Suède	Non	N/C	Oui	N/C
80	Suisse	Non	N/C	Oui	N/C
81	Tadjikistan*	Non	N/C	Non	N/C
82	Thaïlande	Non	N/C	Oui	N/C
83	Tunisie	Non	N/C	Oui	N/C
84	Turquie	Non	N/C	Non	N/C
85	Turkménistan*	Non	N/C	Non	N/C
86	Ukraine	Non	N/C	Oui	N/C
87	Émirats arabes unis	Non	N/C	Non	N/C
88	Royaume-Uni	Non	N/C	Oui	N/C
89	États-Unis	Non	N/C	Non	N/C
90	Uruguay	Non	N/C	Oui	N/C
91	Ouzbékistan*	Non	N/C	Non	N/C
92	Venezuela*	Non	N/C	Non	N/C
93	Viet Nam	Non	N/C	Non	N/C

Lettonie

A. Progrès dans la mise en œuvre du standard minimum

La Lettonie compte 61 conventions fiscales en vigueur, comme l'indique sa réponse au questionnaire d'examen par les pairs. Sa convention avec le Japon est conforme au standard minimum.

La Lettonie a signé l'IM en 2017, notifiant 45 de ses 61 conventions fiscales. La Lettonie a également signé un instrument bilatéral de mise en conformité avec la Suisse.

Pour sa convention conforme avec le Japon, le standard minimum est mis en œuvre en incluant la disposition de la déclaration du préambule et la règle COP associée à la règle LOB.

Pour ses conventions notifiées aux fins de l'IM, la Lettonie choisit d'appliquer la disposition de la déclaration du préambule (article 6 de l'IM) et la règle COP (article 7 de l'IM). Les conventions qui seront modifiées par l'IM deviendront conformes au standard minimum une fois que les dispositions de l'IM auront pris effet.

Pour sa convention avec la Suisse faisant l'objet d'un instrument bilatéral de mise en conformité, la Lettonie choisit d'appliquer la disposition de la déclaration du préambule et la règle COP.

La Lettonie a indiqué dans sa réponse au questionnaire d'examen par les pairs que ses conventions ne faisant pas l'objet d'un instrument de mise en conformité n'ont pas été notifiées aux fins de l'IM car elles ont été conclues avec des partenaires qui n'étaient pas membres du Cadre inclusif au moment où la Lettonie a signé l'IM. En outre, la Lettonie a précisé qu'elle ne nourrissait pas d'inquiétude en matière de chalandage fiscal concernant ces conventions.

B. Difficultés de mise en œuvre

Aucune juridiction n'a signalé de préoccupation relative à ses conventions conclues avec la Lettonie.

Tableau A A.56. Synthèse de la réponse de la juridiction

	Partenaires de convention	Conformité avec le standard	Si conforme, méthode choisie	Signature d'un instrument de mise en conformité	Méthode choisie dans l'instrument de mise en conformité (si différent de l'IM)
1	Albanie*	Non	N/C	Non	N/C
2	Arménie*	Non	N/C	Non	N/C
3	Autriche	Non	N/C	Oui	N/C
4	Azerbaïdjan*	Non	N/C	Oui	N/C
5	Bélarus*	Non	N/C	Non	N/C
6	Belgique	Non	N/C	Oui	N/C
7	Bulgarie	Non	N/C	Oui	N/C
8	Canada	Non	N/C	Oui	N/C
9	Chine (République populaire de)	Non	N/C	Oui	N/C
10	Croatie	Non	N/C	Oui	N/C
11	Chypre*	Non	N/C	Oui	N/C
12	République tchèque	Non	N/C	Oui	N/C
13	Danemark	Non	N/C	Oui	N/C

14	Estonie	Non	N/C	Oui	N/C
15	Finlande	Non	N/C	Oui	N/C
16	France	Non	N/C	Oui	N/C
17	Géorgie	Non	N/C	Oui	N/C
18	Allemagne	Non	N/C	Oui	N/C
19	Grèce	Non	N/C	Oui	N/C
20	Hong Kong (Chine)	Non	N/C	Oui	N/C
21	Hongrie	Non	N/C	Oui	N/C
22	Islande	Non	N/C	Oui	N/C
23	Inde	Non	N/C	Oui	N/C
24	Irlande	Non	N/C	Oui	N/C
25	Israël	Non	N/C	Oui	N/C
26	Italie	Non	N/C	Oui	N/C
27	Japon	Oui	COP et LOB	N/C	N/C
28	Kazakhstan	Non	N/C	Non	N/C
29	Corée	Non	N/C	Oui	N/C
30	Koweït*	Non	N/C	Non	N/C
31	Kirghizistan*	Non	N/C	Non	N/C
32	Lituanie	Non	N/C	Oui	N/C
33	Luxembourg	Non	N/C	Oui	N/C
34	Macédoine*	Non	N/C	Non	N/C
35	Malte	Non	N/C	Oui	N/C
36	Mexique	Non	N/C	Oui	N/C
37	Moldova*	Non	N/C	Oui	N/C
38	Monténégro*	Non	N/C	Oui	N/C
39	Maroc*	Non	N/C	Non	N/C
40	Pays-Bas	Non	N/C	Non	N/C
41	Norvège	Non	N/C	Oui	N/C
42	Pologne	Non	N/C	Oui	N/C
43	Portugal	Non	N/C	Oui	N/C
44	Qatar	Non	N/C	Oui	N/C
45	Roumanie	Non	N/C	Oui	N/C
46	Russie	Non	N/C	Oui	N/C
47	Serbie	Non	N/C	Oui	N/C
48	Singapour	Non	N/C	Oui	N/C
49	République slovaque	Non	N/C	Oui	N/C
50	Slovénie	Non	N/C	Oui	N/C
51	Espagne	Non	N/C	Oui	N/C
52	Suède	Non	N/C	Oui	N/C
53	Suisse	Non	N/C	Oui	COP uniquement
54	Tadjikistan*	Non	N/C	Non	N/C
55	Turquie	Non	N/C	Oui	N/C
56	Turkménistan*	Non	N/C	Non	N/C
57	Ukraine	Non	N/C	Oui	N/C
58	Émirats arabes unis	Non	N/C	Non	N/C
59	Royaume-Uni	Non	N/C	Oui	N/C
60	États-Unis	Non	N/C	Non	N/C
61	Ouzbékistan*	Non	N/C	Non	N/C

Libéria

A. Progrès dans la mise en œuvre du standard minimum

Le Libéria compte une convention fiscale en vigueur avec l'Allemagne, comme l'indique sa réponse au questionnaire d'examen par les pairs.

Le Libéria n'a pas signé d'instrument de mise en conformité.

B. Difficultés de mise en œuvre

Aucune juridiction n'a signalé de préoccupation relative à ses conventions conclues avec le Libéria.

Tableau A A.57. Synthèse de la réponse de la juridiction

	Partenaires de convention	Conformité avec le standard	Si conforme, méthode choisie	Signature d'un instrument de mise en conformité	Méthode choisie dans l'instrument de mise en conformité (si différent de l'IM)
1	Allemagne	Non	N/C	Non	N/C

Liechtenstein

A. Progrès dans la mise en œuvre du standard minimum

Le Liechtenstein compte 18 conventions fiscales en vigueur, comme l'indique sa réponse au questionnaire d'examen par les pairs. Trois de ces conventions, celles avec l'Autriche, l'Islande et Monaco, sont conformes au standard minimum.

Le Liechtenstein a signé l'IM en 2017, notifiant 15 de ses conventions fiscales.

Pour ses conventions conformes avec l'Autriche, l'Islande et Monaco, le standard minimum est mis en œuvre en incluant la disposition de la déclaration du préambule et la règle COP.

Pour ses 15 conventions notifiées aux fins de l'IM, le Liechtenstein choisit d'appliquer la disposition de la déclaration du préambule (article 6 de l'IM) et la règle COP (article 7 de l'IM). Toutes les conventions qui seront modifiées par l'IM deviendront conformes au standard minimum une fois que les dispositions de l'IM auront pris effet.

B. Difficultés de mise en œuvre

Aucune juridiction n'a signalé de préoccupation relative à ses conventions conclues avec le Liechtenstein.

Tableau A A.58. Synthèse de la réponse de la juridiction

	Partenaires de convention	Conformité avec le standard	Si conforme, méthode choisie	Signature d'un instrument de mise en conformité	Méthode choisie dans l'instrument de mise en conformité (si différent de l'IM)
1	Andorre	Non	N/C	Oui	N/C
2	Autriche	Oui	COP	N/C	N/C
3	République tchèque	Non	N/C	Oui	N/C
4	Géorgie	Non	N/C	Oui	N/C
5	Allemagne	Non	N/C	Oui	N/C
6	Guernesey	Non	N/C	Oui	N/C
7	Hong Kong (Chine)	Non	N/C	Oui	N/C
8	Hongrie	Non	N/C	Oui	N/C
9	Islande	Oui	COP	N/C	N/C
10	Luxembourg	Non	N/C	Oui	N/C
11	Malte	Non	N/C	Oui	N/C
12	Monaco	Oui	COP	N/C	N/C
13	Saint-Marin	Non	N/C	Oui	N/C
14	Singapour	Non	N/C	Oui	N/C
15	Suisse	Non	N/C	Oui	N/C
16	Émirats arabes unis	Non	N/C	Oui	N/C
17	Royaume-Uni	Non	N/C	Oui	N/C
18	Uruguay	Non	N/C	Oui	N/C

Lituanie

A. Progrès dans la mise en œuvre du standard minimum

La Lituanie compte 55 conventions fiscales en vigueur, comme l'indique sa réponse au questionnaire d'examen par les pairs.

La Lituanie a signé l'IM en 2017, notifiant à titre provisoire la totalité de ses 55 conventions fiscales.

Pour ses 55 conventions notifiées aux fins de l'IM, la Lituanie choisit d'appliquer la disposition de la déclaration du préambule (article 6 de l'IM) et la règle COP (article 7 de l'IM). Toutes les conventions qui seront modifiées par l'IM deviendront conformes au standard minimum une fois que les dispositions de l'IM auront pris effet.

La Lituanie a déposé son instrument de ratification auprès du Secrétaire général de l'OCDE le 11 septembre 2018[45]. L'IM est entré en vigueur pour la Lituanie le 1er janvier 2019.

B. Difficultés de mise en œuvre

Aucune juridiction n'a signalé de préoccupation relative à ses conventions conclues avec la Lituanie.

Tableau A A.59. Synthèse de la réponse de la juridiction

	Partenaires de convention	Conformité avec le standard	Si conforme, méthode choisie	Signature d'un instrument de mise en conformité	Méthode choisie dans l'instrument de mise en conformité (si différent de l'IM)
1	Arménie*	Non	N/C	Oui	N/C
2	Autriche	Non	N/C	Oui	N/C
3	Azerbaïdjan*	Non	N/C	Oui	N/C
4	Bélarus*	Non	N/C	Oui	N/C
5	Belgique	Non	N/C	Oui	N/C
6	Bulgarie	Non	N/C	Oui	N/C
7	Canada	Non	N/C	Oui	N/C
8	Chine (République populaire de)	Non	N/C	Oui	N/C
9	Croatie	Non	N/C	Oui	N/C
10	Chypre*	Non	N/C	Oui	N/C
11	République tchèque	Non	N/C	Oui	N/C
12	Danemark	Non	N/C	Oui	N/C
13	Estonie	Non	N/C	Oui	N/C
14	Finlande	Non	N/C	Oui	N/C
15	France	Non	N/C	Oui	N/C
16	Géorgie	Non	N/C	Oui	N/C
17	Allemagne	Non	N/C	Oui	N/C
18	Grèce	Non	N/C	Oui	N/C
19	Hongrie	Non	N/C	Oui	N/C
20	Islande	Non	N/C	Oui	N/C
21	Inde	Non	N/C	Oui	N/C
22	Irlande	Non	N/C	Oui	N/C
23	Israël	Non	N/C	Oui	N/C

24	Italie	Non	N/C	Oui	N/C
25	Kazakhstan	Non	N/C	Oui	N/C
26	Corée	Non	N/C	Oui	N/C
27	Koweït*	Non	N/C	Oui	N/C
28	Kirghizistan*	Non	N/C	Oui	N/C
29	Lettonie	Non	N/C	Oui	N/C
30	Luxembourg	Non	N/C	Oui	N/C
31	Macédoine*	Non	N/C	Oui	N/C
32	Malte	Non	N/C	Oui	N/C
33	Mexique	Non	N/C	Oui	N/C
34	Moldova*	Non	N/C	Oui	N/C
35	Maroc*	Non	N/C	Oui	N/C
36	Pays-Bas	Non	N/C	Oui	N/C
37	Norvège	Non	N/C	Oui	N/C
38	Pologne	Non	N/C	Oui	N/C
39	Portugal	Non	N/C	Oui	N/C
40	Roumanie	Non	N/C	Oui	N/C
41	Russie	Non	N/C	Oui	N/C
42	Serbie	Non	N/C	Oui	N/C
43	Singapour	Non	N/C	Oui	N/C
44	République slovaque	Non	N/C	Oui	N/C
45	Slovénie	Non	N/C	Oui	N/C
46	Espagne	Non	N/C	Oui	N/C
47	Suède	Non	N/C	Oui	N/C
48	Suisse	Non	N/C	Oui	N/C
49	Turquie	Non	N/C	Oui	N/C
50	Turkménistan*	Non	N/C	Oui	N/C
51	Ukraine	Non	N/C	Oui	N/C
52	Émirats arabes unis	Non	N/C	Oui	N/C
53	Royaume-Uni	Non	N/C	Oui	N/C
54	États-Unis	Non	N/C	Oui	N/C
55	Ouzbékistan*	Non	N/C	Oui	N/C

Luxembourg

A. Progrès dans la mise en œuvre du standard minimum

Le Luxembourg compte 80 conventions fiscales en vigueur, comme l'indique sa réponse au questionnaire d'examen par les pairs.

Le Luxembourg a signé l'IM en 2017, notifiant la totalité de ses 80 conventions.

Pour ses 80 conventions notifiées aux fins de l'IM, le Luxembourg choisit d'appliquer la disposition de la déclaration du préambule (article 6 de l'IM) et la règle COP (article 7 de l'IM). Toutes les conventions qui seront modifiées par l'IM deviendront conformes au standard minimum une fois que les dispositions de l'IM auront pris effet.

B. Difficultés de mise en œuvre

Aucune juridiction n'a signalé de préoccupation relative à ses conventions conclues avec le Luxembourg.

Tableau A A.60. Synthèse de la réponse de la juridiction

	Partenaires de convention	Conformité avec le standard	Si conforme, méthode choisie	Signature d'un instrument de mise en conformité	Méthode choisie dans l'instrument de mise en conformité (si différent de l'IM)
1	Andorre	Non	N/C	Oui	N/C
2	Arménie*	Non	N/C	Oui	N/C
3	Autriche	Non	N/C	Oui	N/C
4	Azerbaïdjan*	Non	N/C	Oui	N/C
5	Bahreïn	Non	N/C	Oui	N/C
6	Barbade	Non	N/C	Oui	N/C
7	Belgique	Non	N/C	Oui	N/C
8	Brésil	Non	N/C	Oui	N/C
9	Brunei Darussalam	Non	N/C	Oui	N/C
10	Bulgarie	Non	N/C	Oui	N/C
11	Canada	Non	N/C	Oui	N/C
12	Chine (République populaire de)	Non	N/C	Oui	N/C
13	Taipei chinois*	Non	N/C	Oui	N/C
14	Croatie	Non	N/C	Oui	N/C
15	République tchèque	Non	N/C	Oui	N/C
16	Danemark	Non	N/C	Oui	N/C
17	Estonie	Non	N/C	Oui	N/C
18	Finlande	Non	N/C	Oui	N/C
19	France	Non	N/C	Oui	N/C
20	Géorgie	Non	N/C	Oui	N/C
21	Allemagne	Non	N/C	Oui	N/C
22	Grèce	Non	N/C	Oui	N/C
23	Guernesey	Non	N/C	Oui	N/C
24	Hong Kong (Chine)	Non	N/C	Oui	N/C
25	Hongrie	Non	N/C	Oui	N/C
26	Islande	Non	N/C	Oui	N/C
27	Inde	Non	N/C	Oui	N/C
28	Indonésie	Non	N/C	Oui	N/C

	Partenaires de convention	Conformité avec le standard	Si conforme, méthode choisie	Signature d'un instrument de mise en conformité	Méthode choisie dans l'instrument de mise en conformité (si différent de l'IM)
29	Irlande	Non	N/C	Oui	N/C
30	Île de Man	Non	N/C	Oui	N/C
31	Israël	Non	N/C	Oui	N/C
32	Italie	Non	N/C	Oui	N/C
33	Japon	Non	N/C	Oui	N/C
34	Jersey	Non	N/C	Oui	N/C
35	Kazakhstan	Non	N/C	Oui	N/C
36	Corée	Non	N/C	Oui	N/C
37	République démocratique populaire lao*	Non	N/C	Oui	N/C
38	Lettonie	Non	N/C	Oui	N/C
39	Liechtenstein	Non	N/C	Oui	N/C
40	Lituanie	Non	N/C	Oui	N/C
41	Macédoine*	Non	N/C	Oui	N/C
42	Malaisie	Non	N/C	Oui	N/C
43	Malte	Non	N/C	Oui	N/C
44	Maurice	Non	N/C	Oui	N/C
45	Mexique	Non	N/C	Oui	N/C
46	Moldova*	Non	N/C	Oui	N/C
47	Monaco	Non	N/C	Oui	N/C
48	Maroc*	Non	N/C	Oui	N/C
49	Pays-Bas	Non	N/C	Oui	N/C
50	Norvège	Non	N/C	Oui	N/C
51	Panama	Non	N/C	Oui	N/C
52	Pologne	Non	N/C	Oui	N/C
53	Portugal	Non	N/C	Oui	N/C
54	Qatar	Non	N/C	Oui	N/C
55	Roumanie	Non	N/C	Oui	N/C
56	Russie	Non	N/C	Oui	N/C
57	Saint-Marin	Non	N/C	Oui	N/C
58	Arabie saoudite	Non	N/C	Oui	N/C
59	Serbie	Non	N/C	Oui	N/C
60	Seychelles	Non	N/C	Oui	N/C
61	Singapour	Non	N/C	Oui	N/C
62	République slovaque	Non	N/C	Oui	N/C
63	Slovénie	Non	N/C	Oui	N/C
64	Afrique du Sud	Non	N/C	Oui	N/C
65	Espagne	Non	N/C	Oui	N/C
66	Sri Lanka	Non	N/C	Oui	N/C
67	Suède	Non	N/C	Oui	N/C
68	Suisse	Non	N/C	Oui	N/C
69	Tadjikistan*	Non	N/C	Oui	N/C
70	Thaïlande	Non	N/C	Oui	N/C
71	Trinité-et-Tobago	Non	N/C	Oui	N/C
72	Tunisie	Non	N/C	Oui	N/C
73	Turquie	Non	N/C	Oui	N/C
74	Ukraine	Non	N/C	Oui	N/C
75	Émirats arabes unis	Non	N/C	Oui	N/C

	Partenaires de convention	Conformité avec le standard	Si conforme, méthode choisie	Signature d'un instrument de mise en conformité	Méthode choisie dans l'instrument de mise en conformité (si différent de l'IM)
76	Royaume-Uni	Non	N/C	Oui	N/C
77	États-Unis	Non	N/C	Oui	N/C
78	Uruguay	Non	N/C	Oui	N/C
79	Ouzbékistan*	Non	N/C	Oui	N/C
80	Viet Nam	Non	N/C	Oui	N/C

Macao (Chine)

A. Progrès dans la mise en œuvre du standard minimum

Macao (Chine) compte cinq conventions fiscales en vigueur, comme l'indique sa réponse au questionnaire d'examen par les pairs.

Macao (Chine) n'a signé aucun instrument de mise en conformité.

B. Difficultés de mise en œuvre

Aucune juridiction n'a signalé de préoccupation relative à ses conventions conclues avec Macao (Chine).

Tableau A A.61. Synthèse de la réponse de la juridiction

	Partenaires de convention	Conformité avec le standard	Si conforme, méthode choisie	Signature d'un instrument de mise en conformité	Méthode choisie dans l'instrument de mise en conformité (si différent de l'IM)
1	Belgique	Non	N/C	Non	N/C
2	Cabo Verde*	Non	N/C	Non	N/C
3	Mozambique*	Non	N/C	Non	N/C
4	Portugal	Non	N/C	Non	N/C
5	Viet Nam	Non	N/C	Non	N/C

Malaisie

A. Progrès dans la mise en œuvre du standard minimum

La Malaisie compte 72 conventions fiscales en vigueur, comme l'indique sa réponse au questionnaire d'examen par les pairs.

La Malaisie a signé l'IM en 2018, notifiant la totalité de ses 72 conventions fiscales[46].

Pour ses 72 conventions notifiées aux fins de l'IM, la Malaisie choisit d'appliquer la disposition de la déclaration du préambule (article 6 de l'IM) et la règle COP (article 7 de l'IM). Toutes les conventions qui seront modifiées par l'IM deviendront conformes au standard minimum une fois que les dispositions de l'IM auront pris effet.

B. Difficultés de mise en œuvre

Aucune juridiction n'a signalé de préoccupation relative à ses conventions conclues avec la Malaisie.

Tableau A A.62. Synthèse de la réponse de la juridiction

	Partenaires de convention	Conformité avec le standard	Si conforme, méthode choisie	Signature d'un instrument de mise en conformité	Méthode choisie dans l'instrument de mise en conformité (si différent de l'IM)
1	Albanie*	Non	N/C	Oui	N/C
2	Australie	Non	N/C	Oui	N/C
3	Autriche	Non	N/C	Oui	N/C
4	Bahreïn	Non	N/C	Oui	N/C
5	Bangladesh*	Non	N/C	Oui	N/C
6	Belgique	Non	N/C	Oui	N/C
7	Bosnie-Herzégovine*	Non	N/C	Oui	N/C
8	Brunei Darussalam	Non	N/C	Oui	N/C
9	Canada	Non	N/C	Oui	N/C
10	Chili	Non	N/C	Oui	N/C
11	Chine (République populaire de)	Non	N/C	Oui	N/C
12	Croatie	Non	N/C	Oui	N/C
13	République tchèque	Non	N/C	Oui	N/C
14	Danemark	Non	N/C	Oui	N/C
15	Égypte	Non	N/C	Oui	N/C
16	Fidji*	Non	N/C	Oui	N/C
17	Finlande	Non	N/C	Oui	N/C
18	France	Non	N/C	Oui	N/C
19	Allemagne	Non	N/C	Oui	N/C
20	Hong Kong (Chine)	Non	N/C	Oui	N/C
21	Hongrie	Non	N/C	Oui	N/C
22	Inde	Non	N/C	Oui	N/C
23	Indonésie	Non	N/C	Oui	N/C
24	Iran*	Non	N/C	Oui	N/C
25	Irlande	Non	N/C	Oui	N/C
26	Italie	Non	N/C	Oui	N/C
27	Japon	Non	N/C	Oui	N/C
28	Jordanie*	Non	N/C	Oui	N/C

	Partenaires de convention	Conformité avec le standard	Si conforme, méthode choisie	Signature d'un instrument de mise en conformité	Méthode choisie dans l'instrument de mise en conformité (si différent de l'IM)
29	Kazakhstan	Non	N/C	Oui	N/C
30	Corée	Non	N/C	Oui	N/C
31	Koweït*	Non	N/C	Oui	N/C
32	Kirghizistan*	Non	N/C	Oui	N/C
33	République démocratique populaire lao*	Non	N/C	Oui	N/C
34	Liban*	Non	N/C	Oui	N/C
35	Luxembourg	Non	N/C	Oui	N/C
36	Malte	Non	N/C	Oui	N/C
37	Maurice	Non	N/C	Oui	N/C
38	Mongolie	Non	N/C	Oui	N/C
39	Maroc*	Non	N/C	Oui	N/C
40	Myanmar*	Non	N/C	Oui	N/C
41	Namibie*	Non	N/C	Oui	N/C
42	Pays-Bas	Non	N/C	Oui	N/C
43	Nouvelle-Zélande	Non	N/C	Oui	N/C
44	Norvège	Non	N/C	Oui	N/C
45	Pakistan	Non	N/C	Oui	N/C
46	Papouasie-Nouvelle-Guinée	Non	N/C	Oui	N/C
47	Philippines*	Non	N/C	Oui	N/C
48	Pologne	Non	N/C	Oui	N/C
49	Qatar	Non	N/C	Oui	N/C
50	Roumanie	Non	N/C	Oui	N/C
51	Russie	Non	N/C	Oui	N/C
52	Saint-Marin	Non	N/C	Oui	N/C
53	Arabie saoudite	Non	N/C	Oui	N/C
54	Seychelles	Non	N/C	Oui	N/C
55	Singapour	Non	N/C	Oui	N/C
56	République slovaque	Non	N/C	Oui	N/C
57	Afrique du Sud	Non	N/C	Oui	N/C
58	Espagne	Non	N/C	Oui	N/C
59	Sri Lanka	Non	N/C	Oui	N/C
60	Soudan*	Non	N/C	Oui	N/C
61	Suède	Non	N/C	Oui	N/C
62	Suisse	Non	N/C	Oui	N/C
63	République arabe syrienne*	Non	N/C	Oui	N/C
64	Thaïlande	Non	N/C	Oui	N/C
65	Turquie	Non	N/C	Oui	N/C
66	Turkménistan*	Non	N/C	Oui	N/C
67	Émirats arabes unis	Non	N/C	Oui	N/C
68	Royaume-Uni	Non	N/C	Oui	N/C
69	Ouzbékistan*	Non	N/C	Oui	N/C
70	Venezuela*	Non	N/C	Oui	N/C
71	Viet Nam	Non	N/C	Oui	N/C
72	Zimbabwe*	Non	N/C	Oui	N/C

Maldives

A. Progrès dans la mise en œuvre du standard minimum

Les Maldives ne comptent aucune convention fiscale en vigueur, comme l'indique leur réponse au questionnaire d'examen par les pairs.

B. Difficultés de mise en œuvre

Aucune juridiction n'a signalé de préoccupation concernant les Maldives.

Malte

A. Progrès dans la mise en œuvre du standard minimum

Malte compte 74 conventions fiscales en vigueur, comme l'indique sa réponse au questionnaire d'examen par les pairs.

Malte a signé l'IM en 2017, notifiant 71 de ses 74 conventions fiscales.

Pour ses conventions notifiées aux fins de l'IM, Malte choisit d'appliquer la disposition de la déclaration du préambule (article 6 de l'IM) et la règle COP (article 7 de l'IM). Les conventions qui seront modifiées par l'IM deviendront conformes au standard minimum une fois que les dispositions de l'IM auront pris effet.

Malte a indiqué dans sa réponse au questionnaire d'examen par les pairs que des négociations bilatérales seraient engagées pour ses conventions avec la Bulgarie et les États-Unis.

B. Difficultés de mise en œuvre

Aucune juridiction n'a signalé de préoccupation relative à ses conventions conclues avec Malte.

Tableau A A.63. Synthèse de la réponse de la juridiction

	Partenaires de convention	Conformité avec le standard	Si conforme, méthode choisie	Signature d'un instrument de mise en conformité	Méthode choisie dans l'instrument de mise en conformité (si différent de l'IM)
1	Albanie*	Non	N/C	Oui	N/C
2	Andorre	Non	N/C	Oui	N/C
3	Australie	Non	N/C	Oui	N/C
4	Autriche	Non	N/C	Oui	N/C
5	Azerbaïdjan*	Non	N/C	Oui	N/C
6	Bahreïn	Non	N/C	Oui	N/C
7	Barbade	Non	N/C	Oui	N/C
8	Belgique	Non	N/C	Oui	N/C
9	Bulgarie	Non	N/C	Non	N/C
10	Canada	Non	N/C	Oui	N/C
11	Chine (République populaire de)	Non	N/C	Oui	N/C
12	Croatie	Non	N/C	Oui	N/C
13	Chypre*	Non	N/C	Oui	N/C
14	République tchèque	Non	N/C	Oui	N/C
15	Danemark	Non	N/C	Oui	N/C
16	Égypte	Non	N/C	Oui	N/C
17	Estonie	Non	N/C	Oui	N/C
18	Finlande	Non	N/C	Oui	N/C
19	France	Non	N/C	Oui	N/C
20	Géorgie	Non	N/C	Oui	N/C
21	Allemagne	Non	N/C	Oui	N/C
22	Grèce	Non	N/C	Oui	N/C
23	Guernesey	Non	N/C	Oui	N/C
24	Hong Kong (Chine)	Non	N/C	Oui	N/C

	Partenaires de convention	Conformité avec le standard	Si conforme, méthode choisie	Signature d'un instrument de mise en conformité	Méthode choisie dans l'instrument de mise en conformité (si différent de l'IM)
25	Hongrie	Non	N/C	Oui	N/C
26	Islande	Non	N/C	Oui	N/C
27	Inde	Non	N/C	Oui	N/C
28	Irlande	Non	N/C	Oui	N/C
29	Île de Man	Non	N/C	Oui	N/C
30	Israël	Non	N/C	Oui	N/C
31	Italie	Non	N/C	Oui	N/C
32	Jersey	Non	N/C	Oui	N/C
33	Jordanie*	Non	N/C	Oui	N/C
34	Corée	Non	N/C	Oui	N/C
35	Koweït*	Non	N/C	Oui	N/C
36	Lettonie	Non	N/C	Oui	N/C
37	Liban*	Non	N/C	Oui	N/C
38	Libye*	Non	N/C	Oui	N/C
39	Liechtenstein	Non	N/C	Oui	N/C
40	Lituanie	Non	N/C	Oui	N/C
41	Luxembourg	Non	N/C	Oui	N/C
42	Malaisie	Non	N/C	Oui	N/C
43	Maurice	Non	N/C	Oui	N/C
44	Mexique	Non	N/C	Oui	N/C
45	Moldova*	Non	N/C	Oui	N/C
46	Monténégro*	Non	N/C	Oui	N/C
47	Maroc*	Non	N/C	Oui	N/C
48	Pays-Bas	Non	N/C	Oui	N/C
49	Norvège	Non	N/C	Oui	N/C
50	Pakistan	Non	N/C	Oui	N/C
51	Pologne	Non	N/C	Oui	N/C
52	Portugal	Non	N/C	Oui	N/C
53	Qatar	Non	N/C	Oui	N/C
54	Roumanie	Non	N/C	Oui	N/C
55	Russie	Non	N/C	Oui	N/C
56	Saint-Marin	Non	N/C	Oui	N/C
57	Arabie saoudite	Non	N/C	Oui	N/C
58	Serbie	Non	N/C	Oui	N/C
59	Singapour	Non	N/C	Oui	N/C
60	République slovaque	Non	N/C	Oui	N/C
61	Slovénie	Non	N/C	Oui	N/C
62	Afrique du Sud	Non	N/C	Oui	N/C
63	Espagne	Non	N/C	Oui	N/C
64	Suède	Non	N/C	Oui	N/C
65	Suisse	Non	N/C	Oui	N/C
66	République arabe syrienne*	Non	N/C	Oui	N/C
67	Tunisie	Non	N/C	Oui	N/C
68	Turquie	Non	N/C	Oui	N/C
69	Ukraine	Non	N/C	Non	N/C
70	Émirats arabes unis	Non	N/C	Oui	N/C
71	Royaume-Uni	Non	N/C	Oui	N/C

	Partenaires de convention	Conformité avec le standard	Si conforme, méthode choisie	Signature d'un instrument de mise en conformité	Méthode choisie dans l'instrument de mise en conformité (si différent de l'IM)
72	États-Unis	Non	N/C	Non	N/C
73	Uruguay	Non	N/C	Oui	N/C
74	Viet Nam	Non	N/C	Oui	N/C

Maurice

A. Progrès dans la mise en œuvre du standard minimum

Maurice compte 43 conventions fiscales en vigueur, comme l'indique sa réponse au questionnaire d'examen par les pairs.

Maurice a signé l'IM en 2017, notifiant 41 de ses 43 conventions fiscales dans une position provisoire révisée sur l'IM transmise au Secrétariat le 10 octobre 2018.

Pour ses conventions notifiées aux fins de l'IM, Maurice choisit d'appliquer la disposition de la déclaration du préambule (article 6 de l'IM) et la règle COP (article 7 de l'IM). Maurice a indiqué que même s'il accepte l'application de la règle COP aux fins de l'IM, il a l'intention d'adopter dans la mesure du possible une règle LOB au moyen de négociations bilatérales. Les conventions qui seront modifiées par l'IM deviendront conformes au standard minimum une fois que les dispositions de l'IM auront pris effet.

Maurice a indiqué que des négociations bilatérales seraient engagées avec le Cabo Verde et l'Inde.

B. Difficultés de mise en œuvre

Au 30 juin 2018, Maurice était engagé dans des négociations bilatérales visant à mettre en œuvre le standard minimum dans un certain nombre de conventions. Maurice a décidé le 10 octobre de soumettre une position révisée sur l'IM qui fera passer le nombre de ses conventions couvertes par l'IM de 23 à 41. Le Secrétariat n'a pas connaissance de difficultés de mise en œuvre concernant les conventions conclues avec Maurice.

Tableau A A.64. Synthèse de la réponse de la juridiction

	Partenaires de convention	Conformité avec le standard	Si conforme, méthode choisie	Signature d'un instrument de mise en conformité	Méthode choisie dans l'instrument de mise en conformité (si différent de l'IM)
1	Bangladesh*	Non	N/C	Oui	N/C
2	Barbade	Non	N/C	Oui	N/C
3	Belgique	Non	N/C	Oui	N/C
4	Botswana	Non	N/C	Oui	N/C
5	Cabo Verde*	Non	N/C	Non	N/C
6	Chine (République populaire de)	Non	N/C	Oui	N/C
7	Congo	Non	N/C	Oui	N/C
8	Croatie	Non	N/C	Oui	N/C
9	Chypre*	Non	N/C	Oui	N/C
10	Égypte	Non	N/C	Oui	N/C
11	France	Non	N/C	Oui	N/C
12	Allemagne	Non	N/C	Oui	N/C
13	Guernesey	Non	N/C	Oui	N/C
14	Inde	Non	N/C	Non	N/C
15	Italie	Non	N/C	Oui	N/C
16	Koweït*	Non	N/C	Oui	N/C
17	Lesotho*	Non	N/C	Oui	N/C
18	Luxembourg	Non	N/C	Oui	N/C
19	Madagascar*	Non	N/C	Oui	N/C

	Partenaires de convention	Conformité avec le standard	Si conforme, méthode choisie	Signature d'un instrument de mise en conformité	Méthode choisie dans l'instrument de mise en conformité (si différent de l'IM)
20	Malaisie	Non	N/C	Oui	N/C
21	Malte	Non	N/C	Oui	N/C
22	Monaco	Non	N/C	Oui	N/C
23	Mozambique*	Non	N/C	Oui	N/C
24	Namibie*	Non	N/C	Oui	N/C
25	Népal*	Non	N/C	Oui	N/C
26	Oman	Non	N/C	Oui	N/C
27	Pakistan	Non	N/C	Oui	N/C
28	Qatar	Non	N/C	Oui	N/C
29	Rwanda*	Non	N/C	Oui	N/C
30	Sénégal	Non	N/C	Oui	N/C
31	Seychelles	Non	N/C	Oui	N/C
32	Singapour	Non	N/C	Oui	N/C
33	Afrique du Sud	Non	N/C	Oui	N/C
34	Sri Lanka	Non	N/C	Oui	N/C
35	Eswatini*	Non	N/C	Oui	N/C
36	Suède	Non	N/C	Oui	N/C
37	Thaïlande	Non	N/C	Oui	N/C
38	Tunisie	Non	N/C	Oui	N/C
39	Ouganda*	Non	N/C	Oui	N/C
40	Émirats arabes unis	Non	N/C	Oui	N/C
41	Royaume-Uni	Non	N/C	Oui	N/C
42	Zambie	Non	N/C	Oui	N/C
43	Zimbabwe*	Non	N/C	Oui	N/C

Mexique

A. Progrès dans la mise en œuvre du standard minimum

Le Mexique compte 59 conventions fiscales en vigueur, comme l'indique sa réponse au questionnaire d'examen par les pairs. Trois de ces conventions, celles avec l'Argentine, l'Espagne et les Philippines*, sont conformes au standard minimum.

Le Mexique a signé l'IM en 2017, notifiant la totalité de ses 59 conventions fiscales[47].

Pour sa convention conforme avec l'Argentine, le standard minimum est mis en œuvre en incluant la disposition de la déclaration du préambule et la règle COP associée à la règle LOB. Pour ses conventions conformes avec les Philippines* et l'Espagne, le standard minimum est appliqué en incluant la disposition de la déclaration du préambule et la règle COP.

Pour 56 de ses conventions notifiées aux fins de l'IM, le Mexique choisit d'appliquer la disposition de la déclaration du préambule (article 6 de l'IM) et la règle COP (article 7 de l'IM). Trois des conventions du Mexique, les conventions conformes avec l'Argentine, l'Espagne et les Philippines*, entrent dans le champ des réserves formulées par le Mexique conformément à l'article 6(4) ou à l'article 7(15)(b) de l'IM[48]. Le Mexique a également opté pour la règle LOB simplifiée au titre de l'article 7(6) de l'IM. Toutes les conventions qui seront modifiées par l'IM deviendront conformes au standard minimum une fois que les dispositions de l'IM auront pris effet.

B. Difficultés de mise en œuvre

Aucune juridiction n'a signalé de préoccupation relative à ses conventions conclues avec le Mexique.

Tableau A A.65. Synthèse de la réponse de la juridiction

	Partenaires de convention	Conformité avec le standard	Si conforme, méthode choisie	Signature d'un instrument de mise en conformité	Méthode choisie dans l'instrument de mise en conformité (si différent de l'IM)
1	Argentine	Oui	COP et LOB	N/C	N/C
2	Australie	Non	N/C	Oui	N/C
3	Autriche	Non	N/C	Oui	N/C
4	Bahreïn	Non	N/C	Oui	N/C
5	Barbade	Non	N/C	Oui	N/C
6	Belgique	Non	N/C	Oui	N/C
7	Brésil	Non	N/C	Oui	N/C
8	Canada	Non	N/C	Oui	N/C
9	Chili	Non	N/C	Oui	N/C
10	Chine (République populaire de)	Non	N/C	Oui	N/C
11	Colombie	Non	N/C	Oui	N/C
12	République tchèque	Non	N/C	Oui	N/C
13	Danemark	Non	N/C	Oui	N/C
14	Équateur*	Non	N/C	Oui	N/C
15	Estonie	Non	N/C	Oui	N/C
16	Finlande	Non	N/C	Oui	N/C

	Partenaires de convention	Conformité avec le standard	Si conforme, méthode choisie	Signature d'un instrument de mise en conformité	Méthode choisie dans l'instrument de mise en conformité (si différent de l'IM)
17	France	Non	N/C	Oui	N/C
18	Allemagne	Non	N/C	Oui	N/C
19	Grèce	Non	N/C	Oui	N/C
20	Hong Kong (Chine)	Non	N/C	Oui	N/C
21	Hongrie	Non	N/C	Oui	N/C
22	Islande	Non	N/C	Oui	N/C
23	Inde	Non	N/C	Oui	N/C
24	Indonésie	Non	N/C	Oui	N/C
25	Irlande	Non	N/C	Oui	N/C
26	Israël	Non	N/C	Oui	N/C
27	Italie	Non	N/C	Oui	N/C
28	Jamaïque	Non	N/C	Oui	N/C
29	Japon	Non	N/C	Oui	N/C
30	Corée	Non	N/C	Oui	N/C
31	Koweït*	Non	N/C	Oui	N/C
32	Lettonie	Non	N/C	Oui	N/C
33	Lituanie	Non	N/C	Oui	N/C
34	Luxembourg	Non	N/C	Oui	N/C
35	Malte	Non	N/C	Oui	N/C
36	Pays-Bas	Non	N/C	Oui	N/C
37	Nouvelle-Zélande	Non	N/C	Oui	N/C
38	Norvège	Non	N/C	Oui	N/C
39	Panama	Non	N/C	Oui	N/C
40	Pérou	Non	N/C	Oui	N/C
41	Philippines*	Oui	COP	N/C	N/C
42	Pologne	Non	N/C	Oui	N/C
43	Portugal	Non	N/C	Oui	N/C
44	Qatar	Non	N/C	Oui	N/C
45	Roumanie	Non	N/C	Oui	N/C
46	Russie	Non	N/C	Oui	N/C
47	Arabie saoudite	Non	N/C	Oui	N/C
48	Singapour	Non	N/C	Oui	N/C
49	République slovaque	Non	N/C	Oui	N/C
50	Afrique du Sud	Non	N/C	Oui	N/C
51	Espagne	Oui	COP	N/C	N/C
52	Suède	Non	N/C	Oui	N/C
53	Suisse	Non	N/C	Oui	N/C
54	Turquie	Non	N/C	Oui	N/C
55	Ukraine	Non	N/C	Oui	N/C
56	Émirats arabes unis	Non	N/C	Oui	N/C
57	Royaume-Uni	Non	N/C	Oui	N/C
58	États-Unis	Non	N/C	Oui	N/C
59	Uruguay	Non	N/C	Oui	N/C

Monaco

A. Progrès dans la mise en œuvre du standard minimum

Monaco compte 9 conventions fiscales en vigueur, comme l'indique sa réponse au questionnaire d'examen par les pairs. Sa convention avec le Liechtenstein est conforme au standard minimum.

Monaco a signé l'IM en 2017, notifiant 8 de ses 9 conventions fiscales[49].

Pour sa convention conforme avec le Liechtenstein, le standard minimum est appliqué en incluant la disposition de la déclaration du préambule et la règle COP.

Pour ses 8 conventions notifiées aux fins de l'IM, Monaco choisit d'appliquer la disposition de la déclaration du préambule (article 6 de l'IM) et la règle COP (article 7 de l'IM). Toutes les conventions qui seront modifiées par l'IM deviendront conformes au standard minimum une fois que les dispositions de l'IM auront pris effet.

B. Difficultés de mise en œuvre

Aucune juridiction n'a signalé de préoccupation relative à ses conventions conclues avec Monaco.

Tableau A A.66. Synthèse de la réponse de la juridiction

	Partenaires de convention	Conformité avec le standard	Si conforme, méthode choisie	Signature d'un instrument de mise en conformité	Méthode choisie dans l'instrument de mise en conformité (si différent de l'IM)
1	Guernesey	Non	N/C	Oui	N/C
2	Liechtenstein	Oui	COP	N/C	N/C
3	Luxembourg	Non	N/C	Oui	N/C
4	Mali*	Non	N/C	Oui	N/C
5	Maurice	Non	N/C	Oui	N/C
6	Qatar	Non	N/C	Oui	N/C
7	Saint-Kitts-et-Nevis	Non	N/C	Oui	N/C
8	Seychelles	Non	N/C	Oui	N/C
9	France	Non	N/C	Oui	N/C

Mongolie

A. Progrès dans la mise en œuvre du standard minimum

La Mongolie compte 24 conventions fiscales en vigueur, comme l'indique sa réponse au questionnaire d'examen par les pairs.

La Mongolie n'a signé aucun instrument de mise en conformité.

B. Difficultés de mise en œuvre

Aucune juridiction n'a signalé de préoccupation relative à ses conventions conclues avec la Mongolie.

Tableau A A.67. Synthèse de la réponse de la juridiction

	Partenaires de convention	Conformité avec le standard	Si conforme, méthode choisie	Signature d'un instrument de mise en conformité	Méthode choisie dans l'instrument de mise en conformité (si différent de l'IM)
1	Autriche	Non	N/C	Non	N/C
2	Bélarus*	Non	N/C	Non	N/C
3	Belgique	Non	N/C	Non	N/C
4	Bulgarie	Non	N/C	Non	N/C
5	Canada	Non	N/C	Non	N/C
6	Chine (République populaire de)	Non	N/C	Non	N/C
7	République tchèque	Non	N/C	Non	N/C
8	France	Non	N/C	Non	N/C
9	Allemagne	Non	N/C	Non	N/C
10	Hongrie	Non	N/C	Non	N/C
11	Inde	Non	N/C	Non	N/C
12	Indonésie	Non	N/C	Non	N/C
13	Kazakhstan	Non	N/C	Non	N/C
14	Corée	Non	N/C	Non	N/C
15	Kirghizistan*	Non	N/C	Non	N/C
16	Malaisie	Non	N/C	Non	N/C
17	Pologne	Non	N/C	Non	N/C
18	Russie	Non	N/C	Non	N/C
19	Singapour	Non	N/C	Non	N/C
20	Suisse	Non	N/C	Non	N/C
21	Turquie	Non	N/C	Non	N/C
22	Ukraine	Non	N/C	Non	N/C
23	Royaume-Uni	Non	N/C	Non	N/C
24	Viet Nam	Non	N/C	Non	N/C

Montserrat

A. Progrès dans la mise en œuvre du standard minimum

Montserrat compte deux conventions fiscales en vigueur, comme l'indique sa réponse au questionnaire d'examen par les pairs.

Montserrat n'a signé aucun instrument de mise en conformité.

Montserrat a indiqué dans sa réponse au questionnaire d'examen par les pairs que sa convention avec le Royaume-Uni est un accord qui ne peut pas être modifié par l'IM.

B. Difficultés de mise en œuvre

Aucune juridiction n'a signalé de préoccupation relative à ses conventions conclues avec Montserrat.

Tableau A A.68. Synthèse de la réponse de la juridiction

	Partenaires de convention	Conformité avec le standard	Si conforme, méthode choisie	Signature d'un instrument de mise en conformité	Méthode choisie dans l'instrument de mise en conformité (si différent de l'IM)
1	Suisse	Non	N/C	Non	N/C
2	Royaume-Uni	Non	N/C	Non	N/C

Pays-Bas

A. Progrès dans la mise en œuvre du standard minimum

Les Pays-Bas comptent 95 conventions fiscales en vigueur, comme l'indique leur réponse au questionnaire d'examen par les pairs.

Les Pays-Bas ont signé l'IM en 2017, notifiant 81 de leurs 95 conventions fiscales[50]. Les Pays-Bas ont également signé un instrument bilatéral de mise en conformité pour cinq de leurs conventions, celles avec l'Algérie*, le Danemark, le Ghana*, l'Ouzbékistan* et l'Ukraine[51].

Pour leurs conventions notifiées aux fins de l'IM, les Pays-Bas choisissent d'appliquer la disposition de la déclaration du préambule (article 6 de l'IM) et la règle COP (article 7 de l'IM). Les conventions qui seront modifiées par l'IM deviendront conformes au standard minimum une fois que les dispositions de l'IM auront pris effet.

Pour leurs conventions faisant l'objet d'un instrument bilatéral de mise en conformité, les Pays-Bas choisissent d'appliquer la disposition de la déclaration du préambule et la règle COP.

Les conventions conclues avec Aruba*, Curaçao et Sint-Maarten* ne sont pas notifiées aux fins de l'IM car ce sont des accords régis par le droit interne du Royaume des Pays-Bas.

Les Pays-Bas ont indiqué dans leur réponse au questionnaire d'examen par les pairs que des négociations bilatérales seraient engagées pour leurs conventions avec la Belgique, le Brésil, la Bulgarie, l'Espagne, l'Irlande, la Pologne et la Suisse.

B. Difficultés de mise en œuvre

Aucune juridiction n'a signalé de préoccupation relative à ses conventions conclues avec les Pays-Bas.

Tableau A A.69. Synthèse de la réponse de la juridiction

	Partenaires de convention	Conformité avec le standard	Si conforme, méthode choisie	Signature d'un instrument de mise en conformité	Méthode choisie dans l'instrument de mise en conformité (si différent de l'IM)
1	Albanie*	Non	N/C	Oui	N/C
2	Algérie*	Non	N/C	Oui	COP uniquement
3	Argentine	Non	N/C	Oui	N/C
4	Arménie*	Non	N/C	Oui	N/C
5	Aruba*	Non	N/C	Non	N/C
6	Australie	Non	N/C	Oui	N/C
7	Autriche	Non	N/C	Oui	N/C
8	Azerbaïdjan*	Non	N/C	Oui	N/C
9	Bahreïn	Non	N/C	Oui	N/C
10	Bangladesh*	Non	N/C	Oui	N/C
11	Barbade	Non	N/C	Oui	N/C
12	Bélarus*	Non	N/C	Oui	N/C
13	Belgique	Non	N/C	Non	N/C
14	Bosnie-Herzégovine*	Non	N/C	Oui	N/C
15	Brésil	Non	N/C	Non	N/C

	Partenaires de convention	Conformité avec le standard	Si conforme, méthode choisie	Signature d'un instrument de mise en conformité	Méthode choisie dans l'instrument de mise en conformité (si différent de l'IM)
16	Bulgarie	Non	N/C	Non	N/C
17	Canada	Non	N/C	Oui	N/C
18	Chine (République populaire de)	Non	N/C	Oui	N/C
19	Taipei chinois*	Non	N/C	Non	N/C
20	Croatie	Non	N/C	Oui	N/C
21	Curaçao	Non	N/C	Non	N/C
22	République tchèque	Non	N/C	Oui	N/C
23	Danemark	Non	N/C	Oui	COP uniquement
24	Égypte	Non	N/C	Oui	N/C
25	Estonie	Non	N/C	Oui	N/C
26	Éthiopie*	Non	N/C	Oui	N/C
27	Finlande	Non	N/C	Oui	N/C
28	France	Non	N/C	Oui	N/C
29	Géorgie	Non	N/C	Oui	N/C
30	Allemagne	Non	N/C	Oui	N/C
31	Ghana*	Non	N/C	Oui	COP uniquement
32	Grèce	Non	N/C	Oui	N/C
33	Hong Kong (Chine)	Non	N/C	Oui	N/C
34	Hongrie	Non	N/C	Oui	N/C
35	Islande	Non	N/C	Oui	N/C
36	Inde	Non	N/C	Oui	N/C
37	Indonésie	Non	N/C	Oui	N/C
38	Irlande	Non	N/C	Non	N/C
39	Israël	Non	N/C	Oui	N/C
40	Italie	Non	N/C	Oui	N/C
41	Japon	Non	N/C	Oui	N/C
42	Jordanie*	Non	N/C	Oui	N/C
43	Kazakhstan	Non	N/C	Oui	N/C
44	Kenya	Non	N/C	Oui	N/C
45	Corée	Non	N/C	Oui	N/C
46	Koweït*	Non	N/C	Oui	N/C
47	Lettonie	Non	N/C	Oui	N/C
48	Lituanie	Non	N/C	Oui	N/C
49	Luxembourg	Non	N/C	Oui	N/C
50	Macédoine*	Non	N/C	Oui	N/C
51	Malawi*	Non	N/C	Oui	N/C
52	Malaisie	Non	N/C	Oui	N/C
53	Malte	Non	N/C	Oui	N/C
54	Mexique	Non	N/C	Oui	N/C
55	Moldova*	Non	N/C	Oui	N/C
56	Monténégro*	Non	N/C	Oui	N/C
57	Maroc*	Non	N/C	Oui	N/C
58	Nouvelle-Zélande	Non	N/C	Oui	N/C
59	Nigéria	Non	N/C	Oui	N/C
60	Norvège	Non	N/C	Oui	N/C
61	Oman	Non	N/C	Oui	N/C
62	Pakistan	Non	N/C	Oui	N/C

	Partenaires de convention	Conformité avec le standard	Si conforme, méthode choisie	Signature d'un instrument de mise en conformité	Méthode choisie dans l'instrument de mise en conformité (si différent de l'IM)
63	Panama	Non	N/C	Oui	N/C
64	Philippines*	Non	N/C	Oui	N/C
65	Pologne	Non	N/C	Non	N/C
66	Portugal	Non	N/C	Oui	N/C
67	Qatar	Non	N/C	Oui	N/C
68	Roumanie	Non	N/C	Oui	N/C
69	Russie	Non	N/C	Oui	N/C
70	Arabie saoudite	Non	N/C	Oui	N/C
71	Serbie	Non	N/C	Oui	N/C
72	Singapour	Non	N/C	Oui	N/C
73	Sint-Maarten*	Non	N/C	Non	N/C
74	République slovaque	Non	N/C	Oui	N/C
75	Slovénie	Non	N/C	Oui	N/C
76	Afrique du Sud	Non	N/C	Oui	N/C
77	Espagne	Non	N/C	Non	N/C
78	Sri Lanka	Non	N/C	Oui	N/C
79	Suriname*	Non	N/C	Oui	N/C
80	Suède	Non	N/C	Oui	N/C
81	Suisse	Non	N/C	Non	N/C
82	Tadjikistan*	Non	N/C	Oui	N/C
83	Thaïlande	Non	N/C	Oui	N/C
84	Tunisie	Non	N/C	Oui	N/C
85	Turquie	Non	N/C	Oui	N/C
86	Ouganda*	Non	N/C	Oui	N/C
87	Ukraine	Non	N/C	Oui	COP uniquement
88	Émirats arabes unis	Non	N/C	Oui	N/C
89	Royaume-Uni	Non	N/C	Oui	N/C
90	États-Unis	Non	N/C	Oui	N/C
91	Ouzbékistan*	Non	N/C	Oui	COP uniquement
92	Venezuela*	Non	N/C	Oui	N/C
93	Viet Nam	Non	N/C	Oui	N/C
94	Zambie	Non	N/C	Oui	N/C
95	Zimbabwe*	Non	N/C	Oui	N/C

Nouvelle-Zélande

A. Progrès dans la mise en œuvre du standard minimum

La Nouvelle-Zélande compte 40 conventions fiscales en vigueur, comme l'indique sa réponse au questionnaire d'examen par les pairs. Sa convention avec Samoa*, non couverte par l'examen par les pairs, est conforme au standard minimum.

La Nouvelle-Zélande a signé l'IM en 2017 et a déposé son instrument de ratification de l'IM auprès du Secrétaire général de l'OCDE le 27 juin 2018. Elle a notifié 37 de ses 40 conventions fiscales. L'IM entrera en vigueur pour la Nouvelle-Zélande le 1er octobre 2018.

Pour sa convention conforme avec Samoa*, le standard minimum est mis en œuvre par l'inclusion de la disposition de la déclaration du préambule et de la règle COP.

Pour ses 37 conventions notifiées aux fins de l'IM, la Nouvelle-Zélande choisit d'appliquer la disposition de la déclaration du préambule (article 6 de l'IM) et la règle COP (article 7 de l'IM). Les conventions qui seront modifiées par l'IM deviendront conformes au standard minimum une fois que les dispositions de l'IM auront pris effet.

B. Difficultés de mise en œuvre

Aucune juridiction n'a signalé de préoccupation relative à ses conventions conclues avec la Nouvelle-Zélande.

Tableau A A.70. Synthèse de la réponse de la juridiction

	Partenaires de convention	Conformité avec le standard	Si conforme, méthode choisie	Signature d'un instrument de mise en conformité	Méthode choisie dans l'instrument de mise en conformité (si différent de l'IM)
1	Australie	Non	N/C	Oui	N/C
2	Autriche	Non	N/C	Oui	N/C
3	Belgique	Non	N/C	Oui	N/C
4	Canada	Non	N/C	Oui	N/C
5	Chili	Non	N/C	Oui	N/C
6	Chine (République populaire de)	Non	N/C	Oui	N/C
7	Taipei chinois*	Non	N/C	Non	N/C
8	République tchèque	Non	N/C	Oui	N/C
9	Danemark	Non	N/C	Oui	N/C
10	Fidji*	Non	N/C	Oui	N/C
11	Finlande	Non	N/C	Oui	N/C
12	France	Non	N/C	Oui	N/C
13	Allemagne	Non	N/C	Oui	N/C
14	Hong Kong (Chine)	Non	N/C	Oui	N/C
15	Inde	Non	N/C	Oui	N/C
16	Indonésie	Non	N/C	Oui	N/C
17	Irlande	Non	N/C	Oui	N/C
18	Italie	Non	N/C	Oui	N/C
19	Japon	Non	N/C	Oui	N/C
20	Corée	Non	N/C	Oui	N/C
21	Malaisie	Non	N/C	Oui	N/C

	Partenaires de convention	Conformité avec le standard	Si conforme, méthode choisie	Signature d'un instrument de mise en conformité	Méthode choisie dans l'instrument de mise en conformité (si différent de l'IM)
22	Mexique	Non	N/C	Oui	N/C
23	Pays-Bas	Non	N/C	Oui	N/C
24	Norvège	Non	N/C	Oui	N/C
25	Papouasie-Nouvelle-Guinée	Non	N/C	Oui	N/C
26	Philippines*	Non	N/C	Oui	N/C
27	Pologne	Non	N/C	Oui	N/C
28	Russie	Non	N/C	Oui	N/C
29	Samoa*	Oui	COP uniquement	N/C	N/C
30	Singapour	Non	N/C	Oui	N/C
31	Afrique du Sud	Non	N/C	Oui	N/C
32	Espagne	Non	N/C	Oui	N/C
33	Suède	Non	N/C	Oui	N/C
34	Suisse	Non	N/C	Oui	N/C
35	Thaïlande	Non	N/C	Oui	N/C
36	Turquie	Non	N/C	Oui	N/C
37	Émirats arabes unis	Non	N/C	Oui	N/C
38	Royaume-Uni	Non	N/C	Oui	N/C
39	États-Unis	Non	N/C	Non	N/C
40	Viet Nam	Non	N/C	Oui	N/C

Nigéria

A. Progrès dans la mise en œuvre du standard minimum

Le Nigéria compte 14 conventions fiscales en vigueur, comme l'indique sa réponse au questionnaire d'examen par les pairs.

Le Nigéria a signé l'IM en 2017, notifiant la totalité de ses 14 conventions fiscales[52].

Pour ses 14 conventions notifiées aux fins de l'IM, le Nigéria choisit d'appliquer la disposition de la déclaration du préambule (article 6 de l'IM) et la règle COP (article 7 de l'IM). Toutes les conventions qui seront modifiées par l'IM deviendront conformes au standard minimum une fois que les dispositions de l'IM auront pris effet.

B. Difficultés de mise en œuvre

Aucune juridiction n'a signalé de préoccupation relative à ses conventions conclues avec le Nigéria.

Tableau A A.71. Synthèse de la réponse de la juridiction

	Partenaires de convention	Conformité avec le standard	Si conforme, méthode choisie	Signature d'un instrument de mise en conformité	Méthode choisie dans l'instrument de mise en conformité (si différent de l'IM)
1	Belgique	Non	N/C	Oui	N/C
2	Canada	Non	N/C	Oui	N/C
3	Chine (République populaire de)	Non	N/C	Oui	N/C
4	République tchèque	Non	N/C	Oui	N/C
5	France	Non	N/C	Oui	N/C
6	Pays-Bas	Non	N/C	Oui	N/C
7	Pakistan	Non	N/C	Oui	N/C
8	Philippines*	Non	N/C	Oui	N/C
9	Roumanie	Non	N/C	Oui	N/C
10	République slovaque	Non	N/C	Oui	N/C
11	Afrique du Sud	Non	N/C	Oui	N/C
12	Espagne	Non	N/C	Oui	N/C
13	Suède	Non	N/C	Oui	N/C
14	Royaume-Uni	Non	N/C	Oui	N/C

Norvège

A. Progrès dans la mise en œuvre du standard minimum

La Norvège compte 84 conventions fiscales en vigueur, comme l'indique sa réponse au questionnaire d'examen par les pairs, y compris la Convention nordique multilatérale conclue avec le Danemark, les Îles Féroé, la Finlande, l'Islande et la Suède (la "Convention nordique")[53].

La Norvège a signé l'IM en 2017, notifiant 28 de ses 84 conventions fiscales.

Pour ses conventions notifiées aux fins de l'IM, la Norvège choisit d'appliquer la disposition de la déclaration du préambule (article 6 de l'IM) et la règle COP (article 7 de l'IM). La Norvège a indiqué que même si elle accepte l'application de la règle COP aux fins de l'IM, elle a l'intention d'adopter dans la mesure du possible une règle LOB au moyen de négociations bilatérales. La Norvège a également accepté d'appliquer une règle LOB simplifiée dans ses conventions conclues avec des partenaires qui ont opté pour la règle LOB simplifiée conformément à l'article 7(7)(a) de l'IM. Les conventions qui seront modifiées par l'IM deviendront conformes au standard minimum une fois que les dispositions de l'IM auront pris effet.

La Norvège n'a pas notifié la Convention nordique aux fins de l'IM et a indiqué que cette convention ferait bientôt l'objet d'un instrument de mise en conformité.

La Norvège a également indiqué dans sa réponse au questionnaire d'examen par les pairs que des négociations bilatérales seraient engagées pour ses conventions avec la Belgique, le Brésil, le Canada, la France, l'Allemagne, Israël, la Corée, la Nouvelle-Zélande, Singapour, la République slovaque, l'Espagne, la Suisse, la Thaïlande et les États-Unis.

B. Difficultés de mise en œuvre

Aucune juridiction n'a signalé de préoccupation relative à ses conventions conclues avec la Norvège.

Tableau A A.72. Synthèse de la réponse de la juridiction

	Partenaires de convention	Conformité avec le standard	Si conforme, méthode choisie	Signature d'un instrument de mise en conformité	Méthode choisie dans l'instrument de mise en conformité (si différent de l'IM)
1	Albanie*	Non	N/C	Non	N/C
2	Argentine	Non	N/C	Oui	N/C
3	Australie	Non	N/C	Oui	N/C
4	Autriche	Non	N/C	Non	N/C
5	Azerbaïdjan*	Non	N/C	Non	N/C
6	Bangladesh*	Non	N/C	Non	N/C
7	Barbade	Non	N/C	Non	N/C
8	Belgique	Non	N/C	Non	N/C
9	Bénin	Non	N/C	Non	N/C
10	Bosnie-Herzégovine*	Non	N/C	Non	N/C
11	Brésil	Non	N/C	Non	N/C
12	Bulgarie	Non	N/C	Oui	N/C
13	Canada	Non	N/C	Non	N/C
14	Chili	Non	N/C	Oui	N/C

	Partenaires de convention	Conformité avec le standard	Si conforme, méthode choisie	Signature d'un instrument de mise en conformité	Méthode choisie dans l'instrument de mise en conformité (si différent de l'IM)
15	Chine (République populaire de)	Non	N/C	Oui	N/C
16	Côte d'Ivoire	Non	N/C	Non	N/C
17	Croatie	Non	N/C	Non	N/C
18	Curaçao	Non	N/C	Non	N/C
19	Chypre*	Non	N/C	Oui	N/C
20	République tchèque	Non	N/C	Oui	N/C
21	Danemark	Non	N/C	Non	N/C
22	Égypte	Non	N/C	Non	N/C
23	Estonie	Non	N/C	Oui	N/C
24	Îles Féroé*	Non	N/C	Non	N/C
25	Finlande	Non	N/C	Non	N/C
26	France	Non	N/C	Non	N/C
27	Gambie*	Non	N/C	Non	N/C
28	Géorgie	Non	N/C	Oui	N/C
29	Allemagne	Non	N/C	Non	N/C
30	Grèce	Non	N/C	Oui	N/C
31	Groenland*	Non	N/C	Non	N/C
32	Hongrie	Non	N/C	Non	N/C
33	Islande	Non	N/C	Non	N/C
34	Inde	Non	N/C	Oui	N/C
35	Indonésie	Non	N/C	Non	N/C
36	Irlande	Non	N/C	Oui	N/C
37	Israël	Non	N/C	Non	N/C
38	Italie	Non	N/C	Non	N/C
39	Jamaïque	Non	N/C	Non	N/C
40	Japon	Non	N/C	Oui	N/C
41	Kazakhstan	Non	N/C	Non	N/C
42	Kenya	Non	N/C	Non	N/C
43	Corée	Non	N/C	Non	N/C
44	Lettonie	Non	N/C	Oui	N/C
45	Lituanie	Non	N/C	Oui	N/C
46	Luxembourg	Non	N/C	Oui	N/C
47	Macédoine*	Non	N/C	Non	N/C
48	Malawi*	Non	N/C	Non	N/C
49	Malaisie	Non	N/C	Non	N/C
50	Malte		N/C	Oui	N/C
51	Mexique	Non	N/C	Oui	N/C
52	Monténégro*	Non	N/C	Non	N/C
53	Maroc*	Non	N/C	Non	N/C
54	Népal*	Non	N/C	Non	N/C
55	Pays-Bas	Non	N/C	Oui	N/C
56	Nouvelle-Zélande	Non	N/C	Non	N/C
57	Pakistan	Non	N/C	Non	N/C
58	Philippines*	Non	N/C	Non	N/C
59	Pologne	Non	N/C	Oui	N/C
60	Portugal	Non	N/C	Oui	N/C
61	Qatar	Non	N/C	Non	N/C

	Partenaires de convention	Conformité avec le standard	Si conforme, méthode choisie	Signature d'un instrument de mise en conformité	Méthode choisie dans l'instrument de mise en conformité (si différent de l'IM)
62	Roumanie	Non	N/C	Oui	N/C
63	Russie	Non	N/C	Oui	N/C
64	Sénégal	Non	N/C	Non	N/C
65	Serbie	Non	N/C	Oui	N/C
66	Sierra Leone	Non	N/C	Non	N/C
67	Singapour	Non	N/C	Non	N/C
68	Sint-Maarten*	Non	N/C	Non	N/C
69	République slovaque	Non	N/C	Non	N/C
70	Slovénie	Non	N/C	Oui	N/C
71	Afrique du Sud	Non	N/C	Oui	N/C
72	Espagne	Non	N/C	Non	N/C
73	Sri Lanka	Non	N/C	Non	N/C
74	Suède	Non	N/C	Non	N/C
75	Suisse	Non	N/C	Non	N/C
76	Tanzanie*	Non	N/C	Non	N/C
77	Thaïlande	Non	N/C	Non	N/C
78	Trinité-et-Tobago	Non	N/C	Non	N/C
79	Tunisie	Non	N/C	Non	N/C
80	Turquie	Non	N/C	Oui	N/C
81	Ouganda*	Non	N/C	Non	N/C
82	Ukraine	Non	N/C	Non	N/C
83	Royaume-Uni	Non	N/C	Oui	N/C
84	États-Unis	Non	N/C	Non	N/C
85	Venezuela*	Non	N/C	Non	N/C
86	Viet Nam	Non	N/C	Non	N/C
87	Zambie	Non	N/C	Non	N/C
88	Zimbabwe*	Non	N/C	Non	N/C

Oman

A. Progrès dans la mise en œuvre du standard minimum

Oman compte 34 conventions fiscales en vigueur, comme l'indique sa réponse au questionnaire d'examen par les pairs.

Oman n'a signé aucun instrument de mise en conformité.

Oman a indiqué dans sa réponse au questionnaire d'examen par les pairs que sa convention avec l'Inde serait modifiée par négociation bilatérale.

B. Difficultés de mise en œuvre

Aucune juridiction n'a signalé de préoccupation relative à ses conventions conclues avec Oman.

Tableau A A.73. Synthèse de la réponse de la juridiction

	Partenaires de convention	Conformité avec le standard	Si conforme, méthode choisie	Signature d'un instrument de mise en conformité	Méthode choisie dans l'instrument de mise en conformité (si différent de l'IM)
1	Algérie*	Non	N/C	Non	N/C
2	Bélarus*	Non	N/C	Non	N/C
3	Brunei Darussalam	Non	N/C	Non	N/C
4	Canada	Non	N/C	Non	N/C
5	Chine (République populaire de)	Non	N/C	Non	N/C
6	Croatie	Non	N/C	Non	N/C
7	France	Non	N/C	Non	N/C
8	Hongrie	Non	N/C	Non	N/C
9	Inde	Non	N/C	Non	N/C
10	Iran*	Non	N/C	Non	N/C
11	Italie	Non	N/C	Non	N/C
12	Japon	Non	N/C	Non	N/C
13	Corée	Non	N/C	Non	N/C
14	Liban*	Non	N/C	Non	N/C
15	Maurice	Non	N/C	Non	N/C
16	Moldova*	Non	N/C	Non	N/C
17	Maroc*	Non	N/C	Non	N/C
18	Pays-Bas	Non	N/C	Non	N/C
19	Pakistan	Non	N/C	Non	N/C
20	Portugal	Non	N/C	Non	N/C
21	Seychelles	Non	N/C	Non	N/C
22	Singapour	Non	N/C	Non	N/C
23	Afrique du Sud	Non	N/C	Non	N/C
24	Espagne	Non	N/C	Non	N/C
25	Soudan*	Non	N/C	Non	N/C
26	Suisse	Non	N/C	Non	N/C
27	République arabe syrienne*	Non	N/C	Non	N/C
28	Thaïlande	Non	N/C	Non	N/C
29	Tunisie	Non	N/C	Non	N/C

30	Turquie	Non	N/C	Non	N/C
31	Royaume-Uni	Non	N/C	Non	N/C
32	Ouzbékistan*	Non	N/C	Non	N/C
33	Viet Nam	Non	N/C	Non	N/C
34	Yémen*	Non	N/C	Non	N/C

Pakistan

A. Progrès dans la mise en œuvre du standard minimum

Le Pakistan compte 65 conventions fiscales en vigueur, comme l'indique sa réponse au questionnaire d'examen par les pairs.

Le Pakistan a signé l'IM en 2017, notifiant 63 de ses 65 conventions fiscales.

Pour ses 63 conventions notifiées aux fins de l'IM, le Pakistan choisit d'appliquer la disposition de la déclaration du préambule (article 6 de l'IM) et la règle COP (article 7 de l'IM). Les conventions qui seront modifiées par l'IM deviendront conformes au standard minimum une fois que les dispositions de l'IM auront pris effet.

B. Difficultés de mise en œuvre

Aucune juridiction n'a signalé de préoccupation relative à ses conventions conclues avec le Pakistan.

Tableau A A.74. Synthèse de la réponse de la juridiction

	Partenaires de convention	Conformité avec le standard	Si conforme, méthode choisie	Signature d'un instrument de mise en conformité	Méthode choisie dans l'instrument de mise en conformité (si différent de l'IM)
1	Autriche	Non	N/C	Oui	N/C
2	Azerbaïdjan*	Non	N/C	Oui	N/C
3	Bahreïn	Non	N/C	Oui	N/C
4	Bangladesh*	Non	N/C	Oui	N/C
5	Bélarus*	Non	N/C	Oui	N/C
6	Belgique	Non	N/C	Oui	N/C
7	Bosnie-Herzégovine*	Non	N/C	Oui	N/C
8	Brunei Darussalam	Non	N/C	Oui	N/C
9	Canada	Non	N/C	Oui	N/C
10	Chine (République populaire de)	Non	N/C	Oui	N/C
11	République tchèque	Non	N/C	Oui	N/C
12	Danemark	Non	N/C	Oui	N/C
13	Égypte	Non	N/C	Oui	N/C
14	Finlande	Non	N/C	Oui	N/C
15	France	Non	N/C	Oui	N/C
16	Allemagne	Non	N/C	Oui	N/C
17	Hong Kong (Chine)	Non	N/C	Non	N/C
18	Hongrie	Non	N/C	Oui	N/C
19	Indonésie	Non	N/C	Oui	N/C
20	Iran*	Non	N/C	Oui	N/C
21	Irlande	Non	N/C	Oui	N/C
22	Italie	Non	N/C	Oui	N/C
23	Japon	Non	N/C	Oui	N/C
24	Jordanie*	Non	N/C	Oui	N/C
25	Kazakhstan	Non	N/C	Oui	N/C
26	Corée	Non	N/C	Oui	N/C
27	Koweït*	Non	N/C	Oui	N/C
28	Kirghizistan*	Non	N/C	Oui	N/C

29	Liban*	Non	N/C	Oui	N/C
30	Libye*	Non	N/C	Oui	N/C
31	Malaisie	Non	N/C	Oui	N/C
32	Malte	Non	N/C	Oui	N/C
33	Maurice	Non	N/C	Oui	N/C
34	Maroc*	Non	N/C	Oui	N/C
35	Népal*	Non	N/C	Oui	N/C
36	Pays-Bas	Non	N/C	Oui	N/C
37	Nigéria	Non	N/C	Oui	N/C
38	Norvège	Non	N/C	Oui	N/C
39	Oman	Non	N/C	Oui	N/C
40	Philippines*	Non	N/C	Oui	N/C
41	Pologne	Non	N/C	Oui	N/C
42	Portugal	Non	N/C	Oui	N/C
43	Qatar	Non	N/C	Oui	N/C
44	Roumanie	Non	N/C	Oui	N/C
45	Arabie saoudite	Non	N/C	Oui	N/C
46	Serbie	Non	N/C	Oui	N/C
47	Singapour	Non	N/C	Oui	N/C
48	Afrique du Sud	Non	N/C	Oui	N/C
49	Espagne	Non	N/C	Oui	N/C
50	Sri Lanka	Non	N/C	Oui	N/C
51	Suède	Non	N/C	Oui	N/C
52	Suisse	Non	N/C	Oui	N/C
53	République arabe syrienne*	Non	N/C	Oui	N/C
54	Tadjikistan*	Non	N/C	Oui	N/C
55	Thaïlande	Non	N/C	Oui	N/C
56	Tunisie	Non	N/C	Oui	N/C
57	Turquie	Non	N/C	Oui	N/C
58	Turkménistan*	Non	N/C	Oui	N/C
59	Ukraine	Non	N/C	Oui	N/C
60	Émirats arabes unis	Non	N/C	Oui	N/C
61	Royaume-Uni	Non	N/C	Oui	N/C
62	États-Unis	Non	N/C	Oui	N/C
63	Ouzbékistan*	Non	N/C	Oui	N/C
64	Viet Nam	Non	N/C	Oui	N/C
65	Yémen*	Non	N/C	Oui	N/C

Panama

A. Progrès dans la mise en œuvre du standard minimum

Le Panama compte 17 conventions fiscales en vigueur, comme l'indique sa réponse au questionnaire d'examen par les pairs.

Le Panama a signé l'IM en 2017, notifiant la totalité de ses 17 conventions fiscales.

Pour ses 17 conventions notifiées aux fins de l'IM, le Panama choisit d'appliquer la disposition de la déclaration du préambule (article 6 de l'IM) et la règle COP (article 7 de l'IM). Toutes les conventions qui seront modifiées par l'IM deviendront conformes au standard minimum une fois que les dispositions de l'IM auront pris effet.

B. Difficultés de mise en œuvre

Aucune juridiction n'a signalé de préoccupation relative à ses conventions conclues avec le Panama

Tableau A A.75. Synthèse de la réponse de la juridiction

	Partenaires de convention	Conformité avec le standard	Si conforme, méthode choisie	Signature d'un instrument de mise en conformité	Méthode choisie dans l'instrument de mise en conformité (si différent de l'IM)
1	Barbade	Non	N/C	Oui	N/C
2	République tchèque	Non	N/C	Oui	N/C
3	France	Non	N/C	Oui	N/C
4	Irlande	Non	N/C	Oui	N/C
5	Israël	Non	N/C	Oui	N/C
6	Italie	Non	N/C	Oui	N/C
7	Corée	Non	N/C	Oui	N/C
8	Luxembourg	Non	N/C	Oui	N/C
9	Mexique	Non	N/C	Oui	N/C
10	Pays-Bas	Non	N/C	Oui	N/C
11	Portugal	Non	N/C	Oui	N/C
12	Qatar	Non	N/C	Oui	N/C
13	Singapour	Non	N/C	Oui	N/C
14	Espagne	Non	N/C	Oui	N/C
15	Émirats arabes unis	Non	N/C	Oui	N/C
16	Royaume-Uni	Non	N/C	Oui	N/C
17	Viet Nam	Non	N/C	Oui	N/C

Papouasie-Nouvelle-Guinée

A. Progrès dans la mise en œuvre du standard minimum

La Papouasie-Nouvelle-Guinée compte 10 conventions fiscales en vigueur, comme l'indique sa réponse au questionnaire d'examen par les pairs.

La Papouasie-Nouvelle-Guinée n'a pas signé d'instrument de mise en conformité.

La Papouasie-Nouvelle-Guinée prépare actuellement la signature de l'IM.

B. Difficultés de mise en œuvre

Aucune juridiction n'a signalé de préoccupation relative à ses conventions conclues avec la Papouasie-Nouvelle-Guinée.

Tableau A A.76. Synthèse de la réponse de la juridiction

	Partenaires de convention	Conformité avec le standard	Si conforme, méthode choisie	Signature d'un instrument de mise en conformité	Méthode choisie dans l'instrument de mise en conformité (si différent de l'IM)
1	Australie	Non	N/C	Oui	N/C
2	Canada	Non	N/C	Oui	N/C
3	Chine (République populaire de)	Non	N/C	Oui	N/C
4	Fidji*	Non	N/C	Oui	N/C
5	Indonésie	Non	N/C	Oui	N/C
6	Corée	Non	N/C	Oui	N/C
7	Malaisie	Non	N/C	Oui	N/C
8	Nouvelle-Zélande	Non	N/C	Oui	N/C
9	Singapour	Non	N/C	Oui	N/C
10	Royaume-Uni	Non	N/C	Oui	N/C

Paraguay

A. Progrès dans la mise en œuvre du standard minimum

Le Paraguay compte deux conventions fiscales en vigueur, comme l'indique sa réponse au questionnaire d'examen par les pairs.

Le Paraguay n'a signé aucun instrument de mise en conformité.

B. Difficultés de mise en œuvre

Aucune juridiction n'a signalé de préoccupation relative à ses conventions conclues avec le Paraguay.

Tableau A A.77. Synthèse de la réponse de la juridiction

	Partenaires de convention	Conformité avec le standard	Si conforme, méthode choisie	Signature d'un instrument de mise en conformité	Méthode choisie dans l'instrument de mise en conformité (si différent de l'IM)
1	Chili	Non	N/C	Non	N/C
2	Taipei chinois*	Non	N/C	Non	N/C

Pérou

A. Progrès dans la mise en œuvre du standard minimum

Le Pérou compte huit conventions fiscales en vigueur, ainsi que l'indique sa réponse au questionnaire d'examen par les pairs, y compris la Décision 578 de la Commission de la Communauté andine pour les membres de la Communauté andine[54].

Le Pérou a signé l'IM en 2018, notifiant sept de ses huit conventions fiscales.

Pour ses sept conventions notifiées aux fins de l'IM, le Pérou choisit d'appliquer la disposition de la déclaration du préambule (article 6 de l'IM) et la règle COP (article 7 de l'IM). Le Pérou a également déclaré qu'il acceptait l'application de la règle COP aux fins de l'IM, mais qu'il a l'intention d'adopter si possible une règle LOB par négociation bilatérale. Les conventions qui seront modifiées par l'IM deviendront conformes au standard minimum une fois que les dispositions de l'IM auront pris effet.

La Décision 578 de la Commission de la Communauté andine n'a pas été notifiée aux fins de l'IM car il s'agit d'une décision de la Commission de la Communauté andine.

B. Difficultés de mise en œuvre

Aucune juridiction n'a signalé de préoccupation relative à ses conventions conclues avec le Pérou.

Tableau A A.78. Synthèse de la réponse de la juridiction

	Partenaires de convention	Conformité avec le standard	Si conforme, méthode choisie	Signature d'un instrument de mise en conformité	Méthode choisie dans l'instrument de mise en conformité (si différent de l'IM)
1	Bolivie*	Non	N/C	Non	N/C
2	Brésil	Non	N/C	Oui	N/C
3	Canada	Non	N/C	Oui	N/C
4	Chili	Non	N/C	Oui	N/C
5	Colombie	Non	N/C	Non	N/C
6	Équateur*	Non	N/C	Non	N/C
7	Corée	Non	N/C	Oui	N/C
8	Mexique	Non	N/C	Oui	N/C
9	Portugal	Non	N/C	Oui	N/C
10	Suisse	Non	N/C	Oui	N/C

Pologne

A. Progrès dans la mise en œuvre du standard minimum

La Pologne compte 82 conventions fiscales en vigueur, comme l'indique sa réponse au questionnaire d'examen par les pairs.

La Pologne a signé l'IM en 2017, notifiant 76 de ses 82 conventions fiscales[55].

La Pologne a déposé son instrument de ratification de l'IM auprès du Secrétaire général de l'OCDE le 23 janvier 2018. L'IM est entré en vigueur pour la Pologne le 1er juillet 2018.

Pour ses conventions notifiées aux fins de l'IM, la Pologne choisit d'appliquer la disposition de la déclaration du préambule (article 6 de l'IM) et la règle COP (article 7 de l'IM). La Pologne a indiqué que même si elle accepte l'application de la règle COP aux fins de l'IM, elle a l'intention d'adopter dans la mesure du possible une règle LOB par négociation bilatérale. Les conventions qui seront modifiées par l'IM deviendront conformes au standard minimum une fois que les dispositions de l'IM auront pris effet.

La Pologne a indiqué dans sa réponse au questionnaire d'examen par les pairs que des négociations bilatérales seraient engagées pour ses conventions avec l'Allemagne, les États-Unis, la Géorgie et le Monténégro*.

La Pologne a également indiqué que les nouvelles conventions conclues avec la Malaisie (2013) et le Sri Lanka (2015) n'ont pas encore été ratifiées par ses partenaires mais ont été notifiées aux fins de l'IM.

B. Difficultés de mise en œuvre

Aucune juridiction n'a signalé de préoccupation relative à ses conventions conclues avec la Pologne.

Tableau A A.79. Synthèse de la réponse de la juridiction

	Partenaires de convention	Conformité avec le standard	Si conforme, méthode choisie	Signature d'un instrument de mise en conformité	Méthode choisie dans l'instrument de mise en conformité (si différent de l'IM)
1	Albanie*	Non	N/C	Oui	N/C
2	Arménie*	Non	N/C	Oui	N/C
3	Australie	Non	N/C	Oui	N/C
4	Autriche	Non	N/C	Oui	N/C
5	Azerbaïdjan*	Non	N/C	Oui	N/C
6	Bangladesh*	Non	N/C	Oui	N/C
7	Bélarus*	Non	N/C	Oui	N/C
8	Belgique	Non	N/C	Oui	N/C
9	Bosnie-Herzégovine*	Non	N/C	Oui	N/C
10	Bulgarie	Non	N/C	Oui	N/C
11	Canada	Non	N/C	Oui	N/C
12	Chili	Non	N/C	Oui	N/C
13	Chine (République populaire de)	Non	N/C	Oui	N/C
14	Croatie	Non	N/C	Oui	N/C
15	Chypre*	Non	N/C	Oui	N/C

	Partenaires de convention	Conformité avec le standard	Si conforme, méthode choisie	Signature d'un instrument de mise en conformité	Méthode choisie dans l'instrument de mise en conformité (si différent de l'IM)
16	République tchèque	Non	N/C	Oui	N/C
17	Danemark	Non	N/C	Oui	N/C
18	Égypte	Non	N/C	Oui	N/C
19	Estonie	Non	N/C	Oui	N/C
20	Éthiopie*	Non	N/C	Oui	N/C
21	Finlande	Non	N/C	Oui	N/C
22	France	Non	N/C	Oui	N/C
23	Géorgie	Non	N/C	Non	N/C
24	Allemagne	Non	N/C	Non	COP uniquement
25	Grèce	Non	N/C	Oui	N/C
26	Hongrie	Non	N/C	Oui	N/C
27	Islande	Non	N/C	Oui	N/C
28	Inde	Non	N/C	Oui	N/C
29	Indonésie	Non	N/C	Oui	N/C
30	Iran*	Non	N/C	Oui	N/C
31	Irlande	Non	N/C	Oui	N/C
32	Israël	Non	N/C	Oui	N/C
33	Italie	Non	N/C	Oui	N/C
34	Japon	Non	N/C	Oui	N/C
35	Jordanie*	Non	N/C	Oui	N/C
36	Kazakhstan	Non	N/C	Oui	N/C
37	Corée	Non	N/C	Oui	N/C
38	Koweït*	Non	N/C	Oui	N/C
39	Kirghizistan*	Non	N/C	Oui	N/C
40	Lettonie	Non	N/C	Oui	N/C
41	Liban*	Non	N/C	Oui	N/C
42	Lituanie	Non	N/C	Oui	N/C
43	Luxembourg	Non	N/C	Oui	N/C
44	Macédoine*	Non	N/C	Oui	N/C
45	Malaisie	Non	N/C	Non	N/C
46	Malte	Non	N/C	Oui	N/C
47	Mexique	Non	N/C	Oui	N/C
48	Moldova*	Non	N/C	Oui	N/C
49	Mongolie	Non	N/C	Oui	N/C
50	Monténégro*	Non	N/C	Non	N/C
51	Maroc*	Non	N/C	Oui	N/C
52	Pays-Bas	Non	N/C	Oui	N/C
53	Nouvelle-Zélande	Non	N/C	Oui	N/C
54	Norvège	Non	N/C	Oui	N/C
55	Pakistan	Non	N/C	Oui	N/C
56	Philippines*	Non	N/C	Oui	N/C
57	Portugal	Non	N/C	Oui	N/C
58	Qatar	Non	N/C	Oui	N/C
59	Roumanie	Non	N/C	Oui	N/C
60	Russie	Non	N/C	Oui	N/C
61	Arabie saoudite	Non	N/C	Oui	N/C
62	Serbie	Non	N/C	Oui	N/C
63	Singapour	Non	N/C	Oui	N/C

	Partenaires de convention	Conformité avec le standard	Si conforme, méthode choisie	Signature d'un instrument de mise en conformité	Méthode choisie dans l'instrument de mise en conformité (si différent de l'IM)
64	République slovaque	Non	N/C	Oui	N/C
65	Slovénie	Non	N/C	Oui	N/C
66	Afrique du Sud	Non	N/C	Oui	N/C
67	Espagne	Non	N/C	Oui	N/C
68	Sri Lanka	Non	N/C	Non	N/C
69	Suède	Non	N/C	Oui	N/C
70	Suisse	Non	N/C	Oui	N/C
71	République arabe syrienne*	Non	N/C	Oui	N/C
72	Tadjikistan*	Non	N/C	Oui	N/C
73	Thaïlande	Non	N/C	Oui	N/C
74	Tunisie	Non	N/C	Oui	N/C
75	Turquie	Non	N/C	Oui	N/C
76	Ukraine	Non	N/C	Oui	N/C
77	Émirats arabes unis	Non	N/C	Oui	N/C
78	Royaume-Uni	Non	N/C	Oui	N/C
79	États-Unis	Non	N/C	Non	N/C
80	Ouzbékistan*	Non	N/C	Oui	N/C
81	Viet Nam	Non	N/C	Oui	N/C
82	Zimbabwe*	Non	N/C	Oui	N/C

Portugal

A. Progrès dans la mise en œuvre du standard minimum

Le Portugal compte 78 conventions fiscales en vigueur, comme l'indique sa réponse au questionnaire d'examen par les pairs.

Le Portugal a signé l'IM en 2017, notifiant la totalité de ses 78 conventions fiscales[56].

Pour ses 78 conventions notifiées aux fins de l'IM, le Portugal choisit d'appliquer la disposition de la déclaration du préambule (article 6 de l'IM) et la règle COP (article 7 de l'IM). Toutes les conventions qui seront modifiées par l'IM deviendront conformes au standard minimum une fois que les dispositions de l'IM auront pris effet.

Le Portugal a indiqué dans sa réponse au questionnaire d'examen par les pairs que des négociations bilatérales seraient engagées pour sa convention avec la Finlande.

B. Difficultés de mise en œuvre

Aucune juridiction n'a signalé de préoccupation relative à ses conventions conclues avec le Portugal.

Tableau A A.80. Synthèse de la réponse de la juridiction

	Partenaires de convention	Conformité avec le standard	Si conforme, méthode choisie	Signature d'un instrument de mise en conformité	Méthode choisie dans l'instrument de mise en conformité (si différent de l'IM)
1	Algérie*	Non	N/C	Oui	N/C
2	Andorre	Non	N/C	Oui	N/C
3	Autriche	Non	N/C	Oui	N/C
4	Bahreïn	Non	N/C	Oui	N/C
5	Barbade	Non	N/C	Oui	N/C
6	Belgique	Non	N/C	Oui	N/C
7	Brésil	Non	N/C	Oui	N/C
8	Bulgarie	Non	N/C	Oui	N/C
9	Cabo Verde*	Non	N/C	Oui	N/C
10	Canada	Non	N/C	Oui	N/C
11	Chili	Non	N/C	Oui	N/C
12	Chine (République populaire de)	Non	N/C	Oui	N/C
13	Colombie	Non	N/C	Oui	N/C
14	Côte d'Ivoire	Non	N/C	Oui	N/C
15	Croatie	Non	N/C	Oui	N/C
16	Cuba*	Non	N/C	Oui	N/C
17	Chypre*	Non	N/C	Oui	N/C
18	République tchèque	Non	N/C	Oui	N/C
19	Danemark	Non	N/C	Oui	N/C
20	Estonie	Non	N/C	Oui	N/C
21	Éthiopie*	Non	N/C	Oui	N/C
22	Finlande	Non	N/C	Oui	COP
23	France	Non	N/C	Oui	N/C
24	Géorgie	Non	N/C	Oui	N/C
25	Allemagne	Non	N/C	Oui	N/C

	Partenaires de convention	Conformité avec le standard	Si conforme, méthode choisie	Signature d'un instrument de mise en conformité	Méthode choisie dans l'instrument de mise en conformité (si différent de l'IM)
26	Grèce	Non	N/C	Oui	N/C
27	Guinée-Bissau*	Non	N/C	Oui	N/C
28	Hong Kong (Chine)	Non	N/C	Oui	N/C
29	Hongrie	Non	N/C	Oui	N/C
30	Islande	Non	N/C	Oui	N/C
31	Inde	Non	N/C	Oui	N/C
32	Indonésie	Non	N/C	Oui	N/C
33	Irlande	Non	N/C	Oui	N/C
34	Israël	Non	N/C	Oui	N/C
35	Italie	Non	N/C	Oui	N/C
36	Japon	Non	N/C	Oui	N/C
37	Corée	Non	N/C	Oui	N/C
38	Koweït*	Non	N/C	Oui	N/C
39	Lettonie	Non	N/C	Oui	N/C
40	Lituanie	Non	N/C	Oui	N/C
41	Luxembourg	Non	N/C	Oui	N/C
42	Macao (Chine)	Non	N/C	Oui	N/C
43	Malte	Non	N/C	Oui	N/C
44	Mexique	Non	N/C	Oui	N/C
45	Moldova*	Non	N/C	Oui	N/C
46	Monténégro*	Non	N/C	Oui	N/C
47	Maroc*	Non	N/C	Oui	N/C
48	Mozambique*	Non	N/C	Oui	N/C
49	Pays-Bas	Non	N/C	Oui	N/C
50	Norvège	Non	N/C	Oui	N/C
51	Oman	Non	N/C	Oui	N/C
52	Pakistan	Non	N/C	Oui	N/C
53	Panama	Non	N/C	Oui	N/C
54	Pérou	Non	N/C	Oui	N/C
55	Pologne	Non	N/C	Oui	N/C
56	Qatar	Non	N/C	Oui	N/C
57	Roumanie	Non	N/C	Oui	N/C
58	Russie	Non	N/C	Oui	N/C
59	Saint-Marin	Non	N/C	Oui	N/C
60	Sao Tomé-et-Principe*	Non	N/C	Oui	N/C
61	Arabie saoudite	Non	N/C	Oui	N/C
62	Sénégal	Non	N/C	Oui	N/C
63	Singapour	Non	N/C	Oui	N/C
64	République slovaque	Non	N/C	Oui	N/C
65	Slovénie	Non	N/C	Oui	N/C
66	Afrique du Sud	Non	N/C	Oui	N/C
67	Espagne	Non	N/C	Oui	N/C
68	Suède	Non	N/C	Oui	N/C
69	Suisse	Non	N/C	Oui	N/C
70	Tunisie	Non	N/C	Oui	N/C
71	Turquie	Non	N/C	Oui	N/C
72	Ukraine	Non	N/C	Oui	N/C

	Partenaires de convention	Conformité avec le standard	Si conforme, méthode choisie	Signature d'un instrument de mise en conformité	Méthode choisie dans l'instrument de mise en conformité (si différent de l'IM)
73	Émirats arabes unis	Non	N/C	Oui	N/C
74	Royaume-Uni	Non	N/C	Oui	N/C
75	États-Unis	Non	N/C	Oui	N/C
76	Uruguay	Non	N/C	Oui	N/C
77	Venezuela*	Non	N/C	Oui	N/C
78	Viet Nam	Non	N/C	Oui	N/C

Qatar

Le Qatar a signé l'IM le 4 décembre 2018, soit après le délai du 30 juin 2018 imparti pour soumettre les questionnaires d'examen par les pairs.

A. Progrès dans la mise en œuvre du standard minimum

Le Qatar compte 76 conventions fiscales en vigueur, comme l'indique sa réponse au questionnaire d'examen par les pairs.

Le Qatar a signé l'IM en 2018, notifiant la totalité de ses 76 conventions fiscales.

Pour ses 76 conventions notifiées aux fins de l'IM, le Qatar choisit d'appliquer la disposition de la déclaration du préambule (article 6 de l'IM) et la règle COP (article 7 de l'IM). Toutes les conventions qui seront modifiées par l'IM deviendront conformes au standard minimum une fois que les dispositions de l'IM auront pris effet.

B. Difficultés de mise en œuvre

Aucune juridiction n'a signalé de préoccupation relative à ses conventions conclues avec le Qatar.

Tableau A A.81. Synthèse de la réponse de la juridiction

	Partenaires de convention	Conformité avec le standard	Si conforme, méthode choisie	Signature d'un instrument de mise en conformité	Méthode choisie dans l'instrument de mise en conformité (si différent de l'IM)
1	Albanie*	Non	N/C	Non	N/C
2	Algérie*	Non	N/C	Non	N/C
3	Arménie*	Non	N/C	Non	N/C
4	Autriche	Non	N/C	Non	N/C
5	Azerbaïdjan*	Non	N/C	Non	N/C
6	Barbade	Non	N/C	Non	N/C
7	Bélarus*	Non	N/C	Non	N/C
8	Bermudes	Non	N/C	Non	N/C
9	Bosnie-Herzégovine*	Non	N/C	Non	N/C
10	Brunei Darussalam	Non	N/C	Non	N/C
11	Bulgarie	Non	N/C	Non	N/C
12	Tchad*	Non	N/C	Non	N/C
13	Chine (République populaire de)	Non	N/C	Non	N/C
14	Croatie	Non	N/C	Non	N/C
15	Cuba*	Non	N/C	Non	N/C
16	Chypre*	Non	N/C	Non	N/C
17	Équateur*	Non	N/C	Non	N/C
18	Fidji*	Non	N/C	Non	N/C
19	France	Non	N/C	Non	N/C
20	Géorgie	Non	N/C	Non	N/C
21	Grèce	Non	N/C	Non	N/C
22	Guernesey	Non	N/C	Non	N/C
23	Hong Kong (Chine)	Non	N/C	Non	N/C

	Partenaires de convention	Conformité avec le standard	Si conforme, méthode choisie	Signature d'un instrument de mise en conformité	Méthode choisie dans l'instrument de mise en conformité (si différent de l'IM)
24	Hongrie	Non	N/C	Non	N/C
25	Inde	Non	N/C	Non	N/C
26	Indonésie	Non	N/C	Non	N/C
27	Iran*	Non	N/C	Non	N/C
28	Irlande	Non	N/C	Non	N/C
29	Île de Man	Non	N/C	Non	N/C
30	Italie	Non	N/C	Non	N/C
31	Japon	Non	N/C	Non	N/C
32	Jersey	Non	N/C	Non	N/C
33	Jordanie*	Non	N/C	Non	N/C
34	Kazakhstan	Non	N/C	Non	N/C
35	Kenya	Non	N/C	Non	N/C
36	Corée	Non	N/C	Non	N/C
37	Kirghizistan*	Non	N/C	Non	N/C
38	Lettonie	Non	N/C	Non	N/C
39	Liban*	Non	N/C	Non	N/C
40	Luxembourg	Non	N/C	Non	N/C
41	Malaisie	Non	N/C	Non	N/C
42	Malte	Non	N/C	Non	N/C
43	Mauritanie*	Non	N/C	Non	N/C
44	Maurice	Non	N/C	Non	N/C
45	Mexique	Non	N/C	Non	N/C
46	Monaco	Non	N/C	Non	N/C
47	Maroc*	Non	N/C	Non	N/C
48	Népal*	Non	N/C	Non	N/C
49	Pays-Bas	Non	N/C	Non	N/C
50	Nigéria	Non	N/C	Non	N/C
51	Norvège	Non	N/C	Non	N/C
52	Pakistan	Non	N/C	Non	N/C
53	Panama	Non	N/C	Non	N/C
54	Philippines*	Non	N/C	Non	N/C
55	Pologne	Non	N/C	Non	N/C
56	Portugal	Non	N/C	Non	N/C
57	Roumanie	Non	N/C	Non	N/C
58	Russie	Non	N/C	Non	N/C
59	Saint-Marin	Non	N/C	Non	N/C
60	Sénégal	Non	N/C	Non	N/C
61	Serbie	Non	N/C	Non	N/C
62	Seychelles	Non	N/C	Non	N/C
63	Singapour	Non	N/C	Non	N/C
64	Slovénie	Non	N/C	Non	N/C
65	Afrique du Sud	Non	N/C	Non	N/C
66	Espagne	Non	N/C	Non	N/C
67	Sri Lanka	Non	N/C	Non	N/C
68	Soudan*	Non	N/C	Non	N/C
69	Suisse	Non	N/C	Non	N/C
70	République arabe syrienne*	Non	N/C	Non	N/C

	Partenaires de convention	Conformité avec le standard	Si conforme, méthode choisie	Signature d'un instrument de mise en conformité	Méthode choisie dans l'instrument de mise en conformité (si différent de l'IM)
71	Tunisie	Non	N/C	Non	N/C
72	Turquie	Non	N/C	Non	N/C
73	Royaume-Uni	Non	N/C	Non	N/C
74	Venezuela*	Non	N/C	Non	N/C
75	Viet Nam	Non	N/C	Non	N/C
76	Yémen*	Non	N/C	Non	N/C

Roumanie

A. Progrès dans la mise en œuvre du standard minimum

La Roumanie compte 88 conventions fiscales en vigueur, comme l'indique sa réponse au questionnaire d'examen par les pairs.

La Roumanie a signé l'IM en 2017, notifiant la totalité de ses 88 conventions fiscales[57]. La Roumanie a également signé un instrument bilatéral de mise en conformité avec l'Espagne.

Pour ses 88 conventions notifiées aux fins de l'IM, la Roumanie choisit d'appliquer la disposition de la déclaration du préambule (article 6 de l'IM) et la règle COP (article 7 de l'IM). Toutes les conventions qui seront modifiées par l'IM deviendront conformes au standard minimum une fois que les dispositions de l'IM auront pris effet.

Pour sa convention faisant l'objet d'un instrument bilatéral de mise en conformité avec l'Espagne, la Roumanie choisit d'appliquer la disposition de la déclaration du préambule et la règle COP.

B. Difficultés de mise en œuvre

Aucune juridiction n'a signalé de préoccupation relative à ses conventions conclues avec la Roumanie.

Tableau A A.82. Synthèse de la réponse de la juridiction

	Partenaires de convention	Conformité avec le standard	Si conforme, méthode choisie	Signature d'un instrument de mise en conformité	Méthode choisie dans l'instrument de mise en conformité (si différent de l'IM)
1	Albanie*	Non	N/C	Oui	N/C
2	Algérie*	Non	N/C	Oui	N/C
3	Arménie*	Non	N/C	Oui	N/C
4	Australie	Non	N/C	Oui	N/C
5	Autriche	Non	N/C	Oui	N/C
6	Azerbaïdjan*	Non	N/C	Oui	N/C
7	Bangladesh*	Non	N/C	Oui	N/C
8	Bélarus*	Non	N/C	Oui	N/C
9	Belgique	Non	N/C	Oui	N/C
10	Bosnie-Herzégovine*	Non	N/C	Oui	N/C
11	Bulgarie	Non	N/C	Oui	N/C
12	Canada	Non	N/C	Oui	N/C
13	Chine (République populaire de)	Non	N/C	Oui	N/C
14	Croatie	Non	N/C	Oui	N/C
15	Chypre*	Non	N/C	Oui	N/C
16	République tchèque	Non	N/C	Oui	N/C
17	République populaire démocratique de Corée*	Non	N/C	Oui	N/C
18	Danemark	Non	N/C	Oui	N/C
19	Équateur*	Non	N/C	Oui	N/C
20	Égypte	Non	N/C	Oui	N/C
21	Estonie	Non	N/C	Oui	N/C

22	Éthiopie*	Non	N/C	Oui	N/C
23	Finlande	Non	N/C	Oui	N/C
24	France	Non	N/C	Oui	N/C
25	Géorgie	Non	N/C	Oui	N/C
26	Allemagne	Non	N/C	Oui	N/C
27	Grèce	Non	N/C	Oui	N/C
28	Hong Kong (Chine)	Non	N/C	Oui	N/C
29	Hongrie	Non	N/C	Oui	N/C
30	Islande	Non	N/C	Oui	N/C
31	Inde	Non	N/C	Oui	N/C
32	Indonésie	Non	N/C	Oui	N/C
33	Iran*	Non	N/C	Oui	N/C
34	Irlande	Non	N/C	Oui	N/C
35	Israël	Non	N/C	Oui	N/C
36	Italie	Non	N/C	Oui	N/C
37	Japon	Non	N/C	Oui	N/C
38	Jordanie*	Non	N/C	Oui	N/C
39	Kazakhstan	Non	N/C	Oui	N/C
40	Corée	Non	N/C	Oui	N/C
41	Koweït*	Non	N/C	Oui	N/C
42	Lettonie	Non	N/C	Oui	N/C
43	Liban*	Non	N/C	Oui	N/C
44	Lituanie	Non	N/C	Oui	N/C
45	Luxembourg	Non	N/C	Oui	N/C
46	Macédoine*	Non	N/C	Oui	N/C
47	Malaisie	Non	N/C	Oui	N/C
48	Malte	Non	N/C	Oui	N/C
49	Mexique	Non	N/C	Oui	N/C
50	Moldova*	Non	N/C	Oui	N/C
51	Monténégro*	Non	N/C	Oui	N/C
52	Maroc*	Non	N/C	Oui	N/C
53	Namibie*	Non	N/C	Oui	N/C
54	Pays-Bas	Non	N/C	Oui	N/C
55	Nigéria	Non	N/C	Oui	N/C
56	Norvège	Non	N/C	Oui	N/C
57	Pakistan	Non	N/C	Oui	N/C
58	Philippines*	Non	N/C	Oui	N/C
59	Pologne	Non	N/C	Oui	N/C
60	Portugal	Non	N/C	Oui	N/C
61	Qatar	Non	N/C	Oui	N/C
62	Russie	Non	N/C	Oui	N/C
63	Saint-Marin	Non	N/C	Oui	N/C
64	Arabie saoudite	Non	N/C	Oui	N/C
65	Serbie	Non	N/C	Oui	N/C
66	Singapour	Non	N/C	Oui	N/C
67	République slovaque	Non	N/C	Oui	N/C
68	Slovénie	Non	N/C	Oui	N/C
69	Afrique du Sud	Non	N/C	Oui	N/C
70	Espagne	Non	N/C	Oui	N/C
71	Sri Lanka	Non	N/C	Oui	N/C
72	Soudan*	Non	N/C	Oui	N/C

73	Suède	Non	N/C	Oui	N/C
74	Suisse	Non	N/C	Oui	N/C
75	République arabe syrienne*	Non	N/C	Oui	N/C
76	Tadjikistan*	Non	N/C	Oui	N/C
77	Thaïlande	Non	N/C	Oui	N/C
78	Tunisie	Non	N/C	Oui	N/C
79	Turquie	Non	N/C	Oui	N/C
80	Turkménistan*		N/C	Oui	N/C
81	Ukraine	Non	N/C	Oui	N/C
82	Émirats arabes unis	Non	N/C	Oui	N/C
83	Royaume-Uni	Non	N/C	Oui	N/C
84	États-Unis	Non	N/C	Oui	N/C
85	Uruguay	Non	N/C	Oui	N/C
86	Ouzbékistan*	Non	N/C	Oui	N/C
87	Viet Nam	Non	N/C	Oui	N/C
88	Zambie	Non	N/C	Oui	N/C

Russie

A. Progrès dans la mise en œuvre du standard minimum

La Russie compte 84 conventions fiscales en vigueur, comme l'indique sa réponse au questionnaire d'examen par les pairs.

La Russie a signé l'IM en 2017, notifiant 69 de ses 84 conventions fiscales[58]. La Russie a également signé un instrument bilatéral de mise en conformité pour deux de ses conventions, celles avec le Japon et la Suède.

Pour ses conventions notifiées aux fins de l'IM, la Russie choisit d'appliquer la disposition de la déclaration du préambule (article 6 de l'IM) et la règle COP (article 7 de l'IM). La Russie a également opté pour la règle LOB simplifiée au titre de l'article 7(6) de l'IM. Les conventions qui seront modifiées par l'IM deviendront conformes au standard minimum une fois que les dispositions de l'IM auront pris effet.

Pour sa convention avec le Japon faisant l'objet d'un instrument de mise en conformité, la Russie choisit d'appliquer la disposition de la déclaration du préambule et la règle COP associée à la règle LOB. Pour sa convention avec la Suède, la Russie choisit d'appliquer la déclaration du préambule et la règle COP.

La Russie a indiqué dans sa réponse au questionnaire d'examen par les pairs que des négociations bilatérales seraient engagées pour ses conventions avec l'Allemagne, le Brésil, le Japon, la Suède et la Suisse.

B. Difficultés de mise en œuvre

Aucune juridiction n'a signalé de préoccupation relative à ses conventions conclues avec la Russie.

Tableau A A.83. Synthèse de la réponse de la juridiction

	Partenaires de convention	Conformité avec le standard	Si conforme, méthode choisie	Signature d'un instrument de mise en conformité	Méthode choisie dans l'instrument de mise en conformité (si différent de l'IM)
1	Albanie*	Non	N/C	Oui	N/C
2	Algérie*	Non	N/C	Oui	N/C
3	Argentine	Non	N/C	Oui	N/C
4	Arménie*	Non	N/C	Oui	N/C
5	Australie	Non	N/C	Oui	N/C
6	Autriche	Non	N/C	Oui	N/C
7	Azerbaïdjan*	Non	N/C	Oui	N/C
8	Bélarus*	Non	N/C	Oui	N/C
9	Belgique	Non	N/C	Oui	N/C
10	Botswana	Non	N/C	Oui	N/C
11	Brésil	Non	N/C	Non	N/C
12	Bulgarie	Non	N/C	Oui	N/C
13	Canada	Non	N/C	Oui	N/C
14	Chili	Non	N/C	Oui	N/C
15	Chine (République populaire de)	Non	N/C	Oui	N/C
16	Croatie	Non	N/C	Oui	N/C

	Partenaires de convention	Conformité avec le standard	Si conforme, méthode choisie	Signature d'un instrument de mise en conformité	Méthode choisie dans l'instrument de mise en conformité (si différent de l'IM)
17	Cuba*	Non	N/C	Oui	N/C
18	Chypre*	Non	N/C	Oui	N/C
19	République tchèque	Non	N/C	Oui	N/C
20	République populaire démocratique de Corée*	Non	N/C	Non	N/C
21	Danemark	Non	N/C	Oui	N/C
22	Égypte	Non	N/C	Oui	N/C
23	Finlande	Non	N/C	Oui	N/C
24	France	Non	N/C	Oui	N/C
25	Allemagne	Non	N/C	Non	N/C
26	Grèce	Non	N/C	Oui	N/C
27	Hong Kong (Chine)	Non	N/C	Oui	N/C
28	Hongrie	Non	N/C	Oui	N/C
29	Islande	Non	N/C	Oui	N/C
30	Inde	Non	N/C	Oui	N/C
31	Indonésie	Non	N/C	Oui	N/C
32	Iran*	Non	N/C	Non	N/C
33	Irlande	Non	N/C	Oui	N/C
34	Israël	Non	N/C	Oui	N/C
35	Italie	Non	N/C	Oui	N/C
36	Japon	Non	N/C	Oui	COP et LOB
37	Kazakhstan	Non	N/C	Oui	N/C
38	Corée	Non	N/C	Oui	N/C
39	Koweït*	Non	N/C	Oui	N/C
40	Kirghizistan*	Non	N/C	Non	N/C
41	Lettonie	Non	N/C	Oui	N/C
42	Liban*	Non	N/C	Oui	N/C
43	Lituanie	Non	N/C	Oui	N/C
44	Luxembourg	Non	N/C	Oui	N/C
45	Macédoine*	Non	N/C	Non	N/C
46	Malaisie	Non	N/C	Oui	N/C
47	Mali*	Non	N/C	Non	N/C
48	Malte	Non	N/C	Oui	N/C
49	Mexique	Non	N/C	Oui	N/C
50	Moldova*	Non	N/C	Oui	N/C
51	Mongolie	Non	N/C	Oui	N/C
52	Monténégro*	Non	N/C	Oui	N/C
53	Maroc*	Non	N/C	Oui	N/C
54	Namibie*	Non	N/C	Non	N/C
55	Pays-Bas	Non	N/C	Oui	N/C
56	Nouvelle-Zélande	Non	N/C	Oui	N/C
57	Norvège	Non	N/C	Oui	N/C
58	Philippines*	Non	N/C	Oui	N/C
59	Pologne	Non	N/C	Oui	N/C
60	Portugal	Non	N/C	Oui	N/C
61	Qatar	Non	N/C	Oui	N/C
62	Roumanie	Non	N/C	Oui	N/C
63	Arabie saoudite	Non	N/C	Oui	N/C

	Partenaires de convention	Conformité avec le standard	Si conforme, méthode choisie	Signature d'un instrument de mise en conformité	Méthode choisie dans l'instrument de mise en conformité (si différent de l'IM)
64	Serbie	Non	N/C	Oui	N/C
65	Singapour	Non	N/C	Oui	N/C
66	République slovaque	Non	N/C	Oui	N/C
67	Slovénie	Non	N/C	Oui	N/C
68	Afrique du Sud	Non	N/C	Oui	N/C
69	Espagne	Non	N/C	Oui	N/C
70	Sri Lanka	Non	N/C	Oui	N/C
71	Suède	Non	N/C	Oui	COP uniquement
72	Suisse	Non	N/C	Non	N/C
73	République arabe syrienne*	Non	N/C	Non	N/C
74	Tadjikistan*	Non	N/C	Non	N/C
75	Thaïlande	Non	N/C	Oui	N/C
76	Turquie	Non	N/C	Oui	N/C
77	Turkménistan*	Non	N/C	Non	N/C
78	Ukraine	Non	N/C	Oui	N/C
79	Émirats arabes unis	Non	N/C	Oui	N/C
80	Royaume-Uni	Non	N/C	Oui	N/C
81	États-Unis	Non	N/C	Oui	N/C
82	Ouzbékistan*	Non	N/C	Non	N/C
83	Venezuela*	Non	N/C	Oui	N/C
84	Viet Nam	Non	N/C	Oui	N/C

Saint-Kitts-et-Nevis

A. Progrès dans la mise en œuvre du standard minimum

Saint-Kitts-et-Nevis compte cinq conventions fiscales en vigueur, comme l'indique sa réponse au questionnaire d'examen par les pairs, y compris la convention multilatérale entre les membres de la CARICOM conclue avec dix de ses partenaires[59].

Saint-Kitts-et-Nevis n'a pas signé d'instrument de mise en conformité.

B. Difficultés de mise en œuvre

Aucune juridiction n'a signalé de préoccupation concernant ses conventions conclues avec Saint-Kitts-et-Nevis.

Tableau A A.84. Synthèse de la réponse de la juridiction

	Partenaires de convention	Conformité avec le standard	Si conforme, méthode choisie	Signature d'un instrument de mise en conformité	Méthode choisie dans l'instrument de mise en conformité (si différent de l'IM)
1	Antigua-et-Barbuda*	Non	N/C	Non	N/C
2	Barbade	Non	N/C	Non	N/C
3	Belize	Non	N/C	Non	N/C
4	Dominique*	Non	N/C	Non	N/C
5	Grenade*	Non	N/C	Non	N/C
6	Guyana*	Non	N/C	Non	N/C
7	Jamaïque	Non	N/C	Non	N/C
8	Monaco	Non	N/C	Non	N/C
9	Sainte-Lucie	Non	N/C	Non	N/C
10	Saint-Vincent-et-les-Grenadines*	Non	N/C	Non	N/C
11	Saint-Marin	Non	N/C	Non	N/C
12	Suisse	Non	N/C	Non	N/C
13	Trinité-et-Tobago	Non	N/C	Non	N/C
14	Royaume-Uni	Non	N/C	Non	N/C

Saint-Marin

A. Progrès dans la mise en œuvre du standard minimum

Saint-Marin compte 21 conventions fiscales en vigueur, comme l'indique sa réponse au questionnaire d'examen par les pairs.

Saint-Marin a signé l'IM en 2017, notifiant la totalité de ses 21 conventions fiscales.

Pour ses 21 conventions notifiées aux fins de l'IM, Saint-Marin choisit d'appliquer la disposition de la déclaration du préambule (article 6 de l'IM). Pour 18 de ses conventions notifiées aux fins de l'IM, Saint-Marin choisit d'appliquer la règle COP (article 7 de l'IM). Trois des conventions de Saint-Marin, celles conclues avec l'Azerbaïdjan*, la Barbade et l'Italie, entrent dans le champ d'une réserve formulée par Saint-Marin conformément à l'article 7(15)(b) de l'IM[60]. Toutes les conventions qui seront modifiées par l'IM deviendront conformes au standard minimum une fois que les dispositions de l'IM auront pris effet.

B. Difficultés de mise en œuvre

Aucune juridiction n'a signalé de préoccupation relative à ses conventions conclues avec Saint-Marin.

Tableau A A.85. Synthèse de la réponse de la juridiction

	Partenaires de convention	Conformité avec le standard	Si conforme, méthode choisie	Signature d'un instrument de mise en conformité	Méthode choisie dans l'instrument de mise en conformité (si différent de l'IM)
1	Autriche	Non	N/C	Oui	N/C
2	Azerbaïdjan*	Non	N/C	Oui	N/C
3	Barbade	Non	N/C	Oui	N/C
4	Belgique	Non	N/C	Oui	N/C
5	Croatie	Non	N/C	Oui	N/C
6	Chypre*	Non	N/C	Oui	N/C
7	Géorgie	Non	N/C	Oui	N/C
8	Grèce	Non	N/C	Oui	N/C
9	Hongrie	Non	N/C	Oui	N/C
10	Italie	Non	N/C	Oui	N/C
11	Liechtenstein	Non	N/C	Oui	N/C
12	Luxembourg	Non	N/C	Oui	N/C
13	Malaisie	Non	N/C	Oui	N/C
14	Malte	Non	N/C	Oui	N/C
15	Portugal	Non	N/C	Oui	N/C
16	Qatar	Non	N/C	Oui	N/C
17	Roumanie	Non	N/C	Oui	N/C
18	Saint-Kitts-et-Nevis	Non	N/C	Oui	N/C
19	Seychelles	Non	N/C	Oui	N/C
20	Singapour	Non	N/C	Oui	N/C
21	Viet Nam	Non	N/C	Oui	N/C

Arabie saoudite

L'Arabie saoudite a signé l'IM le 18 septembre 2018, soit après le délai du 30 juin 2018 imparti pour soumettre les questionnaires d'examen par les pairs.

A. Progrès dans la mise en œuvre du standard minimum

L'Arabie saoudite compte 45 conventions fiscales en vigueur, comme l'indique sa réponse au questionnaire d'examen par les pairs.

L'Arabie saoudite a signé l'IM le 18 septembre 2018, notifiant la totalité de ses 45 conventions fiscales.

Pour ses conventions notifiées aux fins de l'IM, l'Arabie saoudite choisit d'appliquer la disposition de la déclaration du préambule (article 6 de l'IM) et la règle COP (article 7 de l'IM). Toutes les conventions qui seront modifiées par l'IM deviendront conformes au standard minimum une fois que les dispositions de l'IM auront pris effet.

B. Difficultés de mise en œuvre

Aucune juridiction n'a signalé de préoccupation relative à ses conventions conclues avec l'Arabie saoudite.

Tableau A A.86. Synthèse de la réponse de la juridiction

	Partenaires de convention	Conformité avec le standard	Si conforme, méthode choisie	Signature d'un instrument de mise en conformité	Méthode choisie dans l'instrument de mise en conformité (si différent de l'IM)
1	Algérie*	Non	N/C	Oui	N/C
2	Autriche	Non	N/C	Oui	N/C
3	Azerbaïdjan*	Non	N/C	Oui	N/C
4	Bangladesh*	Non	N/C	Oui	N/C
5	Bélarus*	Non	N/C	Oui	N/C
6	Chine (République populaire de)	Non	N/C	Oui	N/C
7	République tchèque	Non	N/C	Oui	N/C
8	Égypte	Non	N/C	Oui	N/C
9	Éthiopie*	Non	N/C	Oui	N/C
10	France	Non	N/C	Oui	N/C
11	Grèce	Non	N/C	Oui	N/C
12	Hongrie	Non	N/C	Oui	N/C
13	Inde	Non	N/C	Oui	N/C
14	Irlande	Non	N/C	Oui	N/C
15	Italie	Non	N/C	Oui	N/C
16	Japon	Non	N/C	Oui	N/C
17	Jordanie*	Non	N/C	Oui	N/C
18	Kazakhstan	Non	N/C	Oui	N/C
19	Corée	Non	N/C	Oui	N/C
20	Kirghizistan*	Non	N/C	Oui	N/C
21	Luxembourg	Non	N/C	Oui	N/C
22	Macédoine*	Non	N/C	Oui	N/C

	Partenaires de convention	Conformité avec le standard	Si conforme, méthode choisie	Signature d'un instrument de mise en conformité	Méthode choisie dans l'instrument de mise en conformité (si différent de l'IM)
23	Malaisie	Non	N/C	Oui	N/C
24	Malte	Non	N/C	Oui	N/C
25	Mexique	Non	N/C	Oui	N/C
26	Pays-Bas	Non	N/C	Oui	N/C
27	Pakistan	Non	N/C	Oui	N/C
28	Pologne	Non	N/C	Oui	N/C
29	Portugal	Non	N/C	Oui	N/C
30	Roumanie	Non	N/C	Oui	N/C
31	Russie	Non	N/C	Oui	N/C
32	Singapour	Non	N/C	Oui	N/C
33	Afrique du Sud	Non	N/C	Oui	N/C
34	Espagne	Non	N/C	Oui	N/C
35	Suède	Non	N/C	Oui	N/C
36	République arabe syrienne*	Non	N/C	Oui	N/C
37	Tadjikistan*	Non	N/C	Oui	N/C
38	Tunisie	Non	N/C	Oui	N/C
39	Turquie	Non	N/C	Oui	N/C
40	Turkménistan*	Non	N/C	Oui	N/C
41	Ukraine	Non	N/C	Oui	N/C
42	Royaume-Uni	Non	N/C	Oui	N/C
43	Ouzbékistan*	Non	N/C	Oui	N/C
44	Venezuela*	Non	N/C	Oui	N/C
45	Viet Nam	Non	N/C	Oui	N/C

Sénégal

A. Progrès dans la mise en œuvre du standard minimum

Le Sénégal compte 18 conventions fiscales en vigueur, comme l'indique sa réponse au questionnaire d'examen par les pairs, y compris le Règlement multilatéral 08/2008/COM portant adoption des règles visant à éviter la double imposition au sein de l'Union économique et monétaire ouest-africaine et des règles d'assistance en matière fiscale conclu avec sept de ses partenaires[61].

Le Sénégal a signé l'IM en 2017, notifiant 16 de ses 18 conventions fiscales[62].

Pour ses conventions notifiées aux fins de l'IM, le Sénégal choisit d'appliquer la disposition de la déclaration du préambule (article 6 de l'IM) et la règle COP (article 7 de l'IM). Le Sénégal a également opté pour la règle LOB simplifiée conformément à l'article 7(6) de l'IM et a indiqué que même s'il accepte l'application de la règle COP aux fins de l'IM, il a l'intention dans la mesure du possible d'adopter une règle LOB via des négociations bilatérales. Les conventions qui seront modifiées par l'IM deviendront conformes au standard minimum une fois que les dispositions de l'IM auront pris effet.

Le Règlement 08/2008/COM n'a pas été notifié aux fins de l'IM car il s'agit d'un règlement de l'Union économique et monétaire ouest-africaine.

B. Difficultés de mise en œuvre

Aucune juridiction n'a signalé de préoccupation relative à ses conventions conclues avec le Sénégal.

Tableau A A.87. Synthèse de la réponse de la juridiction

	Partenaires de convention	Conformité avec le standard	Si conforme, méthode choisie	Signature d'un instrument de mise en conformité	Méthode choisie dans l'instrument de mise en conformité (si différent de l'IM)
1	Belgique	Non	N/C	Oui	N/C
2	Bénin	Non	N/C	Non	N/C
3	Burkina Faso	Non	N/C	Non	N/C
4	Canada	Non	N/C	Oui	N/C
5	Taipei chinois*	Non	N/C	Non	N/C
6	Côte d'Ivoire	Non	N/C	Non	N/C
7	France	Non	N/C	Oui	N/C
8	Guinée-Bissau*	Non	N/C	Non	N/C
9	Italie	Non	N/C	Oui	N/C
10	Liban*	Non	N/C	Oui	N/C
11	Malaisie	Non	N/C	Oui	N/C
12	Mali*	Non	N/C	Non	N/C
13	Mauritanie*	Non	N/C	Oui	N/C
14	Maurice	Non	N/C	Oui	N/C
15	Maroc*	Non	N/C	Oui	N/C
16	Niger*	Non	N/C	Non	N/C
17	Norvège	Non	N/C	Oui	N/C
18	Portugal	Non	N/C	Oui	N/C
19	Qatar	Non	N/C	Oui	N/C
20	Espagne	Non	N/C	Oui	N/C

	Partenaires de convention	Conformité avec le standard	Si conforme, méthode choisie	Signature d'un instrument de mise en conformité	Méthode choisie dans l'instrument de mise en conformité (si différent de l'IM)
21	Togo*	Non	N/C	Non	N/C
22	Tunisie	Non	N/C	Oui	N/C
23	Émirats arabes unis	Non	N/C	Oui	N/C
24	Royaume-Uni	Non	N/C	Oui	N/C

Serbie

A. Progrès dans la mise en œuvre du standard minimum

La Serbie compte 58 conventions fiscales en vigueur, comme l'indique sa réponse au questionnaire d'examen par les pairs.

La Serbie a signé l'IM en 2017, notifiant la totalité de ses 58 conventions fiscales[63].

Pour ses 58 conventions notifiées aux fins de l'IM, la Serbie choisit d'appliquer la disposition de la déclaration du préambule (article 6 de l'IM) et la règle COP (article 7 de l'IM). Toutes les conventions qui seront modifiées par l'IM deviendront conformes au standard minimum une fois que les dispositions de l'IM auront pris effet.

La Serbie a déposé son instrument de ratification de l'IM auprès du Secrétaire général de l'OCDE le 5 juin 2018. L'IM est entré en vigueur pour la Serbie le 1er juillet 2018.

B. Difficultés de mise en œuvre

Aucune juridiction n'a signalé de préoccupation relative à ses conventions conclues avec la Serbie.

Tableau A A.88. Synthèse de la réponse de la juridiction

	Partenaires de convention	Conformité avec le standard	Si conforme, méthode choisie	Signature d'un instrument de mise en conformité	Méthode choisie dans l'instrument de mise en conformité (si différent de l'IM)
1	Albanie*	Non	N/C	Oui	N/C
2	Arménie*	Non	N/C	Oui	N/C
3	Autriche	Non	N/C	Oui	N/C
4	Azerbaïdjan*	Non	N/C	Oui	N/C
5	Bélarus*	Non	N/C	Oui	N/C
6	Belgique	Non	N/C	Oui	N/C
7	Bosnie-Herzégovine*	Non	N/C	Oui	N/C
8	Bulgarie	Non	N/C	Oui	N/C
9	Canada	Non	N/C	Oui	N/C
10	Chine (République populaire de)	Non	N/C	Oui	N/C
11	Croatie	Non	N/C	Oui	N/C
12	Chypre*	Non	N/C	Oui	N/C
13	République tchèque	Non	N/C	Oui	N/C
14	République populaire démocratique de Corée*	Non	N/C	Oui	N/C
15	Danemark	Non	N/C	Oui	N/C
16	Égypte	Non	N/C	Oui	N/C
17	Estonie	Non	N/C	Oui	N/C
18	Finlande	Non	N/C	Oui	N/C
19	France	Non	N/C	Oui	N/C
20	Géorgie	Non	N/C	Oui	N/C
21	Allemagne	Non	N/C	Oui	N/C
22	Grèce	Non	N/C	Oui	N/C
23	Hongrie	Non	N/C	Oui	N/C
24	Inde	Non	N/C	Oui	N/C

	Partenaires de convention	Conformité avec le standard	Si conforme, méthode choisie	Signature d'un instrument de mise en conformité	Méthode choisie dans l'instrument de mise en conformité (si différent de l'IM)
25	Iran*	Non	N/C	Oui	N/C
26	Irlande	Non	N/C	Oui	N/C
27	Italie	Non	N/C	Oui	N/C
28	Kazakhstan	Non	N/C	Oui	N/C
29	Corée	Non	N/C	Oui	N/C
30	Koweït*	Non	N/C	Oui	N/C
31	Lettonie	Non	N/C	Oui	N/C
32	Libye*	Non	N/C	Oui	N/C
33	Lituanie	Non	N/C	Oui	N/C
34	Luxembourg	Non	N/C	Oui	N/C
35	Macédoine*	Non	N/C	Oui	N/C
36	Malaisie	Non	N/C	Oui	N/C
37	Malte	Non	N/C	Oui	N/C
38	Moldova*	Non	N/C	Oui	N/C
39	Monténégro*	Non	N/C	Oui	N/C
40	Pays-Bas	Non	N/C	Oui	N/C
41	Norvège	Non	N/C	Oui	N/C
42	Pakistan	Non	N/C	Oui	N/C
43	Pologne	Non	N/C	Oui	N/C
44	Qatar	Non	N/C	Oui	N/C
45	Roumanie	Non	N/C	Oui	N/C
46	Russie	Non	N/C	Oui	N/C
47	République slovaque	Non	N/C	Oui	N/C
48	Slovénie	Non	N/C	Oui	N/C
49	Espagne	Non	N/C	Oui	N/C
50	Sri Lanka	Non	N/C	Oui	N/C
51	Suède	Non	N/C	Oui	N/C
52	Suisse	Non	N/C	Oui	N/C
53	Tunisie	Non	N/C	Oui	N/C
54	Turquie	Non	N/C	Oui	N/C
55	Ukraine	Non	N/C	Oui	N/C
56	Émirats arabes unis	Non	N/C	Oui	N/C
57	Royaume-Uni	Non	N/C	Oui	N/C
58	Viet Nam	Non	N/C	Oui	N/C

Seychelles

A. Progrès dans la mise en œuvre du standard minimum

Les Seychelles comptent 28 conventions fiscales en vigueur, comme l'indique leur réponse au questionnaire d'examen par les pairs.

Les Seychelles ont signé l'IM en 2017, notifiant la totalité de leurs 28 conventions fiscales.

Pour leurs conventions notifiées aux fins de l'IM, les Seychelles choisissent d'appliquer la disposition de la déclaration du préambule (article 6 de l'IM) et la règle COP (article 7 de l'IM). Les Seychelles ont indiqué que même si elles acceptent l'application de la règle COP aux fins de l'IM, elles ont l'intention d'adopter dans la mesure du possible une règle LOB par négociation bilatérale. Toutes les conventions qui seront modifiées par l'IM deviendront conformes au standard minimum une fois que les dispositions de l'IM auront pris effet

B. Difficultés de mise en œuvre

Aucune juridiction n'a signalé de préoccupation relative à ses conventions conclues avec les Seychelles.

Tableau A A.89. Synthèse de la réponse de la juridiction

	Partenaires de convention	Conformité avec le standard	Si conforme, méthode choisie	Signature d'un instrument de mise en conformité	Méthode choisie dans l'instrument de mise en conformité (si différent de l'IM)
1	Bahreïn	Non	N/C	Oui	N/C
2	Barbade	Non	N/C	Oui	N/C
3	Belgique	Non	N/C	Oui	N/C
4	Bermudes	Non	N/C	Oui	N/C
5	Botswana	Non	N/C	Oui	N/C
6	Chine (République populaire de)	Non	N/C	Oui	N/C
7	Chypre*	Non	N/C	Oui	N/C
8	Éthiopie*	Non	N/C	Oui	N/C
9	Guernesey	Non	N/C	Oui	N/C
10	Indonésie	Non	N/C	Oui	N/C
11	Île de Man	Non	N/C	Oui	N/C
12	Jersey	Non	N/C	Oui	N/C
13	Kenya	Non	N/C	Oui	N/C
14	Luxembourg	Non	N/C	Oui	N/C
15	Malaisie	Non	N/C	Oui	N/C
16	Maurice	Non	N/C	Oui	N/C
17	Monaco	Non	N/C	Oui	N/C
18	Oman	Non	N/C	Oui	N/C
19	Qatar	Non	N/C	Oui	N/C
20	Saint-Marin	Non	N/C	Oui	N/C
21	Singapour	Non	N/C	Oui	N/C
22	Afrique du Sud	Non	N/C	Oui	N/C
23	Sri Lanka	Non	N/C	Oui	N/C

	Partenaires de convention	Conformité avec le standard	Si conforme, méthode choisie	Signature d'un instrument de mise en conformité	Méthode choisie dans l'instrument de mise en conformité (si différent de l'IM)
24	Eswatini*	Non	N/C	Oui	N/C
25	Thaïlande	Non	N/C	Oui	N/C
26	Émirats arabes unis	Non	N/C	Oui	N/C
27	Viet Nam	Non	N/C	Oui	N/C
28	Zambie	Non	N/C	Oui	N/C

Sierra Leone

A. Progrès dans la mise en œuvre du standard minimum

La Sierra Leone compte trois conventions fiscales en vigueur, comme l'indique sa réponse au questionnaire d'examen par les pairs.

La Sierra Leone n'a signé aucun instrument de mise en conformité.

B. Difficultés de mise en œuvre

Aucune juridiction n'a signalé de préoccupation relative à ses conventions conclues avec la Sierra Leone

Tableau A A.90. Synthèse de la réponse de la juridiction

	Partenaires de convention	Conformité avec le standard	Si conforme, méthode choisie	Signature d'un instrument de mise en conformité	Méthode choisie dans l'instrument de mise en conformité (si différent de l'IM)
1	Norvège	Non	N/C	Non	N/C
2	Afrique du Sud	Non	N/C	Non	N/C
3	Royaume-Uni	Non	N/C	Non	N/C

Singapour

A. Progrès dans la mise en œuvre du standard minimum

Singapour compte 84 conventions fiscales en vigueur, comme l'indique sa réponse au questionnaire d'examen par les pairs.

Singapour a signé l'IM en 2017, notifiant 73 de ses 84 conventions fiscales dans une position provisoire révisée sur l'IM transmise au Secrétariat le 11 juin 2018[64].

Pour ses conventions notifiées aux fins de l'IM, Singapour choisit d'appliquer la disposition de la déclaration du préambule (article 6 de l'IM) et la règle COP (article 7 de l'IM). Les conventions qui seront modifiées par l'IM deviendront conformes au standard minimum une fois que les dispositions de l'IM auront pris effet.

B. Difficultés de mise en œuvre

Aucune juridiction n'a signalé de préoccupation relative à ses conventions conclues avec Singapour.

Tableau A A.91. Synthèse de la réponse de la juridiction

	Partenaires de convention	Conformité avec le standard	Si conforme, méthode choisie	Signature d'un instrument de mise en conformité	Méthode choisie dans l'instrument de mise en conformité (si différent de l'IM)
1	Albanie*	Non	N/C	Oui	N/C
2	Australie	Non	N/C	Oui	N/C
3	Autriche	Non	N/C	Oui	N/C
4	Bahreïn	Non	N/C	Oui	N/C
5	Bangladesh*	Non	N/C	Oui	N/C
6	Barbade	Non	N/C	Oui	N/C
7	Bélarus*	Non	N/C	Non	N/C
8	Belgique	Non	N/C	Oui	N/C
9	Brunei Darussalam	Non	N/C	Oui	N/C
10	Bulgarie	Non	N/C	Oui	N/C
11	Cambodge*	Non	N/C	Non	N/C
12	Canada	Non	N/C	Oui	N/C
13	Chine (République populaire de)	Non	N/C	Oui	N/C
14	Taipei chinois*	Non	N/C	Non	N/C
15	Chypre*	Non	N/C	Oui	N/C
16	République tchèque	Non	N/C	Oui	N/C
17	Danemark	Non	N/C	Oui	N/C
18	Équateur*	Non	N/C	Non	N/C
19	Égypte	Non	N/C	Oui	N/C
20	Estonie	Non	N/C	Oui	N/C
21	Éthiopie*	Non	N/C	Non	N/C
22	Fidji*	Non	N/C	Oui	N/C
23	Finlande	Non	N/C	Oui	N/C
24	France	Non	N/C	Oui	N/C
25	Géorgie	Non	N/C	Oui	N/C
26	Allemagne	Non	N/C	Oui	N/C
27	Guernesey	Non	N/C	Oui	N/C

	Partenaires de convention	Conformité avec le standard	Si conforme, méthode choisie	Signature d'un instrument de mise en conformité	Méthode choisie dans l'instrument de mise en conformité (si différent de l'IM)
28	Hongrie	Non	N/C	Oui	N/C
29	Inde	Non	N/C	Oui	N/C
30	Indonésie	Non	N/C	Oui	N/C
31	Irlande	Non	N/C	Oui	N/C
32	Île de Man	Non	N/C	Oui	N/C
33	Israël	Non	N/C	Oui	N/C
34	Italie	Non	N/C	Oui	N/C
35	Japon	Non	N/C	Oui	N/C
36	Jersey	Non	N/C	Oui	N/C
37	Kazakhstan	Non	N/C	Oui	N/C
38	Corée	Non	N/C	Non	N/C
39	Koweït*	Non	N/C	Oui	N/C
40	République démocratique populaire lao*	Non	N/C	Non	N/C
41	Lettonie	Non	N/C	Oui	N/C
42	Libye*	Non	N/C	Non	N/C
43	Liechtenstein	Non	N/C	Oui	N/C
44	Lituanie	Non	N/C	Oui	N/C
45	Luxembourg	Non	N/C	Oui	N/C
46	Malaisie	Non	N/C	Oui	N/C
47	Malte	Non	N/C	Oui	N/C
48	Maurice	Non	N/C	Oui	N/C
49	Mexique	Non	N/C	Oui	N/C
50	Mongolie	Non	N/C	Oui	N/C
51	Maroc*	Non	N/C	Oui	N/C
52	Myanmar*	Non	N/C	Non	N/C
53	Pays-Bas	Non	N/C	Oui	N/C
54	Nouvelle-Zélande	Non	N/C	Oui	N/C
55	Norvège	Non	N/C	Oui	N/C
56	Oman	Non	N/C	Oui	N/C
57	Pakistan	Non	N/C	Oui	N/C
58	Panama	Non	N/C	Oui	N/C
59	Papouasie-Nouvelle-Guinée	Non	N/C	Oui	N/C
60	Philippines*	Non	N/C	Oui	N/C
61	Pologne	Non	N/C	Oui	N/C
62	Portugal	Non	N/C	Oui	N/C
63	Qatar	Non	N/C	Oui	N/C
64	Roumanie	Non	N/C	Oui	N/C
65	Russie	Non	N/C	Oui	N/C
66	Rwanda*	Non	N/C	Non	N/C
67	Saint-Marin	Non	N/C	Oui	N/C
68	Arabie saoudite	Non	N/C	Oui	N/C
69	Seychelles	Non	N/C	Oui	N/C
70	République slovaque	Non	N/C	Oui	N/C
71	Slovénie	Non	N/C	Oui	N/C
72	Afrique du Sud	Non	N/C	Oui	N/C

	Partenaires de convention	Conformité avec le standard	Si conforme, méthode choisie	Signature d'un instrument de mise en conformité	Méthode choisie dans l'instrument de mise en conformité (si différent de l'IM)
73	Espagne	Non	N/C	Oui	N/C
74	Sri Lanka	Non	N/C	Oui	N/C
75	Suède	Non	N/C	Oui	N/C
76	Suisse	Non	N/C	Oui	N/C
77	Thaïlande	Non	N/C	Oui	N/C
78	Turquie	Non	N/C	Oui	N/C
79	Ukraine	Non	N/C	Oui	N/C
80	Émirats arabes unis	Non	N/C	Oui	N/C
81	Royaume-Uni	Non	N/C	Oui	N/C
82	Uruguay	Non	N/C	Oui	N/C
83	Ouzbékistan*	Non	N/C	Non	N/C
84	Viet Nam	Non	N/C	Oui	N/C

République slovaque

A. Progrès dans la mise en œuvre du standard minimum

La République slovaque compte 70 conventions fiscales en vigueur, comme l'indique sa réponse au questionnaire d'examen par les pairs.

La République slovaque a signé l'IM en 2017, notifiant à titre provisoire 64 de ses 70 conventions fiscales.

Pour ses conventions notifiées aux fins de l'IM, la République slovaque choisit d'appliquer la disposition de la déclaration du préambule (article 6 de l'IM) et la règle COP (article 7 de l'IM). La République slovaque a également opté pour la règle LOB simplifiée au titre de l'article 7(6) de l'IM. Les conventions qui seront modifiées par l'IM deviendront conformes au standard minimum une fois que les dispositions de l'IM auront pris effet.

La République slovaque a déposé son instrument de ratification auprès du Secrétaire général de l'OCDE le 20 septembre 2018[65]. L'IM est entré en vigueur pour la République slovaque le 1er janvier 2019.

La République slovaque a indiqué dans sa réponse au questionnaire d'examen par les pairs que les conventions ne faisant pas l'objet d'un instrument de mise en conformité n'ont pas été notifiées aux fins de l'IM parce qu'elles n'étaient pas en vigueur au moment de la signature de l'IM ou parce qu'elles étaient trop anciennes pour être couvertes par l'IM.

B. Difficultés de mise en œuvre

Aucune juridiction n'a signalé de préoccupation relative à ses conventions conclues avec la République slovaque.

Tableau A A.92. Synthèse de la réponse de la juridiction

	Partenaires de convention	Conformité avec le standard	Si conforme, méthode choisie	Signature d'un instrument de mise en conformité	Méthode choisie dans l'instrument de mise en conformité (si différent de l'IM)
1	Arménie*	Non	N/C	Non	N/C
2	Australie	Non	N/C	Oui	N/C
3	Autriche	Non	N/C	Oui	N/C
4	Bélarus*	Non	N/C	Oui	N/C
5	Belgique	Non	N/C	Oui	N/C
6	Bosnie-Herzégovine*	Non	N/C	Oui	N/C
7	Brésil	Non	N/C	Oui	N/C
8	Bulgarie	Non	N/C	Oui	N/C
9	Canada	Non	N/C	Oui	N/C
10	Chine (République populaire de)	Non	N/C	Oui	N/C
11	Taipei chinois*	Non	N/C	Non	N/C
12	Croatie	Non	N/C	Oui	N/C
13	Chypre*	Non	N/C	Oui	N/C
14	République tchèque	Non	N/C	Oui	N/C
15	Danemark	Non	N/C	Oui	N/C

	Partenaires de convention	Conformité avec le standard	Si conforme, méthode choisie	Signature d'un instrument de mise en conformité	Méthode choisie dans l'instrument de mise en conformité (si différent de l'IM)
16	Estonie	Non	N/C	Oui	N/C
17	Éthiopie*	Non	N/C	Non	N/C
18	Finlande	Non	N/C	Oui	N/C
19	France	Non	N/C	Oui	N/C
20	Géorgie	Non	N/C	Oui	N/C
21	Allemagne	Non	N/C	Oui	N/C
22	Grèce	Non	N/C	Oui	N/C
23	Hongrie	Non	N/C	Oui	N/C
24	Islande	Non	N/C	Oui	N/C
25	Inde	Non	N/C	Oui	N/C
26	Indonésie	Non	N/C	Oui	N/C
27	Iran*	Non	N/C	Non	N/C
28	Irlande	Non	N/C	Oui	N/C
29	Israël	Non	N/C	Oui	N/C
30	Italie	Non	N/C	Oui	N/C
31	Japon	Non	N/C	Oui	N/C
32	Kazakhstan	Non	N/C	Oui	N/C
33	Corée	Non	N/C	Oui	N/C
34	Koweït*	Non	N/C	Oui	N/C
35	Lettonie	Non	N/C	Oui	N/C
36	Libye*	Non	N/C	Oui	N/C
37	Lituanie	Non	N/C	Oui	N/C
38	Luxembourg	Non	N/C	Oui	N/C
39	Macédoine*	Non	N/C	Oui	N/C
40	Malaisie	Non	N/C	Oui	N/C
41	Malte	Non	N/C	Oui	N/C
42	Mexique	Non	N/C	Oui	N/C
43	Moldova*	Non	N/C	Oui	N/C
44	Mongolie	Non	N/C	Non	N/C
45	Monténégro*	Non	N/C	Oui	N/C
46	Pays-Bas	Non	N/C	Oui	N/C
47	Nigéria	Non	N/C	Oui	N/C
48	Norvège	Non	N/C	Oui	N/C
49	Pologne	Non	N/C	Oui	N/C
50	Portugal	Non	N/C	Oui	N/C
51	Roumanie	Non	N/C	Oui	N/C
52	Russie	Non	N/C	Oui	N/C
53	Serbie	Non	N/C	Oui	N/C
54	Singapour	Non	N/C	Oui	N/C
55	Slovénie	Non	N/C	Oui	N/C
56	Afrique du Sud	Non	N/C	Oui	N/C
57	Espagne	Non	N/C	Oui	N/C
58	Sri Lanka	Non	N/C	Oui	N/C
59	Suède	Non	N/C	Oui	N/C
60	Suisse	Non	N/C	Oui	N/C
61	République arabe syrienne*	Non	N/C	Oui	N/C
62	Tunisie	Non	N/C	Oui	N/C

	Partenaires de convention	Conformité avec le standard	Si conforme, méthode choisie	Signature d'un instrument de mise en conformité	Méthode choisie dans l'instrument de mise en conformité (si différent de l'IM)
63	Turquie	Non	N/C	Oui	N/C
64	Turkménistan*	Non	N/C	Oui	N/C
65	Ukraine	Non	N/C	Oui	N/C
66	Émirats arabes unis	Non	N/C	Non	N/C
67	Royaume-Uni	Non	N/C	Oui	N/C
68	États-Unis	Non	N/C	Oui	N/C
69	Ouzbékistan*	Non	N/C	Oui	N/C
70	Viet Nam	Non	N/C	Oui	N/C

Slovénie

A. Progrès dans la mise en œuvre du standard minimum

La Slovénie compte 59 conventions fiscales en vigueur, comme l'indique sa réponse au questionnaire d'examen par les pairs. Sa convention avec le Japon est conforme au standard minimum.

La Slovénie a signé l'IM en 2017, notifiant 55 de ses 59 conventions fiscales[66].

Pour sa convention conforme avec le Japon, le standard minimum est appliqué en incluant la disposition de la déclaration du préambule et la règle COP.

Pour ses 55 conventions notifiées aux fins de l'IM, la Slovénie choisit d'appliquer la disposition de la déclaration du préambule (article 6 de l'IM) et la règle COP (article 7 de l'IM). Les conventions qui seront modifiées par l'IM deviendront conformes au standard minimum une fois que les dispositions de l'IM auront pris effet.

La Slovénie a déposé son instrument de ratification de l'IM auprès du Secrétaire général de l'OCDE le 22 mars 2018. L'IM est entré en vigueur pour la Slovénie le 1er juillet 2018.

La Slovénie a indiqué dans sa réponse au questionnaire d'examen par les pairs que des négociations bilatérales seraient engagées pour ses conventions avec l'Allemagne, le Monténégro* et la Suède.

B. Difficultés de mise en œuvre

Aucune juridiction n'a signalé de préoccupation relative à ses conventions conclues avec la Slovénie.

Tableau A A.93. Synthèse de la réponse de la juridiction

	Partenaires de convention	Conformité avec le standard	Si conforme, méthode choisie	Signature d'un instrument de mise en conformité	Méthode choisie dans l'instrument de mise en conformité (si différent de l'IM)
1	Albanie*	Non	N/C	Oui	N/C
2	Arménie*	Non	N/C	Oui	N/C
3	Autriche	Non	N/C	Oui	N/C
4	Azerbaïdjan*	Non	N/C	Oui	N/C
5	Bélarus*	Non	N/C	Oui	N/C
6	Belgique	Non	N/C	Oui	N/C
7	Bosnie-Herzégovine*	Non	N/C	Oui	N/C
8	Bulgarie	Non	N/C	Oui	N/C
9	Canada	Non	N/C	Oui	N/C
10	Chine (République populaire de)	Non	N/C	Oui	N/C
11	Croatie	Non	N/C	Oui	N/C
12	Chypre*	Non	N/C	Oui	N/C
13	République tchèque	Non	N/C	Oui	N/C
14	Danemark	Non	N/C	Oui	N/C
15	Estonie	Non	N/C	Oui	N/C
16	Finlande	Non	N/C	Oui	N/C
17	France	Non	N/C	Oui	N/C

18	Géorgie	Non	N/C	Oui	N/C
19	Allemagne	Non	N/C	Non	N/C
20	Grèce	Non	N/C	Oui	N/C
21	Hongrie	Non	N/C	Oui	N/C
22	Islande	Non	N/C	Oui	N/C
23	Inde	Non	N/C	Oui	N/C
24	Iran*	Non	N/C	Oui	N/C
25	Irlande	Non	N/C	Oui	N/C
26	Israël	Non	N/C	Oui	N/C
27	Italie	Non	N/C	Oui	N/C
28	Japon	Oui	COP uniquement	N/C	N/C
29	Kazakhstan	Non	N/C	Oui	N/C
30	Corée	Non	N/C	Oui	N/C
31	Kosovo*	Non	N/C	Oui	N/C
32	Koweït*	Non	N/C	Oui	N/C
33	Lettonie	Non	N/C	Oui	N/C
34	Lituanie	Non	N/C	Oui	N/C
35	Luxembourg	Non	N/C	Oui	N/C
36	Macédoine*	Non	N/C	Oui	N/C
37	Malte	Non	N/C	Oui	N/C
38	Moldova*	Non	N/C	Oui	N/C
39	Monténégro*	Non	N/C	Non	N/C
40	Pays-Bas	Non	N/C	Oui	N/C
41	Norvège	Non	N/C	Oui	N/C
42	Pologne	Non	N/C	Oui	N/C
43	Portugal	Non	N/C	Oui	N/C
44	Qatar	Non	N/C	Oui	N/C
45	Roumanie	Non	N/C	Oui	N/C
46	Russie	Non	N/C	Oui	N/C
47	Serbie	Non	N/C	Oui	N/C
48	Singapour	Non	N/C	Oui	N/C
49	République slovaque	Non	N/C	Oui	N/C
50	Espagne	Non	N/C	Oui	N/C
51	Suède	Non	N/C	Non	N/C
52	Suisse	Non	N/C	Oui	N/C
53	Thaïlande	Non	N/C	Oui	N/C
54	Turquie	Non	N/C	Oui	N/C
55	Ukraine	Non	N/C	Oui	N/C
56	Émirats arabes unis	Non	N/C	Oui	N/C
57	Royaume-Uni	Non	N/C	Oui	N/C
58	États-Unis	Non	N/C	Oui	N/C
59	Ouzbékistan*	Non	N/C	Oui	N/C

Afrique du Sud

A. Progrès dans la mise en œuvre du standard minimum

L'Afrique du Sud compte 79 conventions fiscales en vigueur, comme l'indique sa réponse au questionnaire d'examen par les pairs.

L'Afrique du Sud a signé l'IM en 2017, notifiant 74 de ses 79 conventions fiscales.

Pour ses conventions notifiées aux fins de l'IM, l'Afrique du Sud choisit d'appliquer la disposition de la déclaration du préambule (article 6 de l'IM) et la règle COP (article 7 de l'IM). Les conventions qui seront modifiées par l'IM deviendront conformes au standard minimum une fois que les dispositions de l'IM auront pris effet.

L'Afrique du Sud a indiqué dans sa réponse au questionnaire d'examen par les pairs que des négociations bilatérales seraient engagées pour ses conventions avec l'Allemagne, le Brésil, le Malawi* et la Zambie.

B. Difficultés de mise en œuvre

Aucune juridiction n'a signalé de préoccupation relative à ses conventions conclues avec l'Afrique du Sud.

Tableau A A.94. Synthèse de la réponse de la juridiction

	Partenaires de convention	Conformité avec le standard	Si conforme, méthode choisie	Signature d'un instrument de mise en conformité	Méthode choisie dans l'instrument de mise en conformité (si différent de l'IM)
1	Algérie*	Non	N/C	Non	N/C
2	Australie	Non	N/C	Oui	N/C
3	Autriche	Non	N/C	Oui	N/C
4	Bélarus*	Non	N/C	Non	N/C
5	Belgique	Non	N/C	Oui	N/C
6	Botswana	Non	N/C	Non	N/C
7	Brésil	Non	N/C	Non	N/C
8	Bulgarie	Non	N/C	Oui	N/C
9	Cameroun	Non	N/C	Oui	N/C
10	Canada	Non	N/C	Oui	N/C
11	Chili	Non	N/C	Oui	N/C
12	Chine (République populaire de)	Non	N/C	Oui	N/C
13	Taipei chinois*	Non	N/C	Non	N/C
14	Croatie	Non	N/C	Oui	N/C
15	Chypre*	Non	N/C	Oui	N/C
16	République tchèque	Non	N/C	Oui	N/C
17	République démocratique du Congo	Non	N/C	Non	N/C
18	Danemark	Non	N/C	Oui	N/C
19	Égypte	Non	N/C	Oui	N/C
20	Éthiopie*	Non	N/C	Non	N/C
21	Finlande	Non	N/C	Oui	N/C
22	France	Non	N/C	Oui	N/C

	Partenaires de convention	Conformité avec le standard	Si conforme, méthode choisie	Signature d'un instrument de mise en conformité	Méthode choisie dans l'instrument de mise en conformité (si différent de l'IM)
23	Allemagne	Non	N/C	Non	N/C
24	Ghana*	Non	N/C	Non	N/C
25	Grèce	Non	N/C	Oui	N/C
26	Grenade*	Non	N/C	Non	N/C
27	Hong Kong (Chine)	Non	N/C	Oui	N/C
28	Hongrie	Non	N/C	Oui	N/C
29	Inde	Non	N/C	Oui	N/C
30	Indonésie	Non	N/C	Oui	N/C
31	Iran*	Non	N/C	Non	N/C
32	Irlande	Non	N/C	Oui	N/C
33	Israël	Non	N/C	Oui	N/C
34	Italie	Non	N/C	Oui	N/C
35	Japon	Non	N/C	Oui	N/C
36	Kenya	Non	N/C	Non	N/C
37	Corée	Non	N/C	Oui	N/C
38	Koweït*	Non	N/C	Oui	N/C
39	Lesotho*	Non	N/C	Non	N/C
40	Luxembourg	Non	N/C	Oui	N/C
41	Malawi*	Non	N/C	Non	N/C
42	Malaisie	Non	N/C	Oui	N/C
43	Malte	Non	N/C	Oui	N/C
44	Maurice	Non	N/C	Oui	N/C
45	Mexique	Non	N/C	Oui	N/C
46	Mozambique*	Non	N/C	Non	N/C
47	Namibie*	Non	N/C	Non	N/C
48	Pays-Bas	Non	N/C	Oui	N/C
49	Nouvelle-Zélande	Non	N/C	Oui	N/C
50	Nigéria	Non	N/C	Oui	N/C
51	Norvège	Non	N/C	Oui	N/C
52	Oman	Non	N/C	Non	N/C
53	Pakistan	Non	N/C	Oui	N/C
54	Pologne	Non	N/C	Oui	N/C
55	Portugal	Non	N/C	Oui	N/C
56	Qatar	Non	N/C	Non	N/C
57	Roumanie	Non	N/C	Oui	N/C
58	Russie	Non	N/C	Oui	N/C
59	Rwanda*	Non	N/C	Non	N/C
60	Arabie saoudite	Non	N/C	Non	N/C
61	Seychelles	Non	N/C	Oui	N/C
62	Sierra Leone	Non	N/C	Non	N/C
63	Singapour	Non	N/C	Oui	N/C
64	République slovaque	Non	N/C	Oui	N/C
65	Espagne	Non	N/C	Oui	N/C
66	Eswatini*	Non	N/C	Non	N/C
67	Suède	Non	N/C	Oui	N/C
68	Suisse	Non	N/C	Oui	N/C
69	Tanzanie*	Non	N/C	Non	N/C
70	Thaïlande	Non	N/C	Non	N/C

	Partenaires de convention	Conformité avec le standard	Si conforme, méthode choisie	Signature d'un instrument de mise en conformité	Méthode choisie dans l'instrument de mise en conformité (si différent de l'IM)
71	Tunisie	Non	N/C	Oui	N/C
72	Turquie	Non	N/C	Oui	N/C
73	Ouganda*	Non	N/C	Non	N/C
74	Ukraine	Non	N/C	Non	N/C
75	Émirats arabes unis	Non	N/C	Non	N/C
76	Royaume-Uni	Non	N/C	Oui	N/C
77	États-Unis	Non	N/C	Non	N/C
78	Zambie	Non	N/C	Non	N/C
79	Zimbabwe*	Non	N/C	Non	N/C

Espagne

A. Progrès dans la mise en œuvre du standard minimum

L'Espagne compte 92 conventions fiscales en vigueur, comme l'indique sa réponse au questionnaire d'examen par les pairs. Sa convention avec le Mexique est conforme au standard minimum.

L'Espagne a signé l'IM en 2017, notifiant 86 de ses 92 conventions fiscales[67]. L'Espagne a également signé un instrument bilatéral de mise en conformité avec la Roumanie.

Pour sa convention conforme avec le Mexique, le standard minimum est appliqué en incluant la disposition de la déclaration du préambule et la règle COP.

Pour 84 de ses conventions notifiées aux fins de l'IM, l'Espagne choisit d'appliquer la disposition de la déclaration du préambule (article 6 de l'IM). Pour 83 de ses conventions notifiées aux fins de l'IM, l'Espagne choisit d'appliquer la règle COP (article 7 de l'IM). Trois des conventions de l'Espagne, celles avec Andorre, le Mexique et la Roumanie, entrent dans le champ des réserves formulées par l'Espagne conformément à l'article 6(4) ou à l'article 7(15)(b) de l'IM[68]. Les conventions qui seront modifiées par l'IM deviendront conformes au standard minimum une fois que les dispositions de l'IM auront pris effet.

Pour sa convention avec la Roumanie faisant l'objet d'un instrument bilatéral de mise en conformité, l'Espagne choisit d'appliquer la disposition de la déclaration du préambule et la règle COP.

L'Espagne a indiqué dans sa réponse au questionnaire d'examen par les pairs que des négociations bilatérales seraient engagées pour ses conventions avec la Chine, le Japon, les Pays-Bas, la Norvège, la Suède et l'Ukraine.

B. Difficultés de mise en œuvre

Aucune juridiction n'a signalé de préoccupation relative à ses conventions conclues avec l'Espagne.

Tableau A A.95. Synthèse de la réponse de la juridiction

	Partenaires de convention	Conformité avec le standard	Si conforme, méthode choisie	Signature d'un instrument de mise en conformité	Méthode choisie dans l'instrument de mise en conformité (si différent de l'IM)
1	Albanie*	Non	N/C	Oui	N/C
2	Algérie*	Non	N/C	Oui	N/C
3	Andorre	Non	N/C	Oui	N/C
4	Argentine	Non	N/C	Oui	N/C
5	Arménie*	Non	N/C	Oui	N/C
6	Australie	Non	N/C	Oui	N/C
7	Autriche	Non	N/C	Oui	N/C
8	Barbade	Non	N/C	Oui	N/C
9	Belgique	Non	N/C	Oui	N/C
10	Bolivie*	Non	N/C	Oui	N/C
11	Bosnie-Herzégovine*	Non	N/C	Oui	N/C
12	Brésil	Non	N/C	Oui	N/C

	Partenaires de convention	Conformité avec le standard	Si conforme, méthode choisie	Signature d'un instrument de mise en conformité	Méthode choisie dans l'instrument de mise en conformité (si différent de l'IM)
13	Bulgarie	Non	N/C	Oui	N/C
14	Canada	Non	N/C	Oui	N/C
15	Chili	Non	N/C	Oui	N/C
16	Chine (République populaire de)	Non	N/C	Non	N/C
17	Colombie	Non	N/C	Oui	N/C
18	Costa Rica	Non	N/C	Oui	N/C
19	Croatie	Non	N/C	Oui	N/C
20	Cuba*	Non	N/C	Oui	N/C
21	Chypre*	Non	N/C	Oui	N/C
22	République tchèque	Non	N/C	Oui	N/C
23	République dominicaine*	Non	N/C	Oui	N/C
24	Équateur*	Non	N/C	Oui	N/C
25	Égypte	Non	N/C	Oui	N/C
26	El Salvador*	Non	N/C	Oui	N/C
27	Estonie	Non	N/C	Oui	N/C
28	Finlande	Non	N/C	Oui	N/C
29	France	Non	N/C	Oui	N/C
30	Géorgie	Non	N/C	Oui	N/C
31	Allemagne	Non	N/C	Oui	N/C
32	Grèce	Non	N/C	Oui	N/C
33	Hong Kong (Chine)	Non	N/C	Oui	N/C
34	Hongrie	Non	N/C	Oui	N/C
35	Islande	Non	N/C	Oui	N/C
36	Inde	Non	N/C	Oui	N/C
37	Indonésie	Non	N/C	Oui	N/C
38	Iran*	Non	N/C	Oui	N/C
39	Irlande	Non	N/C	Oui	N/C
40	Israël	Non	N/C	Oui	N/C
41	Italie	Non	N/C	Oui	N/C
42	Jamaïque	Non	N/C	Oui	N/C
43	Japon	Non	N/C	Non	N/C
44	Kazakhstan	Non	N/C	Oui	N/C
45	Corée	Non	N/C	Oui	N/C
46	Koweït*	Non	N/C	Oui	N/C
47	Kirghizistan*	Non	N/C	Oui	N/C
48	Lettonie	Non	N/C	Oui	N/C
49	Lituanie	Non	N/C	Oui	N/C
50	Luxembourg	Non	N/C	Oui	N/C
51	Macédoine*	Non	N/C	Oui	N/C
52	Malaisie	Non	N/C	Oui	N/C
53	Malte	Non	N/C	Oui	N/C
54	Mexique	Oui	COP uniquement		N/C
55	Moldova*	Non	N/C	Oui	N/C
56	Maroc*	Non	N/C	Oui	N/C
57	Pays-Bas	Non	N/C	Non	N/C
58	Nouvelle-Zélande	Non	N/C	Oui	N/C

	Partenaires de convention	Conformité avec le standard	Si conforme, méthode choisie	Signature d'un instrument de mise en conformité	Méthode choisie dans l'instrument de mise en conformité (si différent de l'IM)
59	Nigéria	Non	N/C	Oui	N/C
60	Norvège	Non	N/C	Non	N/C
61	Oman	Non	N/C	Oui	N/C
62	Pakistan	Non	N/C	Oui	N/C
63	Panama	Non	N/C	Oui	N/C
64	Philippines*	Non	N/C	Oui	N/C
65	Pologne	Non	N/C	Oui	N/C
66	Portugal	Non	N/C	Oui	N/C
67	Qatar	Non	N/C	Oui	N/C
68	Roumanie	Non	N/C	Oui	COP uniquement
69	Russie	Non	N/C	Oui	N/C
70	Arabie saoudite	Non	N/C	Oui	N/C
71	Sénégal	Non	N/C	Oui	N/C
72	Serbie	Non	N/C	Oui	N/C
73	Singapour	Non	N/C	Oui	N/C
74	République slovaque	Non	N/C	Oui	N/C
75	Slovénie	Non	N/C	Oui	N/C
76	Afrique du Sud	Non	N/C	Oui	N/C
77	Suède	Non	N/C	Non	N/C
78	Suisse	Non	N/C	Oui	N/C
79	Tadjikistan*	Non	N/C	Oui	N/C
80	Thaïlande	Non	N/C	Oui	N/C
81	Trinité-et-Tobago	Non	N/C	Oui	N/C
82	Tunisie	Non	N/C	Oui	N/C
83	Turquie	Non	N/C	Oui	N/C
84	Turkménistan*	Non	N/C	Oui	N/C
85	Ukraine	Non	N/C	Non	N/C
86	Émirats arabes unis	Non	N/C	Oui	N/C
87	Royaume-Uni	Non	N/C	Oui	N/C
88	États-Unis	Non	N/C	Oui	N/C
89	Uruguay	Non	N/C	Oui	N/C
90	Ouzbékistan*	Non	N/C	Oui	N/C
91	Venezuela*	Non	N/C	Oui	N/C
92	Viet Nam	Non	N/C	Oui	N/C

Sri Lanka

A. Progrès dans la mise en œuvre du standard minimum

Le Sri Lanka compte 46 conventions fiscales en vigueur, comme l'indique sa réponse au questionnaire d'examen par les pairs.

Le Sri Lanka n'a signé aucun instrument de mise en conformité.

B. Difficultés de mise en œuvre

Aucune juridiction n'a signalé de préoccupation relative à ses conventions conclues avec le Sri Lanka.

Tableau A A.96. Synthèse de la réponse de la juridiction

	Partenaires de convention	Conformité avec le standard	Si conforme, méthode choisie	Signature d'un instrument de mise en conformité	Méthode choisie dans l'instrument de mise en conformité (si différent de l'IM)
1	Australie	Non	N/C	Non	N/C
2	Bahreïn	Non	N/C	Non	N/C
3	Bangladesh*	Non	N/C	Non	N/C
4	Bélarus*	Non	N/C	Non	N/C
5	Belgique	Non	N/C	Non	N/C
6	Bosnie-Herzégovine*	Non	N/C	Non	N/C
7	Canada	Non	N/C	Non	N/C
8	Chine (République populaire de)	Non	N/C	Non	N/C
9	Croatie	Non	N/C	Non	N/C
10	République tchèque	Non	N/C	N/C	N/C
11	Danemark	Non	N/C	Non	N/C
12	Finlande	Non	N/C	Non	N/C
13	France	Non	N/C	Non	N/C
14	Allemagne	Non	N/C	Non	N/C
15	Inde	Non	N/C	Non	N/C
16	Indonésie	Non	N/C	Non	N/C
17	Iran*	Non	N/C	Non	N/C
18	Italie	Non	N/C	Non	N/C
19	Japon	Non	N/C	Non	N/C
20	Corée	Non	N/C	Non	N/C
21	Koweït*	Non	N/C	Non	N/C
22	Luxembourg	Non	N/C	Non	N/C
23	Macédoine*	Non	N/C	Non	N/C
24	Malaisie	Non	N/C	Non	N/C
25	Maurice	Non	N/C	Non	N/C
26	Monténégro*	Non	N/C	Non	N/C
27	Népal*	Non	N/C	Non	N/C
28	Pays-Bas	Non	N/C	Non	N/C
29	Norvège	Non	N/C	Non	N/C
30	Pakistan	Non	N/C	Non	N/C
31	Philippines*	Non	N/C	Non	N/C
32	Pologne	Non	N/C	Non	N/C

	Partenaires de convention	Conformité avec le standard	Si conforme, méthode choisie	Signature d'un instrument de mise en conformité	Méthode choisie dans l'instrument de mise en conformité (si différent de l'IM)
33	Qatar	Non	N/C	Non	N/C
34	Roumanie	Non	N/C	Non	N/C
35	Russie	Non	N/C	Non	N/C
36	Serbie	Non	N/C	Non	N/C
37	Seychelles	Non	N/C	Non	N/C
38	Singapour	Non	N/C	Non	N/C
39	République slovaque	Non	N/C	Non	N/C
40	Suède	Non	N/C	Non	N/C
41	Suisse	Non	N/C	Non	N/C
42	Thaïlande	Non	N/C	Non	N/C
43	Émirats arabes unis	Non	N/C	Non	N/C
44	Royaume-Uni	Non	N/C	Non	N/C
45	États-Unis	Non	N/C	Non	N/C
46	Viet Nam	Non	N/C	Non	N/C

Sainte-Lucie

A. Progrès dans la mise en œuvre du standard minimum

Sainte-Lucie compte deux conventions fiscales en vigueur, comme l'indique sa réponse au questionnaire d'examen par les pairs, y compris la convention multilatérale entre les membres de la CARICOM conclue avec dix de ses partenaires[69].

Sainte-Lucie n'a signé aucun instrument de mise en conformité.

B. Difficultés de mise en œuvre

Aucune juridiction n'a signalé de préoccupation relative à ses conventions conclues avec Sainte-Lucie.

Tableau A A.97. Synthèse de la réponse de la juridiction

	Partenaires de convention	Conformité avec le standard	Si conforme, méthode choisie	Signature d'un instrument de mise en conformité	Méthode choisie dans l'instrument de mise en conformité (si différent de l'IM)
1	Antigua-et-Barbuda*	Non	N/C	Non	N/C
2	Barbade	Non	N/C	Non	N/C
3	Belize	Non	N/C	Non	N/C
4	Dominique*	Non	N/C	Non	N/C
5	Grenade*	Non	N/C	Non	N/C
6	Guyana*	Non	N/C	Non	N/C
7	Jamaïque	Non	N/C	Non	N/C
8	Saint-Kitts-et-Nevis	Non	N/C	Non	N/C
9	Saint-Vincent-et-les-Grenadines*	Non	N/C	Non	N/C
10	Suisse	Non	N/C	Non	N/C
11	Trinité-et-Tobago	Non	N/C	Non	N/C

Suède

A. Progrès dans la mise en œuvre du standard minimum

La Suède compte 80 conventions fiscales en vigueur, comme l'indique sa réponse au questionnaire d'examen par les pairs, y compris la Convention nordique multilatérale conclue avec le Danemark, les Îles Féroé, la Finlande, l'Islande et la Norvège (la "Convention nordique")[70].

La Suède a signé l'IM en 2017, notifiant 64 de ses 80 conventions fiscales. La Suède a également signé un instrument bilatéral de mise en conformité avec la Russie.

Pour ses conventions notifiées aux fins de l'IM, la Suède choisit d'appliquer la disposition de la déclaration du préambule (article 6 de l'IM) et la règle COP (article 7 de l'IM). Les conventions qui seront modifiées par l'IM deviendront conformes au standard minimum une fois que les dispositions de l'IM auront pris effet.

Pour sa convention avec la Russie faisant l'objet d'un instrument bilatéral de mise en conformité, la Suède choisit d'appliquer la disposition de la déclaration du préambule et la règle COP.

La Suède a déposé son instrument de ratification de l'IM auprès du Secrétaire général de l'OCDE le 22 juin 2018. L'IM est entré en vigueur pour la Suède le 1er octobre 2018.

La Suède n'a pas notifié la Convention nordique aux fins de l'IM et a précisé que cette convention ferait bientôt l'objet d'un instrument de mise en conformité.

La Suède a indiqué dans sa réponse au questionnaire d'examen par les pairs que des négociations bilatérales seraient engagées pour ses conventions avec l'Allemagne, le Brésil, la Pologne, Singapour, la Slovénie* et la Suisse.

B. Difficultés de mise en œuvre

Aucune juridiction n'a signalé de préoccupation relative à ses conventions conclues avec la Suède.

Tableau A A.98. Synthèse de la réponse de la juridiction

	Partenaires de convention	Conformité avec le standard	Si conforme, méthode choisie	Signature d'un instrument de mise en conformité	Méthode choisie dans l'instrument de mise en conformité (si différent de l'IM)
1	Albanie*	Non	N/C	Oui	N/C
2	Argentine	Non	N/C	Oui	N/C
3	Arménie*	Non	N/C	Oui	N/C
4	Australie	Non	N/C	Non	N/C
5	Autriche	Non	N/C	Non	N/C
6	Azerbaïdjan*	Non	N/C	Oui	N/C
7	Bangladesh*	Non	N/C	Oui	N/C
8	Barbade	Non	N/C	Oui	N/C
9	Bélarus*	Non	N/C	Oui	N/C
10	Belgique	Non	N/C	Oui	N/C
11	Bolivie*	Non	N/C	Oui	N/C
12	Bosnie-Herzégovine*	Non	N/C	Non	N/C
13	Botswana	Non	N/C	Oui	N/C

	Partenaires de convention	Conformité avec le standard	Si conforme, méthode choisie	Signature d'un instrument de mise en conformité	Méthode choisie dans l'instrument de mise en conformité (si différent de l'IM)
14	Brésil	Non	N/C	Non	N/C
15	Bulgarie	Non	N/C	Oui	N/C
16	Canada	Non	N/C	Oui	N/C
17	Chili	Non	N/C	Oui	N/C
18	Chine (République populaire de)	Non	N/C	Oui	N/C
19	Croatie	Non	N/C	Non	N/C
20	Chypre*	Non	N/C	Oui	N/C
21	République tchèque	Non	N/C	Oui	N/C
22	Danemark	Non	N/C	Non	N/C
23	Égypte	Non	N/C	Oui	N/C
24	Estonie	Non	N/C	Oui	N/C
25	Finlande	Non	N/C	Non	N/C
26	France	Non	N/C	Non	N/C
27	Gambie*	Non	N/C	Oui	N/C
28	Géorgie	Non	N/C	Oui	N/C
29	Allemagne	Non	N/C	Non	N/C
30	Grèce	Non	N/C	Oui	N/C
31	Hongrie	Non	N/C	Oui	N/C
32	Islande	Non	N/C	Non	N/C
33	Inde	Non	N/C	Oui	N/C
34	Indonésie	Non	N/C	Oui	N/C
35	Irlande	Non	N/C	Oui	N/C
36	Israël	Non	N/C	Oui	N/C
37	Italie	Non	N/C	Oui	N/C
38	Jamaïque	Non	N/C	Oui	N/C
39	Japon	Non	N/C	Oui	N/C
40	Kazakhstan	Non	N/C	Oui	N/C
41	Kenya	Non	N/C	Oui	N/C
42	Corée	Non	N/C	Oui	N/C
43	Kosovo*	Non	N/C	Non	N/C
44	Lettonie	Non	N/C	Oui	N/C
45	Lituanie	Non	N/C	Oui	N/C
46	Luxembourg	Non	N/C	Oui	N/C
47	Macédoine*	Non	N/C	Oui	N/C
48	Malaisie	Non	N/C	Oui	N/C
49	Malte	Non	N/C	Oui	N/C
50	Maurice	Non	N/C	Oui	N/C
51	Mexique	Non	N/C	Oui	N/C
52	Monténégro*	Non	N/C	Non	N/C
53	Namibie*	Non	N/C	Oui	N/C
54	Pays-Bas	Non	N/C	Oui	N/C
55	Nouvelle-Zélande	Non	N/C	Oui	N/C
56	Nigéria	Non	N/C	Oui	N/C
57	Norvège	Non	N/C	Non	N/C
58	Pakistan	Non	N/C	Oui	N/C
59	Philippines*	Non	N/C	Oui	N/C
60	Pologne	Non	N/C	Oui	N/C

	Partenaires de convention	Conformité avec le standard	Si conforme, méthode choisie	Signature d'un instrument de mise en conformité	Méthode choisie dans l'instrument de mise en conformité (si différent de l'IM)
61	Portugal	Non	N/C	Non	N/C
62	Roumanie	Non	N/C	Oui	N/C
63	Russie	Non	N/C	Oui	COP uniquement
64	Arabie saoudite	Non	N/C	Oui	N/C
65	Serbie	Non	N/C	Non	N/C
66	Singapour	Non	N/C	Non	N/C
67	République slovaque	Non	N/C	Oui	N/C
68	Slovénie	Non	N/C	Non	N/C
69	Afrique du Sud	Non	N/C	Oui	N/C
70	Espagne	Non	N/C	Non	N/C
71	Sri Lanka	Non	N/C	Oui	N/C
72	Suisse	Non	N/C	Non	N/C
73	Tanzanie*	Non	N/C	Oui	N/C
74	Thaïlande	Non	N/C	Oui	N/C
75	Trinité-et-Tobago	Non	N/C	Oui	N/C
76	Tunisie	Non	N/C	Oui	N/C
77	Turquie	Non	N/C	Oui	N/C
78	Ukraine	Non	N/C	Oui	N/C
79	Royaume-Uni	Non	N/C	Oui	N/C
80	États-Unis	Non	N/C	Oui	N/C
81	Venezuela*	Non	N/C	Oui	N/C
82	Viet Nam	Non	N/C	Oui	N/C
83	Zambie	Non	N/C	Oui	N/C
84	Zimbabwe*	Non	N/C	Oui	N/C

Suisse

A. Progrès dans la mise en œuvre du standard minimum

La Suisse compte 105 conventions fiscales en vigueur, comme l'indique sa réponse au questionnaire d'examen par les pairs.

La Suisse a signé l'IM en 2017, notifiant 14 de ses 105 conventions fiscales. La Suisse a également signé trois instruments bilatéraux de mise en conformité concernant ses conventions avec la Lettonie, le Royaume-Uni et la Zambie.

Pour ses conventions notifiées aux fins de l'IM, la Suisse choisit d'appliquer la disposition de la déclaration du préambule (article 6 de l'IM) et la règle COP (article 7 de l'IM). Les conventions qui seront modifiées par l'IM deviendront conformes au standard minimum une fois que les dispositions de l'IM auront pris effet.

Pour ses conventions avec la Lettonie, le Royaume-Uni et la Zambie faisant l'objet d'un instrument bilatéral de mise en conformité, la Suisse choisit d'appliquer la disposition de la déclaration du préambule et la règle COP.

La Suisse a indiqué dans sa réponse au questionnaire d'examen par les pairs qu'elle notifierait une convention aux fins de l'IM uniquement si elle parvient à s'accorder avec ses partenaires sur la façon dont l'IM modifiera leur convention. La Suisse a engagé ou a l'intention d'engager des négociations bilatérales avec plus de 45 de ses partenaires de convention (chacun d'eux a été sollicité en vue de conclure un protocole portant modification de la convention et des négociations correspondantes ont été proposées).

La Suisse a indiqué que des négociations bilatérales seraient engagées pour ses conventions avec l'Algérie*, l'Arménie*, l'Australie, la Belgique, la Bulgarie, le Canada, la Chine, la Côte d'Ivoire, la Croatie, Chypre*, le Danemark, l'Égypte, l'Estonie, la Finlande, la Géorgie, l'Allemagne, la Grèce, Hong Kong (Chine), la Hongrie, l'Indonésie, l'Iran*, l'Irlande, Israël, la Jamaïque, le Japon, la Corée, Koweït*, le Kirghizistan*, la Malaisie, Malte, les Pays-Bas, la Nouvelle-Zélande, la Norvège, la Roumanie, la Russie, la Serbie, Singapour, la République slovaque, la Slovénie, l'Espagne, le Sri Lanka, la Suède, la Tunisie, l'Ukraine, les États-Unis, l'Uruguay et le Viet Nam. La Suisse a également indiqué que ses conventions avec la Colombie et le Mexique devaient être ajoutées à sa liste des conventions fiscales couvertes aux fins de l'IM.

La Suisse a mentionné qu'elle ne nourrissait pas d'inquiétude en matière de chalandage fiscal concernant certains de ses partenaires de convention (Anguilla, Antigua-et-Barbuda*, Barbade, Belize, Îles Vierges britanniques, Dominique*, Gambie*, Grenade*, Malawi*, Montserrat, Saint-Kitts-et-Nevis, Sainte-Lucie, Saint-Vincent-et-les-Grenadines*).

B. Difficultés de mise en œuvre

Aucune juridiction n'a signalé de préoccupation relative à ses conventions conclues avec la Suisse.

Tableau A A.99. Synthèse de la réponse de la juridiction

	Partenaires de convention	Conformité avec le standard	Si conforme, méthode choisie	Signature d'un instrument de mise en conformité	Méthode choisie dans l'instrument de mise en conformité (si différent de l'IM)
1	Albanie*	Non	N/C	Non	N/C
2	Algérie*	Non	N/C	Non	N/C
3	Anguilla	Non	N/C	Non	N/C
4	Antigua-et-Barbuda*	Non	N/C	Non	N/C
5	Argentine	Non	N/C	Oui	N/C
6	Arménie*	Non	N/C	Non	N/C
7	Australie	Non	N/C	Non	N/C
8	Autriche	Non	N/C	Oui	N/C
9	Azerbaïdjan*	Non	N/C	Non	N/C
10	Bangladesh*	Non	N/C	Non	N/C
11	Barbade	Non	N/C	Non	N/C
12	Bélarus*	Non	N/C	Non	N/C
13	Belgique	Non	N/C	Non	N/C
14	Belize	Non	N/C	Non	N/C
15	Îles Vierges britanniques	Non	N/C	Non	N/C
16	Bulgarie	Non	N/C	Non	N/C
17	Canada	Non	N/C	Non	N/C
18	Chili	Non	N/C	Oui	N/C
19	Chine (République populaire de)	Non	N/C	Non	N/C
20	Taipei chinois*	Non	N/C	Non	N/C
21	Colombie	Non	N/C	Non	N/C
22	Côte d'Ivoire	Non	N/C	Non	N/C
23	Croatie	Non	N/C	Non	N/C
24	Chypre*	Non	N/C	Non	N/C
25	République tchèque	Non	N/C	Oui	N/C
26	Danemark	Non	N/C	Non	N/C
27	Dominique*	Non	N/C	Non	N/C
28	Équateur*	Non	N/C	Non	N/C
29	Égypte	Non	N/C	Non	N/C
30	Estonie	Non	N/C	Non	N/C
31	Finlande	Non	N/C	Non	N/C
32	France	Non	N/C	Non	N/C
33	Gambie*	Non	N/C	Non	N/C
34	Géorgie	Non	N/C	Non	N/C
35	Allemagne	Non	N/C	Non	N/C
36	Ghana*	Non	N/C	Non	N/C
37	Grèce	Non	N/C	Non	N/C
38	Grenade*	Non	N/C	Non	N/C
39	Hong Kong (Chine)	Non	N/C	Non	N/C
40	Hongrie	Non	N/C	Non	N/C
41	Islande	Non	N/C	Oui	N/C
42	Inde	Non	N/C	Oui	N/C
43	Indonésie	Non	N/C	Non	N/C
44	Iran*	Non	N/C	Non	N/C

	Partenaires de convention	Conformité avec le standard	Si conforme, méthode choisie	Signature d'un instrument de mise en conformité	Méthode choisie dans l'instrument de mise en conformité (si différent de l'IM)
45	Irlande	Non	N/C	Non	N/C
46	Israël	Non	N/C	Non	N/C
47	Italie	Non	N/C	Oui	N/C
48	Jamaïque	Non	N/C	Non	N/C
49	Japon	Non	N/C	Non	N/C
50	Kazakhstan	Non	N/C	Non	N/C
51	Corée	Non	N/C	Non	N/C
52	Koweït*	Non	N/C	Non	N/C
53	Kirghizistan*	Non	N/C	Non	N/C
54	Lettonie	Non	N/C	Oui	COP uniquement
55	Liechtenstein	Non	N/C	Oui	N/C
56	Lituanie	Non	N/C	Oui	N/C
57	Luxembourg	Non	N/C	Oui	N/C
58	Macédoine*	Non	N/C	Non	N/C
59	Malawi*	Non	N/C	Non	N/C
60	Malaisie	Non	N/C	Non	N/C
61	Malte	Non	N/C	Non	N/C
62	Mexique	Non	N/C	Non	N/C
63	Moldova*	Non	N/C	Non	N/C
64	Mongolie	Non	N/C	Non	N/C
65	Monténégro*	Non	N/C	Non	N/C
66	Montserrat	Non	N/C	Non	N/C
67	Maroc*	Non	N/C	Non	N/C
68	Pays-Bas	Non	N/C	Non	N/C
69	Nouvelle-Zélande	Non	N/C	Non	N/C
70	Norvège	Non	N/C	Non	N/C
71	Oman	Non	N/C	Non	N/C
72	Pakistan	Non	N/C	Non	N/C
73	Pérou	Non	N/C	Non	N/C
74	Philippines*	Non	N/C	Non	N/C
75	Pologne	Non	N/C	Oui	N/C
76	Portugal	Non	N/C	Oui	N/C
77	Qatar	Non	N/C	Non	N/C
78	Roumanie	Non	N/C	Non	N/C
79	Russie	Non	N/C	Non	N/C
80	Saint-Kitts-et-Nevis	Non	N/C	Non	N/C
81	Sainte-Lucie	Non	N/C	Non	N/C
82	Saint-Vincent-et-les-Grenadines*	Non	N/C	Non	N/C
83	Serbie	Non	N/C	Non	N/C
84	Singapour	Non	N/C	Non	N/C
85	République slovaque	Non	N/C	Non	N/C
86	Slovénie	Non	N/C	Non	N/C
87	Afrique du Sud	Non	N/C	Oui	N/C
88	Espagne	Non	N/C	Non	N/C
89	Sri Lanka	Non	N/C	Non	N/C
90	Suède	Non	N/C	Non	N/C
91	Tadjikistan*	Non	N/C	Non	N/C

	Partenaires de convention	Conformité avec le standard	Si conforme, méthode choisie	Signature d'un instrument de mise en conformité	Méthode choisie dans l'instrument de mise en conformité (si différent de l'IM)
92	Thaïlande	Non	N/C	Non	N/C
93	Trinité-et-Tobago	Non	N/C	Non	N/C
94	Tunisie	Non	N/C	Non	N/C
95	Turquie	Non	N/C	Oui	N/C
96	Turkménistan*	Non	N/C	Non	N/C
97	Ukraine	Non	N/C	Non	N/C
98	Émirats arabes unis	Non	N/C	Non	N/C
99	Royaume-Uni	Non	N/C	Oui	COP uniquement
100	États-Unis	Non	N/C	Non	N/C
101	Uruguay	Non	N/C	Non	N/C
102	Ouzbékistan*	Non	N/C	Non	N/C
103	Venezuela*	Non	N/C	Non	N/C
104	Viet Nam	Non	N/C	Non	N/C
105	Zambie	Non	N/C	Oui	COP uniquement

Thaïlande

A. Progrès dans la mise en œuvre du standard minimum

La Thaïlande compte 61 conventions fiscales en vigueur, comme l'indique sa réponse au questionnaire d'examen par les pairs.

La Thaïlande n'a signé aucun instrument de mise en conformité.

La Thaïlande a indiqué dans sa réponse au questionnaire d'examen par les pairs qu'elle préparait la signature de l'IM.

B. Difficultés de mise en œuvre

Aucune juridiction n'a signalé de préoccupation relative à ses conventions conclues avec la Thaïlande.

Tableau A A.100. Synthèse de la réponse de la juridiction

	Partenaires de convention	Conformité avec le standard	Si conforme, méthode choisie	Signature d'un instrument de mise en conformité	Méthode choisie dans l'instrument de mise en conformité (si différent de l'IM)
1	Arménie*	Non	N/C	Non	N/C
2	Australie	Non	N/C	Non	N/C
3	Autriche	Non	N/C	Non	N/C
4	Bahreïn	Non	N/C	Non	N/C
5	Bangladesh*	Non	N/C	Non	N/C
6	Bélarus*	Non	N/C	Non	N/C
7	Belgique	Non	N/C	Non	N/C
8	Bulgarie	Non	N/C	Non	N/C
9	Cambodge*	Non	N/C	Non	N/C
10	Canada	Non	N/C	Non	N/C
11	Chili	Non	N/C	Non	N/C
12	Chine (République populaire de)	Non	N/C	Non	N/C
13	Taipei chinois*	Non	N/C	Non	N/C
14	Chypre*	Non	N/C	Non	N/C
15	République tchèque	Non	N/C	Non	N/C
16	Danemark	Non	N/C	Non	N/C
17	Estonie	Non	N/C	Non	N/C
18	Finlande	Non	N/C	Non	N/C
19	France	Non	N/C	Non	N/C
20	Allemagne	Non	N/C	Non	N/C
21	Hong Kong (Chine)	Non	N/C	Non	N/C
22	Hongrie	Non	N/C	Non	N/C
23	Inde	Non	N/C	Non	N/C
24	Indonésie	Non	N/C	Non	N/C
25	Irlande	Non	N/C	Non	N/C
26	Israël	Non	N/C	Non	N/C
27	Italie	Non	N/C	Non	N/C
28	Japon	Non	N/C	Non	N/C
29	Corée	Non	N/C	Non	N/C
30	Koweït*	Non	N/C	Non	N/C

	Partenaires de convention	Conformité avec le standard	Si conforme, méthode choisie	Signature d'un instrument de mise en conformité	Méthode choisie dans l'instrument de mise en conformité (si différent de l'IM)
31	République démocratique populaire lao*	Non	N/C	Non	N/C
32	Luxembourg	Non	N/C	Non	N/C
33	Malaisie	Non	N/C	Non	N/C
34	Maurice	Non	N/C	Non	N/C
35	Myanmar*	Non	N/C	Non	N/C
36	Népal*	Non	N/C	Non	N/C
37	Pays-Bas	Non	N/C	Non	N/C
38	Nouvelle-Zélande	Non	N/C	Non	N/C
39	Norvège	Non	N/C	Non	N/C
40	Oman	Non	N/C	Non	N/C
41	Pakistan	Non	N/C	Non	N/C
42	Philippines*	Non	N/C	Non	N/C
43	Pologne	Non	N/C	Non	N/C
44	Roumanie	Non	N/C	Non	N/C
45	Russie	Non	N/C	Non	N/C
46	Seychelles	Non	N/C	Non	N/C
47	Singapour	Non	N/C	Non	N/C
48	Slovénie	Non	N/C	Non	N/C
49	Afrique du Sud	Non	N/C	Non	N/C
50	Espagne	Non	N/C	Non	N/C
51	Sri Lanka	Non	N/C	Non	N/C
52	Suède	Non	N/C	Non	N/C
53	Suisse	Non	N/C	Non	N/C
54	Tadjikistan*	Non	N/C	Non	N/C
55	Turquie	Non	N/C	Non	N/C
56	Ukraine	Non	N/C	Non	N/C
57	Émirats arabes unis	Non	N/C	Non	N/C
58	Royaume-Uni	Non	N/C	Non	N/C
59	États-Unis	Non	N/C	Non	N/C
60	Ouzbékistan*	Non	N/C	Non	N/C
61	Viet Nam	Non	N/C	Non	N/C

Trinité-et-Tobago

A. Progrès dans la mise en œuvre du standard minimum

Trinité-et-Tobago compte 17 conventions fiscales en vigueur, comme l'indique sa réponse au questionnaire d'examen par les pairs, y compris la convention multilatérale entre les membres de la CARICOM conclue avec dix de ses partenaires71.

Trinité-et-Tobago n'a signé aucun instrument de mise en conformité.

B. Difficultés de mise en œuvre

Aucune juridiction n'a signalé de préoccupation relative à ses conventions conclues avec Trinité-et-Tobago.

Tableau A A.101. Synthèse de la réponse de la juridiction

	Partenaires de convention	Conformité avec le standard	Si conforme, méthode choisie	Signature d'un instrument de mise en conformité	Méthode choisie dans l'instrument de mise en conformité (si différent de l'IM)
1	Antigua-et-Barbuda*	Non	N/C	Non	N/C
2	Barbade	Non	N/C	Non	N/C
3	Belize	Non	N/C	Non	N/C
4	Brésil	Non	N/C	Non	N/C
5	Canada	Non	N/C	Non	N/C
6	Chine (République populaire de)	Non	N/C	Non	N/C
7	Danemark	Non	N/C	Non	N/C
8	Dominique*	Non	N/C	Non	N/C
9	France	Non	N/C	Non	N/C
10	Allemagne	Non	N/C	Non	N/C
11	Grenade*	Non	N/C	Non	N/C
12	Guyana*	Non	N/C	Non	N/C
13	Inde	Non	N/C	Non	N/C
14	Italie	Non	N/C	Non	N/C
15	Jamaïque	Non	N/C	Non	N/C
16	Luxembourg	Non	N/C	Non	N/C
17	Norvège	Non	N/C	Non	N/C
18	Saint-Kitts-et-Nevis	Non	N/C	Non	N/C
19	Sainte-Lucie	Non	N/C	Non	N/C
20	Saint-Vincent-et-les-Grenadines*	Non	N/C	Non	N/C
21	Espagne	Non	N/C	Non	N/C
22	Suède	Non	N/C	Non	N/C
23	Suisse	Non	N/C	Non	N/C
24	Royaume-Uni	Non	N/C	Non	N/C
25	États-Unis	Non	N/C	Non	N/C
26	Venezuela*	Non	N/C	Non	N/C

Tunisie

A. Progrès dans la mise en œuvre du standard minimum

La Tunisie compte 55 conventions fiscales en vigueur, comme l'indique sa réponse au questionnaire d'examen par les pairs, y compris la Convention en matière d'impôts sur le revenu de l'Union du Maghreb arabe conclue avec quatre de ses partenaires[72].

La Tunisie a signé l'IM en 2018, notifiant 28 de ses 55 conventions fiscales.

Pour ses conventions notifiées aux fins de l'IM, la Tunisie choisit d'appliquer la disposition de la déclaration du préambule (article 6 de l'IM) et la règle COP (article 7 de l'IM). Les conventions qui seront modifiées par l'IM deviendront conformes au standard minimum une fois que les dispositions de l'IM auront pris effet.

La Tunisie a indiqué dans sa réponse au questionnaire d'examen par les pairs que les conventions ne faisant pas l'objet d'un instrument de mise en conformité n'ont pas été notifiées aux fins de l'IM au moment de la signature mais seront inscrites sur la liste des conventions de la Tunisie devant être couvertes par l'IM qui sera soumise lors de la ratification

B. Difficultés de mise en œuvre

Aucune juridiction n'a signalé de préoccupation relative à ses conventions conclues avec la Tunisie

Tableau A A.102. Synthèse de la réponse de la juridiction

	Partenaires de convention	Conformité avec le standard	Si conforme, méthode choisie	Signature d'un instrument de mise en conformité	Méthode choisie dans l'instrument de mise en conformité (si différent de l'IM)
1	Algérie*	Non	N/C	Non	N/C
2	Autriche	Non	N/C	Non	N/C
3	Belgique	Non	N/C	Oui	N/C
4	Burkina Faso	Non	N/C	Oui	N/C
5	Cameroun	Non	N/C	Oui	N/C
6	Canada	Non	N/C	Oui	N/C
7	Chine (République populaire de)	Non	N/C	Oui	N/C
8	Côte d'Ivoire	Non	N/C	Non	N/C
9	République tchèque	Non	N/C	Oui	N/C
10	Danemark	Non	N/C	Oui	N/C
11	Égypte	Non	N/C	Oui	N/C
12	Éthiopie*	Non	N/C	Non	N/C
13	France	Non	N/C	Oui	N/C
14	Allemagne	Non	N/C	Non	N/C
15	Grèce	Non	N/C	Oui	N/C
16	Hongrie	Non	N/C	Oui	N/C
17	Indonésie	Non	N/C	Non	N/C
18	Iran*	Non	N/C	Non	N/C
19	Italie	Non	N/C	Oui	N/C
20	Jordanie*	Non	N/C	Non	N/C
21	Corée	Non	N/C	Oui	N/C

	Partenaires de convention	Conformité avec le standard	Si conforme, méthode choisie	Signature d'un instrument de mise en conformité	Méthode choisie dans l'instrument de mise en conformité (si différent de l'IM)
22	Koweït*	Non	N/C	Oui	N/C
23	Liban*	Non	N/C	Non	
24	Libye*	Non	N/C	Non	N/C
25	Luxembourg	Non	N/C	Oui	N/C
26	Mali*	Non	N/C	Non	N/C
27	Malte	Non	N/C	Oui	N/C
28	Mauritanie*	Non	N/C	Non	N/C
29	Maurice	Non	N/C	Non	N/C
30	Maroc*	Non	N/C	Non	N/C
31	Pays-Bas	Non	N/C	Oui	N/C
32	Norvège	Non	N/C	Non	N/C
33	Oman	Non	N/C	Non	N/C
34	Pakistan	Non	N/C	Oui	N/C
35	Pologne	Non	N/C	Oui	N/C
36	Portugal	Non	N/C	Oui	N/C
37	Qatar	Non	N/C	Non	N/C
38	Roumanie	Non	N/C	Oui	N/C
39	Arabie saoudite	Non	N/C	Non	N/C
40	Sénégal	Non	N/C	Oui	N/C
41	Serbie	Non	N/C	Oui	N/C
42	République slovaque	Non	N/C	Non	N/C
43	Afrique du Sud	Non	N/C	Oui	N/C
44	Espagne	Non	N/C	Oui	N/C
45	Soudan*	Non	N/C	Non	N/C
46	Suède	Non	N/C	Oui	N/C
47	Suisse	Non	N/C	Non	N/C
48	République arabe syrienne*	Non	N/C	Non	N/C
49	Turquie	Non	N/C	Oui	N/C
50	Émirats arabes unis	Non	N/C	Non	N/C
51	Royaume-Uni	Non	N/C	Oui	N/C
52	États-Unis	Non	N/C	Non	N/C
53	Viet Nam	Non	N/C	Non	N/C
54	Yémen*	Non	N/C	Non	N/C
55	Algérie*	Non	N/C	Non	N/C
56	Libye*	Non	N/C	Non	N/C
57	Mauritanie*	Non	N/C	Non	N/C
58	Maroc*	Non	N/C	Non	N/C

Turquie

A. Progrès dans la mise en œuvre du standard minimum

La Turquie compte 86 conventions fiscales en vigueur, comme l'indique sa réponse au questionnaire d'examen par les pairs.

La Turquie a signé l'IM en 2017, notifiant la totalité de ses 86 conventions fiscales[73].

Pour ses 86 conventions notifiées aux fins de l'IM, la Turquie choisit d'appliquer la disposition de la déclaration du préambule (article 6 de l'IM) et la règle COP (article 7 de l'IM). Toutes les conventions qui seront modifiées par l'IM deviendront conformes au standard minimum une fois que les dispositions de l'IM auront pris effet.

B. Difficultés de mise en œuvre

Aucune juridiction n'a signalé de préoccupation relative à ses conventions conclues avec la Turquie.

Tableau A A.103. Synthèse de la réponse de la juridiction

	Partenaires de convention	Conformité avec le standard	Si conforme, méthode choisie	Signature d'un instrument de mise en conformité	Méthode choisie dans l'instrument de mise en conformité (si différent de l'IM)
1	Albanie*	Non	N/C	Oui	N/C
2	Algérie*	Non	N/C	Oui	N/C
3	Australie	Non	N/C	Oui	N/C
4	Autriche	Non	N/C	Oui	N/C
5	Azerbaïdjan*	Non	N/C	Oui	N/C
6	Bahreïn	Non	N/C	Oui	N/C
7	Bangladesh*	Non	N/C	Oui	N/C
8	Bélarus*	Non	N/C	Oui	N/C
9	Belgique	Non	N/C	Oui	N/C
10	Bosnie-Herzégovine*	Non	N/C	Oui	N/C
11	Brésil	Non	N/C	Oui	N/C
12	Bulgarie	Non	N/C	Oui	N/C
13	Canada	Non	N/C	Oui	N/C
14	Chine (République populaire de)	Non	N/C	Oui	N/C
15	Croatie	Non	N/C	Oui	N/C
16	République tchèque	Non	N/C	Oui	N/C
17	Danemark	Non	N/C	Oui	N/C
18	Égypte	Non	N/C	Oui	N/C
19	Estonie	Non	N/C	Oui	N/C
20	Éthiopie*	Non	N/C	Oui	N/C
21	Finlande	Non	N/C	Oui	N/C
22	France	Non	N/C	Oui	N/C
23	Gambie*	Non	N/C	Oui	N/C
24	Géorgie	Non	N/C	Oui	N/C
25	Allemagne	Non	N/C	Oui	N/C
26	Grèce	Non	N/C	Oui	N/C
27	Hongrie	Non	N/C	Oui	N/C
28	Inde	Non	N/C	Oui	N/C

	Partenaires de convention	Conformité avec le standard	Si conforme, méthode choisie	Signature d'un instrument de mise en conformité	Méthode choisie dans l'instrument de mise en conformité (si différent de l'IM)
29	Indonésie	Non	N/C	Oui	N/C
30	Iran*	Non	N/C	Oui	N/C
31	Irlande	Non	N/C	Oui	N/C
32	Israël	Non	N/C	Oui	N/C
33	Italie	Non	N/C	Oui	N/C
34	Japon	Non	N/C	Oui	N/C
35	Jordanie*	Non	N/C	Oui	N/C
36	Kazakhstan	Non	N/C	Oui	N/C
37	Corée	Non	N/C	Oui	N/C
38	Kosovo*	Non	N/C	Oui	N/C
39	Koweït*	Non	N/C	Oui	N/C
40	Kirghizistan*	Non	N/C	Oui	N/C
41	Lettonie	Non	N/C	Oui	N/C
42	Liban*	Non	N/C	Oui	N/C
43	Lituanie	Non	N/C	Oui	N/C
44	Luxembourg	Non	N/C	Oui	N/C
45	Macédoine*	Non	N/C	Oui	N/C
46	Malaisie	Non	N/C	Oui	N/C
47	Malte	Non	N/C	Oui	N/C
48	Mexique	Non	N/C	Oui	N/C
49	Moldova*	Non	N/C	Oui	N/C
50	Mongolie	Non	N/C	Oui	N/C
51	Monténégro*	Non	N/C	Oui	N/C
52	Maroc*	Non	N/C	Oui	N/C
53	Pays-Bas	Non	N/C	Oui	N/C
54	Nouvelle-Zélande	Non	N/C	Oui	N/C
55	Norvège	Non	N/C	Oui	N/C
56	Oman	Non	N/C	Oui	N/C
57	Pakistan	Non	N/C	Oui	N/C
58	Philippines*	Non	N/C	Oui	N/C
59	Pologne	Non	N/C	Oui	N/C
60	Portugal	Non	N/C	Oui	N/C
61	Qatar	Non	N/C	Oui	N/C
62	Roumanie	Non	N/C	Oui	N/C
63	Russie	Non	N/C	Oui	N/C
64	Arabie saoudite	Non	N/C	Oui	N/C
65	Serbie	Non	N/C	Oui	N/C
66	Singapour	Non	N/C	Oui	N/C
67	République slovaque	Non	N/C	Oui	N/C
68	Slovénie	Non	N/C	Oui	N/C
69	Afrique du Sud	Non	N/C	Oui	N/C
70	Espagne	Non	N/C	Oui	N/C
71	Soudan*	Non	N/C	Oui	N/C
72	Suède	Non	N/C	Oui	N/C
73	Suisse	Non	N/C	Oui	N/C
74	République arabe syrienne*	Non	N/C	Oui	N/C
75	Tadjikistan*	Non	N/C	Oui	N/C

	Partenaires de convention	Conformité avec le standard	Si conforme, méthode choisie	Signature d'un instrument de mise en conformité	Méthode choisie dans l'instrument de mise en conformité (si différent de l'IM)
76	Thaïlande	Non	N/C	Oui	N/C
77	Tunisie	Non	N/C	Oui	N/C
78	République Turque de Chypre Nord*	Non	N/C	Oui	N/C
79	Turkménistan*	Non	N/C	Oui	N/C
80	Ukraine	Non	N/C	Oui	N/C
81	Émirats arabes unis	Non	N/C	Oui	N/C
82	Royaume-Uni	Non	N/C	Oui	N/C
83	États-Unis	Non	N/C	Oui	N/C
84	Ouzbékistan*	Non	N/C	Oui	N/C
85	Viet Nam	Non	N/C	Oui	N/C
86	Yémen*	Non	N/C	Oui	N/C

Îles Turques et Caïques

A. Progrès dans la mise en œuvre du standard minimum

Les Îles Turques et Caïques ne comptent aucune convention fiscale en vigueur, comme l'indique leur réponse au questionnaire d'examen par les pairs.

B. Difficultés de mise en œuvre

Aucune juridiction n'a signalé de préoccupation concernant les Îles Turques et Caïques.

Ukraine

L'Ukraine a signé l'IM le 23 juillet 2018, soit après le délai du 30 juin 2018 imparti pour soumettre les questionnaires d'examen par les pairs.

A. Progrès dans la mise en œuvre du standard minimum

L'Ukraine compte 75 conventions fiscales en vigueur, comme l'indique sa réponse au questionnaire d'examen par les pairs.

L'Ukraine a signé l'IM le 23 juillet 2018, notifiant la totalité de ses 75 conventions fiscales[74]. L'Ukraine a également signé deux instruments bilatéraux de mise en conformité avec les Pays-Bas et le Royaume-Uni.

Pour ses 75 conventions notifiées aux fins de l'IM, l'Ukraine choisit d'appliquer la disposition de la déclaration du préambule (article 6 de l'IM) et la règle COP (article 7 de l'IM). Toutes les conventions qui seront modifiées par l'IM deviendront conformes au standard minimum une fois que les dispositions de l'IM auront pris effet.

Pour ses conventions avec les Pays-Bas et le Royaume-Uni faisant l'objet d'un instrument bilatéral de mise en conformité, l'Ukraine choisit d'appliquer la disposition de la déclaration du préambule et la règle COP.

B. Difficultés de mise en œuvre

Aucune juridiction n'a signalé de préoccupation relative à ses conventions conclues avec l'Ukraine.

Tableau A A.104. Synthèse de la réponse de la juridiction

	Partenaires de convention	Conformité avec le standard	Si conforme, méthode choisie	Signature d'un instrument de mise en conformité	Méthode choisie dans l'instrument de mise en conformité (si différent de l'IM)
1	Algérie*	Non	N/C	Oui	N/C
2	Arménie*	Non	N/C	Oui	N/C
3	Autriche	Non	N/C	Oui	N/C
4	Azerbaïdjan*	Non	N/C	Oui	N/C
5	Bélarus*	Non	N/C	Oui	N/C
6	Belgique	Non	N/C	Oui	N/C
7	Brésil	Non	N/C	Oui	N/C
8	Bulgarie	Non	N/C	Oui	N/C
9	Canada	Non	N/C	Oui	N/C
10	Chine (République populaire de)	Non	N/C	Oui	N/C
11	Croatie	Non	N/C	Oui	N/C
12	Cuba*	Non	N/C	Oui	N/C
13	Chypre*	Non	N/C	Oui	N/C
14	République tchèque	Non	N/C	Oui	N/C
15	Danemark	Non	N/C	Oui	N/C
16	Égypte	Non	N/C	Oui	N/C
17	Estonie	Non	N/C	Oui	N/C

18	Finlande	Non	N/C	Oui	N/C
19	France	Non	N/C	Oui	N/C
20	Géorgie	Non	N/C	Oui	N/C
21	Allemagne	Non	N/C	Oui	N/C
22	Grèce	Non	N/C	Oui	N/C
23	Hongrie	Non	N/C	Oui	N/C
24	Islande	Non	N/C	Oui	N/C
25	Inde	Non	N/C	Oui	N/C
26	Indonésie	Non	N/C	Oui	N/C
27	Iran*	Non	N/C	Oui	N/C
28	Irlande	Non	N/C	Oui	N/C
29	Israël	Non	N/C	Oui	N/C
30	Italie	Non	N/C	Oui	N/C
31	Japon	Non	N/C	Oui	N/C
32	Jordanie*	Non	N/C	Oui	N/C
33	Kazakhstan	Non	N/C	Oui	N/C
34	Corée	Non	N/C	Oui	N/C
35	Koweït*	Non	N/C	Oui	N/C
36	Kirghizistan*	Non	N/C	Oui	N/C
37	Lettonie	Non	N/C	Oui	N/C
38	Liban*	Non	N/C	Oui	N/C
39	Libye*	Non	N/C	Oui	N/C
40	Lituanie	Non	N/C	Oui	N/C
41	Luxembourg	Non	N/C	Oui	N/C
42	Macédoine*	Non	N/C	Oui	N/C
43	Malaisie	Non	N/C	Oui	N/C
44	Malte	Non	N/C	Oui	N/C
45	Mexique	Non	N/C	Oui	N/C
46	Moldova*	Non	N/C	Oui	N/C
47	Mongolie	Non	N/C	Oui	N/C
48	Monténégro*	Non	N/C	Oui	N/C
49	Maroc*	Non	N/C	Oui	N/C
50	Pays-Bas	Non	N/C	Oui	COP uniquement
51	Norvège	Non	N/C	Oui	N/C
52	Pakistan	Non	N/C	Oui	N/C
53	Pologne	Non	N/C	Oui	N/C
54	Portugal	Non	N/C	Oui	N/C
55	Roumanie	Non	N/C	Oui	N/C
56	Russie	Non	N/C	Oui	N/C
57	Arabie saoudite	Non	N/C	Oui	N/C
58	Serbie	Non	N/C	Oui	N/C
59	Singapour	Non	N/C	Oui	N/C
60	République slovaque	Non	N/C	Oui	N/C
61	Slovénie	Non	N/C	Oui	N/C
62	Afrique du Sud	Non	N/C	Oui	N/C
63	Espagne	Non	N/C	Oui	N/C
64	Suède	Non	N/C	Oui	N/C
65	Suisse	Non	N/C	Oui	N/C
66	République arabe syrienne*	Non	N/C	Oui	N/C
67	Tadjikistan*	Non	N/C	Oui	N/C

68	Thaïlande	Non	N/C	Oui	N/C
69	Turquie	Non	N/C	Oui	N/C
70	Turkménistan*	Non	N/C	Oui	N/C
71	Émirats arabes unis	Non	N/C	Oui	N/C
72	Royaume-Uni	Non	N/C	Oui	N/C
73	États-Unis	Non	N/C	Oui	N/C
74	Ouzbékistan*	Non	N/C	Oui	N/C
75	Viet Nam	Non	N/C	Oui	N/C

Émirats arabes unis

A. Progrès dans la mise en œuvre du standard minimum

Les Émirats arabes unis comptent 87 conventions fiscales en vigueur, comme l'indique leur réponse au questionnaire d'examen par les pairs.

Les Émirats arabes unis ont signé l'IM en 2018, notifiant la totalité de leurs 87 conventions fiscales[75].

Pour leurs 87 conventions notifiées aux fins de l'IM, les Émirats arabes unis choisissent d'appliquer la disposition de la déclaration du préambule (article 6 de l'IM) et la règle COP (article 7 de l'IM). Toutes les conventions qui seront modifiées par l'IM deviendront conformes au standard minimum une fois que les dispositions de l'IM auront pris effet.

B. Difficultés de mise en œuvre

Aucune juridiction n'a signalé de préoccupation relative à ses conventions conclues avec les Émirats arabes unis.

Tableau A A.105. Synthèse de la réponse de la juridiction

	Partenaires de convention	Conformité avec le standard	Si conforme, méthode choisie	Signature d'un instrument de mise en conformité	Méthode choisie dans l'instrument de mise en conformité (si différent de l'IM)
1	Albanie*	Non	N/C	Oui	N/C
2	Algérie*	Non	N/C	Oui	N/C
3	Andorre	Non	N/C	Oui	N/C
4	Arménie*	Non	N/C	Oui	N/C
5	Autriche	Non	N/C	Oui	N/C
6	Azerbaïdjan*	Non	N/C	Oui	N/C
7	Bangladesh*	Non	N/C	Oui	N/C
8	Barbade	Non	N/C	Oui	N/C
9	Bélarus*	Non	N/C	Oui	N/C
10	Belgique	Non	N/C	Oui	N/C
11	Bosnie-Herzégovine*	Non	N/C	Oui	N/C
12	Brunei Darussalam	Non	N/C	Oui	N/C
13	Bulgarie	Non	N/C	Oui	N/C
14	Canada	Non	N/C	Oui	N/C
15	Chine (République populaire de)	Non	N/C	Oui	N/C
16	Comores*	Non	N/C	Oui	N/C
17	Chypre*	Non	N/C	Oui	N/C
18	République tchèque	Non	N/C	Oui	N/C
19	Égypte	Non	N/C	Oui	N/C
20	Estonie	Non	N/C	Oui	N/C
21	Fidji*	Non	N/C	Oui	N/C
22	Finlande	Non	N/C	Oui	N/C
23	France	Non	N/C	Oui	N/C
24	Géorgie	Non	N/C	Oui	N/C
25	Allemagne	Non	N/C	Oui	N/C

	Partenaires de convention	Conformité avec le standard	Si conforme, méthode choisie	Signature d'un instrument de mise en conformité	Méthode choisie dans l'instrument de mise en conformité (si différent de l'IM)
26	Grèce	Non	N/C	Oui	N/C
27	Guinée*	Non	N/C	Oui	N/C
28	Hong Kong (Chine)	Non	N/C	Oui	N/C
29	Hongrie	Non	N/C	Oui	N/C
30	Inde	Non	N/C	Oui	N/C
31	Indonésie	Non	N/C	Oui	N/C
32	Irlande	Non	N/C	Oui	N/C
33	Italie	Non	N/C	Oui	N/C
34	Japon	Non	N/C	Oui	N/C
35	Jersey	Non	N/C	Oui	N/C
36	Jordanie*	Non	N/C	Oui	N/C
37	Kazakhstan	Non	N/C	Oui	N/C
38	Kenya	Non	N/C	Oui	N/C
39	Corée	Non	N/C	Oui	N/C
40	Kosovo*	Non	N/C	Oui	N/C
41	Kirghizistan*	Non	N/C	Oui	N/C
42	Lettonie	Non	N/C	Oui	N/C
43	Liban*	Non	N/C	Oui	N/C
44	Liechtenstein	Non	N/C	Oui	N/C
45	Lituanie	Non	N/C	Oui	N/C
46	Luxembourg	Non	N/C	Oui	N/C
47	Macédoine*	Non	N/C	Oui	N/C
48	Malaisie	Non	N/C	Oui	N/C
49	Malte	Non	N/C	Oui	N/C
50	Maurice	Non	N/C	Oui	N/C
51	Mexique	Non	N/C	Oui	N/C
52	Monténégro*	Non	N/C	Oui	N/C
53	Maroc*	Non	N/C	Oui	N/C
54	Mozambique*	Non	N/C	Oui	N/C
55	Pays-Bas	Non	N/C	Oui	N/C
56	Nouvelle-Zélande	Non	N/C	Oui	N/C
57	Pakistan	Non	N/C	Oui	N/C
58	Panama	Non	N/C	Oui	N/C
59	Philippines*	Non	N/C	Oui	N/C
60	Pologne	Non	N/C	Oui	N/C
61	Portugal	Non	N/C	Oui	N/C
62	Roumanie	Non	N/C	Oui	N/C
63	Russie	Non	N/C	Oui	N/C
64	Sénégal	Non	N/C	Oui	N/C
65	Serbie	Non	N/C	Oui	N/C
66	Seychelles	Non	N/C	Oui	N/C
67	Singapour	Non	N/C	Oui	N/C
68	République slovaque	Non	N/C	Oui	N/C
69	Slovénie	Non	N/C	Oui	N/C
70	Afrique du Sud	Non	N/C	Oui	N/C
71	Espagne	Non	N/C	Oui	N/C
72	Sri Lanka	Non	N/C	Oui	N/C
73	Soudan*	Non	N/C	Oui	N/C

	Partenaires de convention	Conformité avec le standard	Si conforme, méthode choisie	Signature d'un instrument de mise en conformité	Méthode choisie dans l'instrument de mise en conformité (si différent de l'IM)
74	Suisse	Non	N/C	Oui	N/C
75	République arabe syrienne*	Non	N/C	Oui	N/C
76	Tadjikistan*	Non	N/C	Oui	N/C
77	Thaïlande	Non	N/C	Oui	N/C
78	Tunisie	Non	N/C	Oui	N/C
79	Turquie	Non	N/C	Oui	N/C
80	Turkménistan*	Non	N/C	Oui	N/C
81	Ukraine	Non	N/C	Oui	N/C
82	Royaume-Uni	Non	N/C	Oui	N/C
83	Uruguay	Non	N/C	Oui	N/C
84	Ouzbékistan*	Non	N/C	Oui	N/C
85	Venezuela*	Non	N/C	Oui	N/C
86	Viet Nam	Non	N/C	Oui	N/C
87	Yémen*	Non	N/C	Oui	N/C

Royaume-Uni

A. Progrès dans la mise en œuvre du standard minimum

Le Royaume-Uni compte 129 conventions fiscales en vigueur, comme l'indique sa réponse au questionnaire d'examen par les pairs.

Le Royaume-Uni a signé l'IM en 2017, notifiant 120 de ses 129 conventions fiscales[76]. Le Royaume-Uni a également signé des instruments bilatéraux de mise en conformité concernant cinq de ses conventions, celles avec le Bélarus*, Chypre*, l'Ouzbékistan*, la Suisse et l'Ukraine[77].

Pour 117 de ses conventions notifiées aux fins de l'IM, le Royaume-Uni choisit d'appliquer la disposition de la déclaration du préambule (article 6 de l'IM)[78]. Pour 120 de ses conventions notifiées aux fins de l'IM, le Royaume-Uni choisit d'appliquer la règle COP (article 7 de l'IM). Les conventions qui seront modifiées par l'IM deviendront conformes au standard minimum une fois que les dispositions de l'IM auront pris effet.

Le Royaume-Uni a déposé son instrument de ratification de l'IM auprès du Secrétaire général de l'OCDE le 29 juillet 2018. L'IM est entré en vigueur pour le Royaume-Uni le 1er octobre 2018.

Pour ses accords avec le Bélarus*, Chypre*, l'Ouzbékistan*, la Suisse et l'Ukraine faisant l'objet d'un instrument bilatéral de mise en conformité, le Royaume-Uni choisit d'appliquer la disposition de la déclaration du préambule et la règle COP.

Les conventions du Royaume-Uni avec les Îles Falkland*, Guernesey, l'Île de Man, Jersey et Montserrat ne sont pas notifiées aux fins de l'IM car il s'agit d'accords conclus avec des Dépendances de la Couronne et des territoires d'outre-mer. Des négociations bilatérales seront engagées pour actualiser ces conventions.

Le Royaume-Uni a indiqué dans sa réponse au questionnaire d'examen par les pairs que des négociations bilatérales seraient engagées concernant ses conventions avec l'Autriche, l'Allemagne et la Suisse.

B. Difficultés de mise en œuvre

Aucune juridiction n'a signalé de préoccupation relative à ses conventions conclues avec le Royaume-Uni.

Tableau A A.106. Synthèse de la réponse de la juridiction

	Partenaires de convention	Conformité avec le standard	Si conforme, méthode choisie	Signature d'un instrument de mise en conformité	Méthode choisie dans l'instrument de mise en conformité (si différent de l'IM)
1	Albanie*	Non	N/C	Oui	N/C
2	Algérie*	Non	N/C	Oui	N/C
3	Antigua-et-Barbuda*	Non	N/C	Oui	N/C
4	Argentine	Non	N/C	Oui	N/C
5	Arménie*	Non	N/C	Oui	N/C
6	Australie	Non	N/C	Oui	N/C
7	Autriche	Non	N/C	Non	N/C
8	Azerbaïdjan*	Non	N/C	Oui	N/C
9	Bahreïn	Non	N/C	Oui	N/C

	Partenaires de convention	Conformité avec le standard	Si conforme, méthode choisie	Signature d'un instrument de mise en conformité	Méthode choisie dans l'instrument de mise en conformité (si différent de l'IM)
10	Bangladesh*	Non	N/C	Oui	N/C
11	Barbade	Non	N/C	Oui	N/C
12	Bélarus*	Non	N/C	Oui	COP uniquement
13	Belgique	Non	N/C	Oui	N/C
14	Belize	Non	N/C	Oui	N/C
15	Bolivie*	Non	N/C	Oui	N/C
16	Bosnie-Herzégovine*	Non	N/C	Oui	N/C
17	Botswana	Non	N/C	Oui	N/C
18	Brunei Darussalam	Non	N/C	Oui	N/C
19	Bulgarie	Non	N/C	Oui	N/C
20	Canada	Non	N/C	Oui	N/C
21	Chili	Non	N/C	Oui	N/C
22	Chine (République populaire de)	Non	N/C	Oui	N/C
23	Taipei chinois*	Non	N/C	Non	N/C
24	Côte d'Ivoire	Non	N/C	Oui	N/C
25	Croatie	Non	N/C	Oui	N/C
26	Chypre*	Non	N/C	Oui	COP uniquement
27	République tchèque	Non	N/C	Oui	N/C
28	Danemark	Non	N/C	Oui	N/C
29	Égypte	Non	N/C	Oui	N/C
30	Estonie	Non	N/C	Oui	N/C
31	Éthiopie*	Non	N/C	Oui	N/C
32	Îles Falkland*	Non	N/C	Non	N/C
33	Îles Féroé*	Non	N/C	Oui	N/C
34	Fidji*	Non	N/C	Oui	N/C
35	Finlande	Non	N/C	Oui	N/C
36	France	Non	N/C	Oui	N/C
37	Gambie*	Non	N/C	Oui	N/C
38	Géorgie	Non	N/C	Oui	N/C
39	Allemagne	Non	N/C	Non	N/C
40	Ghana*	Non	N/C	Oui	N/C
41	Grèce	Non	N/C	Oui	N/C
42	Grenade*	Non	N/C	Oui	N/C
43	Guernesey	Non	N/C	Non	N/C
44	Guyana*	Non	N/C	Oui	N/C
45	Hong Kong (Chine)	Non	N/C	Oui	N/C
46	Hongrie	Non	N/C	Oui	N/C
47	Islande	Non	N/C	Oui	N/C
48	Inde	Non	N/C	Oui	N/C
49	Indonésie	Non	N/C	Oui	N/C
50	Irlande	Non	N/C	Oui	N/C
51	Île de Man	Non	N/C	Non	N/C
52	Israël	Non	N/C	Oui	N/C
53	Italie	Non	N/C	Oui	N/C
54	Jamaïque	Non	N/C	Oui	N/C
55	Japon	Non	N/C	Oui	N/C
56	Jersey	Non	N/C	Non	N/C

	Partenaires de convention	Conformité avec le standard	Si conforme, méthode choisie	Signature d'un instrument de mise en conformité	Méthode choisie dans l'instrument de mise en conformité (si différent de l'IM)
57	Jordanie*	Non	N/C	Oui	N/C
58	Kazakhstan	Non	N/C	Oui	N/C
59	Kenya	Non	N/C	Oui	N/C
60	Kiribati*	Non	N/C	Oui	N/C
61	Corée	Non	N/C	Oui	N/C
62	Kosovo*	Non	N/C	Oui	N/C
63	Koweït*	Non	N/C	Oui	N/C
64	Lettonie	Non	N/C	Oui	N/C
65	Lesotho*[79]	Non	N/C	Oui	N/C
66	Libye*	Non	N/C	Oui	N/C
67	Liechtenstein	Non	N/C	Oui	N/C
68	Lituanie	Non	N/C	Oui	N/C
69	Luxembourg	Non	N/C	Oui	N/C
70	Macédoine*	Non	N/C	Oui	N/C
71	Malawi*	Non	N/C	Oui	N/C
72	Malaisie	Non	N/C	Oui	N/C
73	Malte	Non	N/C	Oui	N/C
74	Maurice	Non	N/C	Oui	N/C
75	Mexique	Non	N/C	Oui	N/C
76	Moldova*	Non	N/C	Oui	N/C
77	Mongolie	Non	N/C	Oui	N/C
78	Monténégro*	Non	N/C	Oui	N/C
79	Montserrat	Non	N/C	Non	N/C
80	Maroc*	Non	N/C	Oui	N/C
81	Myanmar*	Non	N/C	Oui	N/C
82	Namibie*	Non	N/C	Oui	N/C
83	Pays-Bas	Non	N/C	Oui	N/C
84	Nouvelle-Zélande	Non	N/C	Oui	N/C
85	Nigéria	Non	N/C	Oui	N/C
86	Norvège	Non	N/C	Oui	N/C
87	Oman	Non	N/C	Oui	N/C
88	Pakistan	Non	N/C	Oui	N/C
89	Panama	Non	N/C	Oui	N/C
90	Papouasie-Nouvelle-Guinée	Non	N/C	Oui	N/C
91	Philippines*	Non	N/C	Oui	N/C
92	Pologne	Non	N/C	Oui	N/C
93	Portugal	Non	N/C	Oui	N/C
94	Qatar	Non	N/C	Oui	N/C
95	Roumanie	Non	N/C	Oui	N/C
96	Russie	Non	N/C	Oui	N/C
97	Saint-Kitts-et-Nevis	Non	N/C	Oui	N/C
98	Arabie saoudite	Non	N/C	Oui	N/C
99	Sénégal	Non	N/C	Oui	N/C
100	Serbie	Non	N/C	Oui	N/C
101	Sierra Leone	Non	N/C	Oui	N/C
102	Singapour	Non	N/C	Oui	N/C
103	République slovaque	Non	N/C	Oui	N/C

	Partenaires de convention	Conformité avec le standard	Si conforme, méthode choisie	Signature d'un instrument de mise en conformité	Méthode choisie dans l'instrument de mise en conformité (si différent de l'IM)
104	Slovénie	Non	N/C	Oui	N/C
105	Îles Salomon*	Non	N/C	Oui	N/C
106	Afrique du Sud	Non	N/C	Oui	N/C
107	Espagne	Non	N/C	Oui	N/C
108	Sri Lanka	Non	N/C	Oui	N/C
109	Soudan*	Non	N/C	Oui	N/C
110	Eswatini*	Non	N/C	Oui	N/C
111	Suède	Non	N/C	Oui	N/C
112	Suisse	Non	N/C	Oui	COP uniquement
113	Tadjikistan*	Non	N/C	Oui	N/C
114	Thaïlande	Non	N/C	Oui	N/C
115	Trinité-et-Tobago	Non	N/C	Oui	N/C
116	Tunisie	Non	N/C	Oui	N/C
117	Turquie	Non	N/C	Oui	N/C
118	Turkménistan*	Non	N/C	Oui	N/C
119	Tuvalu*	Non	N/C	Oui	N/C
120	Ouganda*	Non	N/C	Oui	N/C
121	Ukraine	Non	N/C	Oui	COP uniquement
122	Émirats arabes unis	Non	N/C	Oui	N/C
123	États-Unis	Non	N/C	Oui	N/C
124	Uruguay	Non	N/C	Oui	N/C
125	Ouzbékistan*	Non	N/C	Oui	COP uniquement
126	Venezuela*	Non	N/C	Oui	N/C
127	Viet Nam	Non	N/C	Oui	N/C
128	Zambie	Non	N/C	Oui	N/C
129	Zimbabwe*	Non	N/C	Oui	N/C

États-Unis

A. Progrès dans la mise en œuvre du standard minimum

Les États-Unis comptent 66 conventions fiscales en vigueur, comme l'indique leur réponse au questionnaire d'examen par les pairs.

Les États-Unis ont choisi d'appliquer des règles COP dans la plupart de leurs conventions. Ils ont commencé à inclure des mesures anti chalandage fiscal en 1962[80], et depuis les années 70, des dispositions relatives à la règle COP (qui ciblaient initialement les sociétés d'investissement ou les sociétés holding) figurent dans les conventions conclues par les États-Unis. Toutes les conventions signées par les États-Unis sont complétées par des règles visant les mécanismes de relais.[81]

Le Modèle de Convention des États-Unis de 2016 indique expressément que la convention ne doit pas créer des possibilités de non-imposition ou d'imposition réduite par l'évasion ou la fraude fiscale (y compris par des mécanismes de chalandage fiscal destinés à obtenir les allégements prévus dans la présente Convention au bénéfice indirect de résidents d'États tiers).

Les États-Unis ont l'intention de se conformer au standard minimum en adoptant une règle LOB détaillée qui n'est pas disponible via l'IM. Aussi, les États-Unis n'ont pas signé l'IM et appliqueront le standard minimum en suivant un processus bilatéral.

Les conventions des États-Unis avec les 45 juridictions suivantes contiennent une règle LOB et sont complétées par des règles nationales visant les mécanismes de relais : Australie, Autriche, Bangladesh*, Barbade, Belgique, Bulgarie, Canada, Chine (République populaire de), Chypre*, République tchèque, Danemark, Estonie, Finlande, France, Allemagne, Islande, Inde, Indonésie, Irlande, Israël, Italie, Jamaïque, Japon, Kazakhstan, Lettonie, Lituanie, Luxembourg, Malte, Mexique, Pays-Bas, Nouvelle-Zélande, Portugal, Russie, République slovaque, Slovénie, Afrique du Sud, Espagne, Sri Lanka, Suède, Suisse, Thaïlande, Tunisie, Turquie, Ukraine, Venezuela*. Les protocoles signés avec la Hongrie et la Pologne contiennent une règle LOB complétée par des règles nationales visant les mécanismes de relais. Les conventions conclues avec la Corée, l'Égypte, le Maroc*, la Norvège et Trinité-et-Tobago contiennent une règle de portée limitée contre le chalandage fiscal et sont complétées par des règles nationales visant les mécanismes de relais. La convention avec le Royaume-Uni contient une règle LOB et des règles visant les mécanismes de relais et est complétée par des règles nationales visant les mécanismes de relais.

B. Difficultés de mise en œuvre

Aucune juridiction n'a signalé de préoccupation relative à ses conventions conclues avec les États-Unis.

Tableau A A.107. Synthèse de la réponse de la juridiction

	Partenaires de convention	Conformité avec le standard	Si conforme, méthode choisie	Signature d'un instrument de mise en conformité	Méthode choisie dans l'instrument de mise en conformité (si différent de l'IM)
1	Arménie*	Non	N/C	Non	N/C
2	Australie	Non	N/C	Non	N/C
3	Autriche	Non	N/C	Non	N/C

	Partenaires de convention	Conformité avec le standard	Si conforme, méthode choisie	Signature d'un instrument de mise en conformité	Méthode choisie dans l'instrument de mise en conformité (si différent de l'IM)
4	Azerbaïdjan*	Non	N/C	Non	N/C
5	Bangladesh*	Non	N/C	Non	N/C
6	Barbade	Non	N/C	Non	N/C
7	Bélarus*	Non	N/C	Non	N/C
8	Belgique	Non	N/C	Non	N/C
9	Bulgarie	Non	N/C	Non	N/C
10	Canada	Non	N/C	Non	N/C
11	Chine (République populaire de)	Non	N/C	Non	N/C
12	Chypre*	Non	N/C	Non	N/C
13	République tchèque	Non	N/C	Non	N/C
14	Danemark	Non	N/C	Non	N/C
15	Égypte	Non	N/C	Non	N/C
16	Estonie	Non	N/C	Non	N/C
17	Finlande	Non	N/C	Non	N/C
18	France	Non	N/C	Non	N/C
19	Géorgie	Non	N/C	Non	N/C
20	Allemagne	Non	N/C	Non	N/C
21	Grèce	Non	N/C	Non	N/C
22	Hongrie	Non	N/C	Non	N/C
23	Islande	Non	N/C	Non	N/C
24	Inde	Non	N/C	Non	N/C
25	Indonésie	Non	N/C	Non	N/C
26	Irlande	Non	N/C	Non	N/C
27	Israël	Non	N/C	Non	N/C
28	Italie	Non	N/C	Non	N/C
29	Jamaïque	Non	N/C	Non	N/C
30	Japon	Non	N/C	Non	N/C
31	Kazakhstan	Non	N/C	Non	N/C
32	Corée	Non	N/C	Non	N/C
33	Kirghizistan*	Non	N/C	Non	N/C
34	Lettonie	Non	N/C	Non	N/C
35	Lituanie	Non	N/C	Non	N/C
36	Luxembourg	Non	N/C	Non	N/C
37	Malte	Non	N/C	Non	N/C
38	Mexique	Non	N/C	Non	N/C
39	Moldova*	Non	N/C	Non	N/C
40	Maroc*	Non	N/C	Non	N/C
41	Pays-Bas	Non	N/C	Non	N/C
42	Nouvelle-Zélande	Non	N/C	Non	N/C
43	Norvège	Non	N/C	Non	N/C
44	Pakistan	Non	N/C	Non	N/C
45	Philippines*	Non	N/C	Non	N/C
46	Pologne	Non	N/C	Non	N/C
47	Portugal	Non	N/C	Non	N/C
48	Roumanie	Non	N/C	Non	N/C
49	Russie	Non	N/C	Non	N/C
50	République slovaque	Non	N/C	Non	N/C

	Partenaires de convention	Conformité avec le standard	Si conforme, méthode choisie	Signature d'un instrument de mise en conformité	Méthode choisie dans l'instrument de mise en conformité (si différent de l'IM)
51	Slovénie	Non	N/C	Non	N/C
52	Afrique du Sud	Non	N/C	Non	N/C
53	Espagne	Non	N/C	Non	N/C
54	Sri Lanka	Non	N/C	Non	N/C
55	Suède	Non	N/C	Non	N/C
56	Suisse	Non	N/C	Non	N/C
57	Tadjikistan*	Non	N/C	Non	N/C
58	Thaïlande	Non	N/C	Non	N/C
59	Trinité-et-Tobago	Non	N/C	Non	N/C
60	Tunisie	Non	N/C	Non	N/C
61	Turquie	Non	N/C	Non	N/C
62	Turkménistan*	Non	N/C	Non	N/C
63	Ukraine	Non	N/C	Non	N/C
64	Royaume-Uni	Non	N/C	Non	N/C
65	Ouzbékistan*	Non	N/C	Non	N/C
66	Venezuela*	Non	N/C	Non	N/C

Uruguay

A. Progrès dans la mise en œuvre du standard minimum

L'Uruguay compte 19 conventions fiscales en vigueur, comme l'indique sa réponse au questionnaire d'examen par les pairs.

L'Uruguay a signé l'IM en 2017, notifiant la totalité de ses 19 conventions fiscales[82].

Pour ses 19 conventions notifiées aux fins de l'IM, l'Uruguay choisit d'appliquer la disposition de la déclaration du préambule (article 6 de l'IM) et la règle COP (article 7 de l'IM). L'Uruguay a également opté pour la règle LOB simplifiée en vertu de l'article 7(6) de l'IM. Les conventions qui seront modifiées par l'IM deviendront conformes au standard minimum une fois que les dispositions de l'IM auront pris effet.

B. Difficultés de mise en œuvre

Aucune juridiction n'a signalé de préoccupation relative à ses conventions conclues avec l'Uruguay.

Tableau A A.108. Synthèse de la réponse de la juridiction

	Partenaires de convention	Conformité avec le standard	Si conforme, méthode choisie	Signature d'un instrument de mise en conformité	Méthode choisie dans l'instrument de mise en conformité (si différent de l'IM)
1	Belgique	Non	N/C	Oui	N/C
2	Équateur*	Non	N/C	Oui	N/C
3	Finlande	Non	N/C	Oui	N/C
4	Allemagne	Non	N/C	Oui	N/C
5	Hongrie	Non	N/C	Oui	N/C
6	Inde	Non	N/C	Oui	N/C
7	Corée	Non	N/C	Oui	N/C
8	Liechtenstein	Non	N/C	Oui	N/C
9	Luxembourg	Non	N/C	Oui	N/C
10	Malte	Non	N/C	Oui	N/C
11	Mexique	Non	N/C	Oui	N/C
12	Portugal	Non	N/C	Oui	N/C
13	Roumanie	Non	N/C	Oui	N/C
14	Singapour	Non	N/C	Oui	N/C
15	Espagne	Non	N/C	Oui	N/C
16	Suisse	Non	N/C	Oui	N/C
17	Émirats arabes unis	Non	N/C	Oui	N/C
18	Royaume-Uni	Non	N/C	Oui	N/C
19	Viet Nam	Non	N/C	Oui	N/C

Viet Nam

A. Progrès dans la mise en œuvre du standard minimum

Le Viet Nam compte 72 conventions fiscales en vigueur, comme l'indique sa réponse au questionnaire d'examen par les pairs.

Le Viet Nam n'a signé aucun instrument de mise en conformité.

B. Difficultés de mise en œuvre

Aucune juridiction n'a signalé de préoccupation relative à ses conventions conclues avec le Viet Nam.

Tableau A A.109. Synthèse de la réponse de la juridiction

	Partenaires de convention	Conformité avec le standard	Si conforme, méthode choisie	Signature d'un instrument de mise en conformité	Méthode choisie dans l'instrument de mise en conformité (si différent de l'IM)
1	Australie	Non	N/C	Non	N/C
2	Autriche	Non	N/C	Non	N/C
3	Azerbaïdjan*	Non	N/C	Non	N/C
4	Bangladesh*	Non	N/C	Non	N/C
5	Bélarus*	Non	N/C	Non	N/C
6	Belgique	Non	N/C	Non	N/C
7	Brunei Darussalam	Non	N/C	Non	N/C
8	Bulgarie	Non	N/C	Non	N/C
9	Canada	Non	N/C	Non	N/C
10	Chine (République populaire de)	Non	N/C	Non	N/C
11	Taipei chinois*	Non	N/C	Non	N/C
12	Cuba*	Non	N/C	Non	N/C
13	République tchèque	Non	N/C	Non	N/C
14	République populaire démocratique de Corée*	Non	N/C	Non	N/C
15	Danemark	Non	N/C	Non	N/C
16	Estonie	Non	N/C	Non	N/C
17	Finlande	Non	N/C	Non	N/C
18	France	Non	N/C	Non	N/C
19	Allemagne	Non	N/C	Non	N/C
20	Hong Kong (Chine)	Non	N/C	Non	N/C
21	Hongrie	Non	N/C	Non	N/C
22	Islande	Non	N/C	Non	N/C
23	Inde	Non	N/C	Non	N/C
24	Indonésie	Non	N/C	Non	N/C
25	Iran*	Non	N/C	Non	N/C
26	Irlande	Non	N/C	Non	N/C
27	Israël	Non	N/C	Non	N/C
28	Italie	Non	N/C	Non	N/C
29	Japon	Non	N/C	Non	N/C
30	Kazakhstan	Non	N/C	Non	N/C
31	Corée	Non	N/C	Non	N/C

	Partenaires de convention	Conformité avec le standard	Si conforme, méthode choisie	Signature d'un instrument de mise en conformité	Méthode choisie dans l'instrument de mise en conformité (si différent de l'IM)
32	Koweït*	Non	N/C	Non	N/C
33	République démocratique populaire lao*	Non	N/C	Non	N/C
34	Luxembourg	Non	N/C	Non	N/C
35	Malaisie	Non	N/C	Non	N/C
36	Malte	Non	N/C	Non	N/C
37	Mongolie	Non	N/C	Non	N/C
38	Maroc*	Non	N/C	Non	N/C
39	Mozambique*	Non	N/C	Non	N/C
40	Myanmar*	Non	N/C	Non	N/C
41	Pays-Bas	Non	N/C	Non	N/C
42	Nouvelle-Zélande	Non	N/C	Non	N/C
43	Norvège	Non	N/C	Non	N/C
44	Oman	Non	N/C	Non	N/C
45	Pakistan	Non	N/C	Non	N/C
46	Autorité palestinienne*	Non	N/C	Non	N/C
47	Panama	Non	N/C	Non	N/C
48	Philippines*	Non	N/C	Non	N/C
49	Pologne	Non	N/C	Non	N/C
50	Portugal	Non	N/C	Non	N/C
51	Qatar	Non	N/C	Non	N/C
52	Roumanie	Non	N/C	Non	N/C
53	Russie	Non	N/C	Non	N/C
54	Saint-Marin	Non	N/C	Non	N/C
55	Arabie saoudite	Non	N/C	Non	N/C
56	Serbie	Non	N/C	Non	N/C
57	Seychelles	Non	N/C	Non	N/C
58	Singapour	Non	N/C	Non	N/C
59	République slovaque	Non	N/C	Non	N/C
60	Espagne	Non	N/C	Non	N/C
61	Sri Lanka	Non	N/C	Non	N/C
62	Suède	Non	N/C	Non	N/C
63	Suisse	Non	N/C	Non	N/C
64	Thaïlande	Non	N/C	Non	N/C
65	Tunisie	Non	N/C	Non	N/C
66	Turquie	Non	N/C	Non	N/C
67	Ukraine	Non	N/C	Non	N/C
68	Émirats arabes unis	Non	N/C	Non	N/C
69	Royaume-Uni	Non	N/C	Non	N/C
70	Uruguay	Non	N/C	Non	N/C
71	Ouzbékistan*	Non	N/C	Non	N/C
72	Venezuela*	Non	N/C	Non	N/C

Zambie

A. Progrès dans la mise en œuvre du standard minimum

La Zambie compte 23 conventions fiscales en vigueur, comme l'indique sa réponse au questionnaire d'examen par les pairs.

La Zambie a signé un instrument de mise en conformité avec la Suisse.

Pour sa convention avec la Suisse faisant l'objet d'un instrument bilatéral de mise en conformité, la Zambie choisit d'appliquer la disposition de la déclaration du préambule et la règle COP.

B. Difficultés de mise en œuvre

Aucune juridiction n'a signalé de préoccupation relative à ses conventions conclues avec la Zambie.

Tableau A A.110. Synthèse de la réponse de la juridiction

	Partenaires de convention	Conformité avec le standard	Si conforme, méthode choisie	Signature d'un instrument de mise en conformité	Méthode choisie dans l'instrument de mise en conformité (si différent de l'IM)
1	Botswana	Non	N/C	Non	N/C
2	Canada	Non	N/C	Non	N/C
3	Chine (République populaire de)	Non	N/C	Non	N/C
4	Danemark	Non	N/C	Non	N/C
5	Finlande	Non	N/C	Non	N/C
6	France	Non	N/C	Non	N/C
7	Allemagne	Non	N/C	Non	N/C
8	Inde	Non	N/C	Non	N/C
9	Irlande	Non	N/C	Non	N/C
10	Italie	Non	N/C	Non	N/C
11	Japon	Non	N/C	Non	N/C
12	Kenya	Non	N/C	Non	N/C
13	Maurice	Non	N/C	Non	N/C
14	Pays-Bas	Non	N/C	Non	N/C
15	Norvège	Non	N/C	Non	N/C
16	Roumanie	Non	N/C	Non	N/C
17	Seychelles	Non	N/C	Non	N/C
18	Afrique du Sud	Non	N/C	Non	N/C
19	Suède	Non	N/C	Non	N/C
20	Suisse	Non	N/C	Oui	COP uniquement
21	Tanzanie	Non	N/C	Non	N/C
22	Ouganda*	Non	N/C	Non	N/C
23	Royaume-Uni	Non	N/C	Non	N/C

Notes

[1] Andorre a formulé une réserve conformément à l'article 7(15)(b) de l'IM afin de ne pas appliquer l'article 7(1) concernant les conventions qui contiennent déjà une règle COP. Deux des conventions d'Andorre entrent dans le champ de cette réserve.

[2] Au total, l'Argentine a notifié 17 conventions aux fins de l'IM, dont une (celle avec les Émirats arabes unis) n'est pas encore en vigueur. Les conventions avec le Chili et le Mexique qui sont déjà conformes ont été notifiées aux fins de l'IM

[3] L'Argentine a formulé une réserve conformément à l'article 6(4) afin de ne pas appliquer l'article 6(1) concernant les conventions qui contiennent déjà la version appropriée du préambule. L'Argentine a également formulé une réserve conformément à l'article 7(15)(b) de l'IM afin de ne pas appliquer l'article 7(1) concernant les conventions qui contiennent déjà une règle COP. Les conventions avec le Chili et le Mexique entrent dans le champ de ces réserves

[4] La convention conclue avec l'Allemagne, déjà conforme au standard minimum, n'a pas été notifiée aux fins de l'IM.

[5] Au total, la Barbade a identifié 40 "accords" dans sa liste des conventions à la section C : 30 conventions bilatérales et la convention de la CARICOM conclue avec dix de ses partenaires.

[6] Au total, la Barbade a notifié 33 conventions aux fins de l'IM, dont trois (celles avec le Ghana*, le Rwanda* et la République slovaque) ne sont pas encore en vigueur. La Barbade a également notifié la convention avec la CARICOM.

[7] Au total, la Belgique a notifié 99 conventions aux fins de l'IM, dont neuf (celles avec le Botswana, l'Île de Man, Macao (Chine), la Moldova*, Oman, le Qatar, la Russie, le Tadjikistan* et l'Ouganda*) ne sont pas encore en vigueur.

[8] Au total, le Belize a identifié 13 "accords" dans sa liste des conventions fiscales à la section C : trois conventions bilatérales et la convention de la CARICOM conclue avec dix de ses partenaires.

[9] Règlement n°08/2008/COM des pays de l'Union économique et monétaire ouest-africaine (UEMOA) du 26 septembre 2008 portant adoption des règles visant à éviter la double imposition au sein de l'UEMOA et des règles d'assistance en matière fiscale. Au total, le Bénin a identifié 9 "accords" dans sa liste des conventions fiscales à la section C : 2 conventions bilatérales et le Règlement n°08/2008/COM conclu avec sept de ses partenaires.

[10] La Bulgarie a formulé une réserve conformément à l'article 6(4) afin de ne pas appliquer l'article 6(1) concernant les conventions qui contiennent déjà la version adéquate du préambule. L'une des conventions de la Bulgarie, celle conclue avec la Roumanie, entre dans le champ de cette réserve.

[11] Règlement n°08/2008/COM des pays de l'Union économique et monétaire ouest-africaine (UEMOA) du 26 septembre 2008 portant adoption des règles visant à éviter la double imposition au sein de l'UEMOA et des règles d'assistance en matière fiscale. Au total, le Burkina Faso a identifié 9 "accords" dans sa liste des conventions fiscales à la section C : 2 conventions bilatérales et le Règlement n°08/2008/COM conclu avec sept de ses partenaires.

[12] Au total, le Burkina Faso a notifié trois conventions aux fins de l'IM, dont une (celle avec le Maroc*) n'est pas encore en vigueur

[13] Au total, le Cameroun a notifié cinq conventions aux fins de l'IM, dont une (celle avec le Maroc) n'est pas encore en vigueur.

[14] Il existe un Accord visant à éviter la double imposition et à prévenir la fraude fiscale concernant les impôts sur le revenu entre le Bureau commercial du Canada à Taipei et le Bureau économique et culturel de Taipei au Canada.

[15] Les conventions avec l'Argentine, la Chine, l'Italie et la Japon sont déjà conformes et ont également été notifiées aux fins de l'IM. Au total, le Chili a notifié 34 conventions aux fins de l'IM, dont deux (celles avec les États-Unis et l'Uruguay) ne sont pas encore en vigueur.

[16] Le Chili a formulé une réserve conformément à l'article 6(4) afin de ne pas appliquer l'article 6(1) concernant les conventions qui contiennent déjà la version adéquate du préambule. Le Chili a également formulé une réserve conformément à l'article 7(15)(b) de l'IM afin de ne pas appliquer l'article 7(1) concernant les conventions qui contiennent déjà une règle COP. Quatre des conventions du Chili entrent dans le champ de ces réserves.

[17] Au total, la Chine a notifié 101 conventions aux fins de l'IM, dont deux ne sont pas encore en vigueur.

[18] La Décision 578 de la Commission de la Communauté andine établissant un régime tendant à éviter la double imposition et à prévenir la fraude fiscale, adoptée le 4 mai 2004. Les membres actuels de la Communauté andine sont la Bolivie, la Colombie, l'Équateur et le Pérou. Au total, le Colombie a identifié 12 "accords" dans sa liste des conventions fiscales à la section C : neuf conventions bilatérales et la Décision 578 de la Commission de la Communauté andine pour les membres de la Communauté andine.

[19] Au total, la Colombie a notifié 10 conventions aux fins de l'IM, dont une (celle avec la France) n'est pas encore en vigueur.

[20] Au total, le Costa Rica a notifié trois conventions aux fins de l'IM, dont une (celle avec le Mexique) n'est pas encore en vigueur

[21] Règlement n°08/2008/CM des pays de l'Union économique et monétaire ouest-africaine (UEMOA) du 26 septembre 2008 portant adoption des règles visant à éviter la double imposition au sein de l'UEMOA et des règles d'assistance en matière fiscale. Au total, la Côte d'Ivoire a identifié 18 "accords" dans sa liste des conventions fiscales à la section C : 11 conventions bilatérales et le Règlement n°°08/2008/CM conclu avec sept de ses partenaires.

[22] Au total, la Côte d'Ivoire a notifié 11 conventions aux fins de l'IM, dont une (celle avec la Turquie) n'est pas encore en vigueur.

[23] Voir la convention multilatérale conclue par le Danemark, la Finlande, les Îles Féroé, l'Islande, la Norvège et la Suède : tendant à éviter la double imposition concernant les impôts sur le revenu et sur la fortune (1996, 1997 et 2008). Au total, le Danemark a identifié 73 "accords" dans sa liste des conventions fiscales à la section C : 69 conventions bilatérales et la Convention nordique conclue avec quatre de ses partenaires.

[24] Au total, l'Estonie a notifié 60 conventions aux fins de l'IM, dont deux (celles avec le Maroc* et la Russie) ne sont pas encore en vigueur.

[25] Voir la convention multilatérale conclue par le Danemark, la Finlande, les Îles Féroé, l'Islande, la Norvège et la Suède : tendant à éviter la double imposition concernant les impôts sur le revenu et la fortune (1996, 1997 et 2008). Au total, la Finlande a identifié 77 "accords" dans sa liste des conventions fiscales à la section C : 72 conventions bilatérales et la Convention nordique conclue avec cinq de ses partenaires.

[26] Au total, la France a notifié 88 conventions aux fins de l'IM dans sa position provisoire sur l'IM, dont une (celle avec la Colombie) n'est pas encore en vigueur.

[27] Au total, la France a notifié 91 conventions aux fins de l'IM dans sa position définitive, dont une (celle avec la Colombie) n'est pas encore en vigueur. L'examen par les pairs de la France réalisé en 2018 repose sur sa position provisoire sur l'IM

[28] L'une des conventions notifiées par l'Allemagne aux fins de l'IM, celle avec le Japon, est déjà conforme au standard minimum.

[29] L'Allemagne a formulé une réserve conformément à l'article 7(15)(b) de l'IM afin de ne pas appliquer l'article 7(1) pour les conventions qui contiennent déjà une règle COP. Quatre des conventions de l'Allemagne entrent dans le champ de cette réserve. Objectivement, la convention avec le Japon est conforme au standard minimum et, comme indiqué dans le questionnaire d'examen par les pairs, les conventions avec la Chine et Israël seront modifiées selon un processus bilatéral.

[30] La convention avec le Bélarus qui est déjà conforme a également été notifiée aux fins de l'IM.

[31] Hong Kong a formulé une réserve conformément à l'article 6(4) afin de ne pas appliquer l'article 6(1) concernant les conventions qui contiennent déjà la version adéquate du préambule. L'une des conventions de Hong Kong entre dans le champ de cette réserve. Hong Kong a formulé une réserve conformément à l'article 7(15)(b) afin de ne pas appliquer l'article 7(1) concernant les conventions qui contiennent déjà une règle COP. Deux des conventions de Hong Kong entrent dans le champ de cette réserve.

[32] Voir la convention multilatérale conclue par le Danemark, la Finlande, les Îles Féroé, l'Islande, la Norvège et la Suède : tendant à éviter la double imposition concernant les impôts sur le revenu et la fortune (1996, 1997 et 2008). Au total, l'Islande a identifié 44 "accords" dans sa liste des conventions fiscales à la section E : 39 conventions bilatérales et la Convention nordique conclue avec cinq de ses partenaires.

[33] Au total, l'Inde a notifié 94 conventions aux fins de l'IM, dont une (celle avec le Kenya) n'est pas encore en vigueur

[34] Au total, l'Irlande a notifié 71 conventions aux fins de l'IM, dont une (celle avec le Ghana) n'est pas encore en vigueur.

[35] Au total, Israël a notifié 56 conventions aux fins de l'IM, dont une (celle avec la Macédoine) n'est pas encore en vigueur.

[36] Au total, Israël a notifié 54 conventions aux fins de l'IM dans sa position définitive, dont une (celle avec la Macédoine) n'est pas encore en vigueur. L'examen par les pairs d'Israël réalisé en 2018 était basé sur sa position provisoire sur l'IM.

[37] Au total, l'Italie a notifié 84 conventions aux fins de l'IM, dont quatre (celles avec le Gabon, le Kenya, la Mongolie et la Roumanie) ne sont pas encore en vigueur.

[38] L'Italie a formulé une réserve conformément à l'article 7(15)(b) afin de ne pas appliquer l'article 7(1) concernant les conventions qui contiennent déjà une règle COP. L'Italie estime que 12 de ses conventions entrent dans le champ de cette réserve.

[39] Au total, la Jamaïque a identifié 23 "accords" dans sa liste des conventions fiscales à la section C : 13 conventions bilatérales et la convention de la CARICOM conclue avec dix de ses partenaires.

[40] La convention avec l'Allemagne qui est déjà conforme a également été notifiée aux fins de l'IM.

[41] La règle LOB contenue dans la convention avec la Lettonie couvre uniquement des avantages spécifiques visés par la convention.

[42] Le Japon a formulé une réserve conformément à l'article 6(4) afin de ne pas appliquer l'article 6(1) concernant les conventions qui contiennent déjà la version adéquate du préambule. L'une des conventions du Japon entre dans le champ de cette réserve.

[43] La règle LOB contenue dans les conventions avec l'Autriche, la Belgique, le Danemark et la Russie couvre uniquement des avantages spécifiques aux termes de ces conventions

[44] Au total, le Japon a notifié 39 conventions aux fins de l'IM dans sa position définitive sur l'IM. L'examen par les pairs du Japon réalisé en 2018 était basé sur sa position provisoire sur l'IM.

[45] Au total, la Lituanie a notifié l'ensemble de ses 55 conventions aux fins de l'IM dans sa position définitive sur l'IM.

[46] Au total, la Malaisie a notifié 73 conventions aux fins de l'IM, dont une (celle avec le Sénégal) n'est pas encore en vigueur

[47] Les conventions avec l'Argentine, l'Espagne et les Philippines* qui sont déjà conformes ont également été notifiées aux fins de l'IM. Au total, le Mexique a notifié 61 conventions aux fins de l'IM, dont deux (celles avec le Costa Rica* et le Guatemala*) ne sont pas encore en vigueur.

[48] Le Mexique a formulé une réserve au titre de l'article 6(4) afin de ne pas appliquer l'article 6(1) concernant les conventions qui contiennent déjà la version appropriée du préambule et une réserve au titre de l'article 7(15)(b) afin de ne pas appliquer l'article 7(1) concernant les conventions qui contiennent déjà une règle COP. Trois des conventions du Mexique entrent dans le champ de ces réserves.

[49] La convention avec le Liechtenstein, déjà conforme au standard minimum, n'a pas été notifiée aux fins de l'IM

[50] Au total, les Pays-Bas ont notifié 82 conventions aux fins de l'IM, dont une (celle avec la Zambie) n'est pas encore en vigueur.

[51] Les conventions avec le Ghana* et l'Ouzbékistan* font l'objet d'un instrument bilatéral de mise en conformité et sont notifiées aux fins de l'IM.

[52] Au total, le Nigéria a notifié 19 conventions aux fins de l'IM, dont cinq (celles avec la Corée, les Émirats arabes unis, Maurice, le Qatar et Singapour) ne sont pas encore en vigueur.

[53] Voir la convention multilatérale conclue par le Danemark, la Finlande, les Îles Féroé, l'Islande, la Norvège et la Suède : tendant à éviter la double imposition concernant les impôts sur le revenu et la fortune (1996, 1997 et 2008). Au total, la Norvège a identifié 88 "accords" dans sa liste des conventions fiscales à la section C : 83 conventions bilatérales et la Convention nordique conclue avec cinq de ses partenaires.

[54] La Décision 578 de la Commission de la Communauté andine établissant un régime tendant à éviter la double imposition et à prévenir la fraude fiscale, adoptée le 4 mai 2004. Les membres actuels de la Communauté andine sont la Bolivie, la Colombie, l'Équateur et le Pérou. Au total, le Pérou a identifié 10 "accords" dans sa liste des conventions fiscales à la section C : 7 conventions bilatérales et la Décision 578 de la Commission de la Communauté andine pour les membres de la Communauté andine.

[55] Au total, la Pologne a notifié 78 conventions aux fins de l'IM, dont deux (les nouvelles conventions conclues avec la Malaisie et le Sri Lanka) ne sont pas encore en vigueur.

[56] Au total, le Portugal a notifié 79 conventions aux fins de l'IM, dont une (celle avec le Timor oriental*) n'est pas encore en vigueur.

[57] Au total, la Roumanie a notifié 91 conventions aux fins de l'IM, dont trois (celles avec la Chine, l'Italie et la Bosnie-Herzégovine*) ne sont pas encore en vigueur.

[58] Au total, la Russie a notifié 71 conventions aux fins de l'IM, dont deux (celles avec la Belgique et l'Équateur*) ne sont pas encore en vigueur.

[59] Au total, Saint-Kitts-et-Nevis a identifié 14 "accords" dans sa liste des conventions fiscales à la section C : quatre conventions bilatérales et la convention de la CARICOM conclue avec dix de ses partenaires.

[60] Saint-Marin a formulé une réserve conformément à l'article 7(15)(b) afin de ne pas appliquer l'article 7(1) concernant les conventions qui contiennent déjà une règle COP. Trois des conventions de Saint-Marin entrent dans le champ de cette réserve

[61] Règlement n°08/2008/CM des pays de l'Union économique et monétaire ouest-africaine (UEMOA) du 26 septembre 2008 portant adoption des règles visant à éviter la double imposition au sein de l'UEMOA et des règles d'assistance en matière fiscale. Au total, le Sénégal a identifié 24 "accords" dans sa liste des conventions fiscales à la section C : 17 conventions bilatérales et le Règlement n°°08/2008/CM conclu avec sept de ses partenaires.

[62] Au total, le Sénégal a notifié 20 conventions aux fins de l'IM, dont quatre (celles avec l'Égypte, le Koweït*, le Luxembourg et la Turquie) ne sont pas encore en vigueur.

[63] Au total, la Serbie a notifié 64 conventions aux fins de l'IM, dont six (celles avec le Ghana*, la Guinée*, l'Indonésie, le Maroc*, la Palestine* et le Zimbabwe*) ne sont pas encore en vigueur.

[64] Au total, Singapour a notifié 75 conventions aux fins de l'IM, dont deux (celles avec le Nigéria et la Tunisie) ne sont pas encore en vigueur.

[65] Au total, la République slovaque a notifié 64 conventions aux fins de l'IM dans sa position définitive sur l'IM.

[66] Au total, la Slovénie a notifié 57 conventions aux fins de l'IM, dont deux (celles avec l'Égypte et le Maroc*) ne sont pas encore en vigueur.

[67] La convention avec le Mexique qui est déjà conforme a également été notifiée aux fins de l'IM. La convention avec la Roumanie fait l'objet d'un instrument bilatéral de mise en conformité et est notifiée aux fins de l'IM.

[68] L'Espagne a formulé une réserve conformément à l'article 6(4) afin de ne pas appliquer l'article 6(1) concernant les conventions qui contiennent déjà la version adéquate du préambule. Deux des conventions de l'Espagne entrent dans le champ de cette réserve. L'Espagne a également formulé une réserve conformément à l'article 7(15)(b) afin de ne pas appliquer l'article 7(1) concernant les conventions qui contiennent déjà une règle COP. Trois des conventions de l'Espagne entrent dans le champ de cette réserve.

[69] Au total, Sainte-Lucie a identifié 11 "accords" dans sa liste des conventions fiscales à la section C : une convention bilatérale et la convention de la CARICOM conclue avec dix de ses partenaires.

[70] Voir la convention multilatérale conclue par le Danemark, la Finlande, les Îles Féroé, l'Islande, la Norvège et la Suède : tendant à éviter la double imposition concernant les impôts sur le revenu et la fortune (1996, 1997 et 2008). Au total, la Suède a identifié 84 "accords" dans sa liste des conventions fiscales à la section C : 79 conventions bilatérales et la Convention nordique conclue avec cinq de ses partenaires.

[71] Au total, Trinité-et-Tobago a identifié 26 "accords" dans sa liste des conventions fiscales à la section C : 16 conventions bilatérales et la convention de la CARICOM conclue avec dix de ses partenaires.

[72] Au total, la Tunisie a identifié 58 "accords" dans sa liste des conventions fiscales à la section C : 54 conventions bilatérales et la Convention en matière d'impôts sur le revenu de l'Union du Maghreb arabe conclue avec quatre de ses partenaires.

[73] Au total, la Turquie a notifié 90 conventions aux fins de l'IM, dont quatre (celles avec la Côte d'Ivoire, le Sénégal, la Somalie* et le Qatar) ne sont pas encore en vigueur.

[74] Au total, l'Ukraine a notifié 76 conventions aux fins de l'IM, dont une (celle avec la Malaisie) n'est pas encore en vigueur.

[75] Au total, les Émirats arabes unis ont notifié 114 conventions aux fins de l'IM, dont 27 (celles avec l'Angola*, Antigua-et-Barbuda*, l'Argentine, Belize, le Bénin, les Bermudes, le Burundi*, le Cameroun, la Colombie, le Costa Rica, la Croatie, l'Équateur*, la Guinée équatoriale*, l'Éthiopie*, la Gambie*, l'Iraq*, la Libye*, les Maldives, le Mali*, la Mauritanie*, la Moldova*, le Nigéria, la Palestine*, le Paraguay, le Rwanda*, Saint-Kitts-et-Nevis et l'Ouganda*) ne sont pas encore en vigueur.

[76] Au total, le Royaume-Uni a notifié 121 conventions aux fins de l'IM, dont une (celle avec le Kirghizistan) n'est pas encore en vigueur.

[77] Le Royaume-Uni a également signé des instruments bilatéraux de mise en conformité concernant cinq de ses conventions, celles avec le Bélarus*, Chypre*, l'Ouzbékistan*, la Suisse et l'Ukraine

[78] Le Royaume-Uni a formulé une réserve conformément à l'article 6(4) afin de ne pas appliquer l'article 6(1) concernant les conventions qui contiennent déjà la version adéquate du préambule. Trois des conventions du Royaume-Uni entrent dans le champ de cette réserve

[79] La convention fait l'objet d'un instrument de mise en conformité car la nouvelle convention avec le Lesotho a été notifiée aux fins de l'IM.

[80] Concernant la convention conclue entre les États-Unis et le Luxembourg.

[81] Voir I.R.C. §7701(l), Treas. Reg. § 1.881-3, ajouté au Internal Revenue Code par la section 13238 de l'Omnibus Budget Reconciliation Act of 1993, P.L. 103-66. Cette disposition permet à l'Internal Revenue Service de requalifier une opération de financement multipartites en tant qu'opération effectuée directement entre deux parties ou plus lorsque cela s'avère approprié pour empêcher l'évasion de l'impôt aux États-Unis.

[82] Au total, l'Uruguay a notifié 20 conventions aux fins de l'IM, dont une (celle avec le Chili) n'est pas encore en vigueur.

ORGANISATION DE COOPÉRATION ET DE DÉVELOPPEMENT ÉCONOMIQUES

L'OCDE est un forum unique en son genre où les gouvernements oeuvrent ensemble pour relever les défis économiques, sociaux et environnementaux que pose la mondialisation. L'OCDE est aussi à l'avant-garde des efforts entrepris pour comprendre les évolutions du monde actuel et les préoccupations qu'elles font naître. Elle aide les gouvernements à faire face à des situations nouvelles en examinant des thèmes tels que le gouvernement d'entreprise, l'économie de l'information et les défis posés par le vieillissement de la population. L'Organisation offre aux gouvernements un cadre leur permettant de comparer leurs expériences en matière de politiques, de chercher des réponses à des problèmes communs, d'identifier les bonnes pratiques et de travailler à la coordination des politiques nationales et internationales.

Les pays membres de l'OCDE sont : l'Allemagne, l'Australie, l'Autriche, la Belgique, le Canada, le Chili, la Corée, le Danemark, l'Espagne, l'Estonie, les États-Unis, la Finlande, la France, la Grèce, la Hongrie, l'Irlande, l'Islande, Israël, l'Italie, le Japon, la Lettonie, la Lituanie, le Luxembourg, le Mexique, la Norvège, la Nouvelle-Zélande, les Pays-Bas, la Pologne, le Portugal, la République slovaque, la République tchèque, le Royaume-Uni, la Slovénie, la Suède, la Suisse et la Turquie. La Commission européenne participe aux travaux de l'OCDE.

Les Éditions OCDE assurent une large diffusion aux travaux de l'Organisation. Ces derniers comprennent les résultats de l'activité de collecte de statistiques, les travaux de recherche menés sur des questions économiques, sociales et environnementales, ainsi que les conventions, les principes directeurs et les modèles développés par les pays membres.

ÉDITIONS OCDE, 2, rue André-Pascal, 75775 PARIS CEDEX 16
(23 2019 01 2 P) ISBN 978-92-64-31239-5 – 2019

www.ingramcontent.com/pod-product-compliance
Lightning Source LLC
LaVergne TN
LVHW080649011026
849160LV00014B/1370

* 9 7 8 9 2 6 4 3 1 2 3 9 5 *